MODERN HUMANITIES RESEARCH ASSOCIATION
CRITICAL TEXTS
VOLUME 58

FRENCH SERIES EDITOR
MALCOLM COOK

COMMEMORATING MIRABEAU

MIRABEAU AUX CHAMPS-ELYSÉES AND OTHER TEXTS

MODERN HUMANITIES RESEARCH ASSOCIATION
CRITICAL TEXTS

The MHRA Critical Texts series aims to provide affordable critical editions of lesser-known literary texts that are out of copyright and are not currently in print (or are difficult to obtain). The texts are taken from the following languages: English, French, German, Italian, Portuguese, Russian, and Spanish. Titles are selected by members of the distinguished Editorial Board and edited by leading academics. The aim is to produce scholarly editions rather than teaching texts, but the potential for crossover to undergraduate reading lists is recognized.

Editorial Board
Chair: Professor Malcolm Cook (University of Exeter)
English: Professor Justin D. Edwards (University of Stirling)
French: Professor Malcolm Cook (University of Exeter)
Germanic: Professor Ritchie Robertson (University of Oxford)
Italian: Professor Jane Everson (Royal Holloway, University of London)
Portuguese: Dr Stephen Parkinson (University of Oxford)
Slavonic: Professor David Gillespie (University of Bath)
Spanish: Dr Tyler Fisher (University College London)

Managing Editor: Gerard Lowe

texts.mhra.org.uk

Commemorating Mirabeau

Mirabeau aux Champs-Elysées and other texts

Edited by
Jessica Goodman

Modern Humanities Research Association
Critical Texts 58
2017

Published by

The Modern Humanities Research Association
Salisbury House
Station Road
Cambridge CB1 2LA
United Kingdom

© The Modern Humanities Research Association 2017

Jessica Goodman has asserted her right under the Copyright, Designs and Patents Act 1988 to be identified as the author of this work. Parts of this work may be reproduced as permitted under legal provisions for fair dealing (or fair use) for the purposes of research, private study, criticism, or review, or when a relevant collective licensing agreement is in place. All other reproduction requires the written permission of the copyright holder who may be contacted at rights@mhra.org.uk.

Copy-Editor: Charlotte Brown

First published 2017

ISBN 978-1-78188-218-4

CONTENTS

	Acknowledgements	vii
	Introduction	1
1	*Mirabeau aux Champs-Elysées*	53
2	*L'Ombre de Mirabeau*	101
3	*Mirabeau aux enfers, ou La Contre-révolution du Tartare*	137
	Appendix:	
	A. *Le Démosthène français, ou L'Arrivée de Mirabeau aux Champs-Elysées*	162
	B. *Le Panthéon français, ou La Désertion des Champs-Elysées*	174
	C. Dossier: Jean-Baptiste Pujoulx, *Mirabeau à son lit de mort*	186
	Bibliography	193

ACKNOWLEDGEMENTS

There are many colleagues to whom I owe a debt of gratitude for their contributions to this edition. In particular, David Andress, Tim Chesters, Nicholas Cronk, Annelle Currulla, Mark Darlow, Colin Jones, Shiru Lim, Olivier Ritz, Yann Robert, Joe Harris, Helena Taylor, Kate Tunstall, Helen Swift, Daniele Vecchiato, and Ben Williams variously provided expertise, advice, fruitful discussions, bibliographic suggestions, or access to their unpublished work, for all of which I am very grateful. Special thanks to Lieke van Deinsen for assistance with the Dutch sources, and to Tom Wynn and Pierre Frantz for accepting the original project. Catriona Seth, Olivier Ritz, Malcolm Cook, and Jeanne-Marie Hostiou were invaluable and meticulous readers of portions of the manuscript. The Bibliothèque nationale de France, the Taylor Institution, Oxford, the Bibliothèque-Musée de la Comédie-Française, and the Bibliothèque-Musée de l'Opéra were all vital research bases. And in the latter stages of the project, Charlotte Brown, Gerard Lowe and Malcolm Cook at the MHRA provided important editorial assistance and advice. Any errors are, of course, my own.

Beyond the scholarly specifics, my sincere thanks are also due to colleagues and staff at the institutions where I completed this work: Clare College, Cambridge, and St Catherine's College, Oxford, and the French departments of the two universities. And finally, to my family, especially Tomi, for unwavering support, always: this one's for you.

Jessica Goodman
St Catherine's College, Oxford
May 2017

INTRODUCTION

The death of Honoré Gabriel Riqueti, comte de Mirabeau, on 2 April 1791, was a watershed moment in the early years of the French Revolution. The renowned orator and recently-appointed leader of the National Assembly, who had played a major role in drafting the *Déclaration des droits de l'homme et du citoyen*, became suddenly ill with heart disease aged just forty-two, and in his final days, crowds of distraught supporters gathered to stand vigil outside his house. A series of doctors and members of the National Assembly attended his deathbed, where the man himself continued to write political speeches to be read in his absence. When he finally succumbed, his autopsy took place before an audience of forty-four medical practitioners, assembled to determine whether — as rumour had it — he had been poisoned by an opponent (they concluded he had not). His death prompted the creation of the Panthéon, that secular temple intended to honour the great men of a new, free France. It was also the impetus for a whole range of artistic commemorative creations, including a number of plays, performed in the days following his death. It is these plays, and their place in the commemorative culture of the period, that this edition presents.

Mirabeau's Life and Death

The apogee of his death as a hero belies the more complicated life Mirabeau had lived until that moment.[1] From the childhood smallpox that left him scarred and — in his father's words — 'ugly', to an accidental shooting by his mother, from bankruptcy and imprisonment,[2] via the production of erotic texts from his cell,[3] and repeated charges of venality, he was rarely untroubled or

---

[1] Biographies of Mirabeau include: Barbara Luttrell, *Mirabeau* (Hemel Hampstead: Harvester Wheatsheaf, 1990); Georges Fray, *Mirabeau: l'homme privé* (Paris: Monédières, 2009); Guy Chaussinand-Nogaret, *Mirabeau* (Paris: Seuil, 1982); Philippe Guilhaume, *Mirabeau* (Paris: Encre, 1982); Fernand Chapuis, *L'Enigme de Mirabeau* (Paris: Editions du Scorpion, 1964), and, most comprehensively, Jean-Paul Desprat, *Mirabeau: l'excès et le retrait* (Paris: Perrin, 2008).
[2] A quarrel with a gentleman who had insulted his sister led to imprisonment in the Château d'If in 1774. In 1775 he was transferred to Joux, where he was not closely confined, and met and fell in love with Marie-Thérèse-Sophie Richard de Ruffey, known as Sophie de Monnier. When he escaped with her to Switzerland, he was condemned to death at Pontarlier for sedition and abduction, and in May 1777 he was seized by the Dutch police, sent to France, and imprisoned by a *lettre de cachet* in Vincennes.
[3] Most famously, *Erotika Biblion* (Rome [Neuchatel?]: [n.pub.], 1783).

uncontroversial. However, even his early writings included a number of political pamphlets, and he moved on the fringes of power for much of the 1770s and 80s.[4] Thus, when the Estates-General were summoned in 1789, he was elected to represent both Marseille and Aix-en-Provence on the strength of his support among the Third Estate (having earlier been rejected as a representative of the aristocracy). He was soon a central figure in the National Assembly; finally as well known for his political contributions as he was for the personal scandals that had been the origin of his celebrity.[5] The comte de La Marck consulted him following the October 1789 march on Versailles, and his recommendations were for a reconfigured relationship between monarch and people. In January 1791, Mirabeau was elected president of the National Assembly. He supported the nationalization of church property, and laid the foundations for what would become the central tenets of *laïcité*, but he was also vehemently in favour of the royal veto.[6]

Mirabeau's position as constitutional monarchist, however, would eventually be his downfall. Eighteen months after his death, a safe (the infamous 'armoire de fer') was uncovered, containing documents that proved his ongoing collaboration with the king and queen, with whom he had been in almost daily correspondence for the last year of his life. They had been paying off his debts, and providing him with a monthly retainer, whilst he advised them on how best to ride out the Revolution. Although this was in line with much of what he had always publicly expressed, in the context of the trial of Louis XVI it was construed as treachery, and Mirabeau's status as revolutionary hero was definitively tarnished.[7]

None of this was known at the moment of his death. The Jacobin Club, of which he had briefly been president, declared an annual day of mourning, all places of public entertainment closed their doors, busts and statues proliferated, and his funeral on 4 April 1791 was a great national spectacle. A three-mile procession, led by La Fayette (then commander-in-chief of the national guard) included hundreds of cavalry, representatives of the sixty Parisian battalions of the national guard, the Cent-Suisses, the guards from the Hôtel de Ville, members of the clergy, the President and members of the National Assembly, ministers, members of the directory, municipality and judiciary, the Jacobins, and six whole divisions of the national guard, all followed by a stream of the people Mirabeau had represented. To the accompaniment of a military band,

---

[4] Desprat, *Mirabeau*, pp. 283–410.
[5] On Mirabeau's celebrity see Antoine Lilti, *Figures publiques: l'invention de la célébrité, 1750–1850* (Paris: Fayard, 2014), pp. 243–63. Desprat's biography gives a detailed account of Mirabeau's various political interventions as deputy.
[6] On Mirabeau's support of the monarchy, along with his other goals at the start of his time as deputy, see Desprat, *Mirabeau*, pp. 435–41, and on the royal veto in particular see pp. 516–21.
[7] Desprat, *Mirabeau*, pp. 612–39.

playing a march specially composed by Gossec, Mirabeau's coffin, with his heart separately contained in a lead casket adorned with flowers, was solemnly carried through Paris to the church of Sainte Geneviève. The contemporary press gave detailed accounts of this parade, enumerating the range and number of attendees, and the *Journal de Paris* in particular noted its theatrical nature: 'jamais la mort n'attira tant de Spectateurs à un si magnifique & si lugubre spectacle'.[8]

The Mirabeau myth crystallized in the written press in the days that followed: both Parisian and provincial journals wrote and rewrote the tale of his death, with anecdotes and quotations passed from one to the next.[9] Notable among these were the story of the young man who, upon hearing of a successful transfusion completed elsewhere in France, offered his own blood to save his hero;[10] the moment at which Mirabeau heard cannon sounding elsewhere in the city, and remarked: 'j'entends déjà les funérailles d'Achille';[11] his quip that that 'j'emporte avec moi le deuil de la Monarchie; les factieux vont s'en partager les lambeaux',[12] and his determination to continue working for the people up to the moment of his death, culminating in (some variation on) the declaration that: 'il m'a été doux de vivre au milieu du peuple: il me sera glorieux de mourir dans son sein'.[13] Already, there was an official story, a cast of characters (the doctor Cabanis called in to treat his friend, the bishop Talleyrand who heard his final confession, the secretary who stabbed himself in mysterious circumstances), and even snatches of dialogue. But whilst Pujoulx's *Mirabeau à son lit de mort* would pick up on these elements for its ten-performance run at the Théâtre de Monsieur (later Théâtre Feydeau) in May of that year,[14] when it came to the dramatization of Mirabeau in the days that immediately followed, it was neither his life nor his death, but his afterlife that would most often take centre stage.

---

[8] *Journal de Paris* (Paris: Quellau, 1777–92), 5 April 1791, p. 384. All quotations, except those from the plays contained in this volume, are presented in their original form.
[9] See Antoine de Baecque, *Glory and Terror: Seven Deaths Under the French Revolution* (London: Routledge, 2013), pp. 15–36.
[10] Germaine de Staël, *Œuvres complètes de Madame la Baronne De Staël-Holstein*, 2 vols (Paris: Didot Frères, 1838), II, 145; *Journal de Paris*, 20 April 1791, p. 444.
[11] Staël, *Œuvres complètes*, II, 145; *Chronique de Paris*, 5 vols (Paris: [n.pub.], 1790–93), III, 370–71.
[12] *Journal général de France* (Bureau du Journal général de France, ou Affiches, January–May 1791), 3 April 1791, p. 372; Staël, *Œuvres complètes*, II, 145; *Chronique de Paris*, III, 373–74; *Le Patriote François* (par une société de citoyens et dirigée par J. P. Brissot de Warville), facsimile (Frankfurt: Keip Verlag, 1989), 6 April, p. 368.
[13] *La Feuille villageoise: adressée, chaque semaine, à tous les villages de France, pour les instruire des loix, des évènemens, des découvertes qui intéressent tout citoyen, proposée par souscription aux propriétaires, fermiers, pasteurs, habitans et amis des campagnes. N.27-52 (mars–septembre 1791)* (Paris: Desenne, 1791), pp. 26–30; *Chronique de Paris*, III, 370–71. The last of these quotations appears almost precisely in *Le Démosthène français*, p. 167.
[14] The text for this play, performed on 24 May 1791, has not survived, however reviews and other relevant texts are gathered in the Appendix, pp. 186–192.

[Inter]textual Commemoration

On 15 April 1791, on the stage of the Parisian Comédie-Italienne, Mirabeau arrived in the Champs-Elysées, to be greeted by a host of shades bemoaning the loss that the world had suffered with his passing. Among those who welcomed the deputy to the afterlife numbered Voltaire, Rousseau, Montesquieu, Louis XIV, and Henry IV. This play, *Mirabeau aux Champs-Elysées*, was written by the female playwright, feminist, and abolitionist Olympe de Gouges. It was one of several such otherworldly homages to the dead orator: *L'Arrivée et le couronnement de Mirabeau aux Champs-Elysées* had been performed at the Théâtre de la Liberté on 12 April,[15] Jean-Elie Dejaure's *L'Ombre de Mirabeau* followed just days later at the Comédie-Italienne, and the same conceit appeared in anonymous texts like *La Révolution dans le Royaume de Pluton, opérée par l'arrivée de l'Ombre de Mirabeau*, as well as in a celebrated image, widely disseminated in print form, by Jean-Michel Moreau the younger.[16]

The confluence of these texts with other forms of commemoration (not least the Panthéon itself) at a moment of heightened national emotions and politics provides an opportunity to examine how different media for remembrance interacted: what were their peculiarities, their similarities, their intertextualities, or intermedialities? But it also allows us to delve more specifically into the commemorative play as a genre; for though re-enactive theatre and theatrical apotheoses in the period have been very usefully studied by Yann Robert and Philippe Bourdin respectively, the precise form of personal commemoration explored here, which lies somewhere between the two, has yet to be examined in sufficient detail, especially in the context of the broader commemorative trends of the time.[17] This volume brings together edited versions of texts by Gouges and Dejaure and the anonymous pamphlet play, and supplements these editions with appendices containing two previously unpublished manuscript plays in the same genre, and a dossier of reviews on the unpublished Pujoulx play, to build up a panorama of how Mirabeau was commemorated in textual, and particularly theatrical, form.

---

[15] André Tissier, *Les Spectacles à Paris pendant la Révolution (1789–92)* (Paris: Droz, 1992), p. 276. There are no traces of this text.
[16] *Mirabeau arrive aux Champs Elisées*, 1792, engraved print by Louis Joseph Masquelier after Jean-Michel Moreau, in The Metropolitan Museum of Art, New York.
[17] Philippe Bourdin, 'Les Apothéoses théâtrales des héros de la Révolution (1791–94)', in *Héros et héroïnes de la Révolution française*, ed. by Serge Bianchi (Paris: CTHS-Société des études robespierristes, 2012), pp. 139–58, and Yann Robert, 'Living Theater: Politics, Justice and the Stage in France (1750–1800)' (unpublished doctoral thesis, Princeton University, 2010).

The Commemorative Play

The eighteenth century saw a vast increase in the onstage commemoration of famous individuals, especially literary figures. John Iverson has written about the commemoration of Molière in 1773 as the 'first literary centenary', whilst David Garrick organized a commemorative Shakespeare Jubilee in 1769.[18] Both celebrations had theatre at their centre, not only through the performance of texts written by their subjects, but also through the representation of these subjects as dramatic characters in their own right. Plays about the lives of both Voltaire and Rousseau proliferated in the 1770s and 1780s,[19] whilst the coronation of Voltaire's statue on stage at the Comédie-Française both before and after his death sanctioned the theatre as a place in which to create posterity,[20] and paved the way for a number of other fictionalized onstage apotheoses (of Favart, Beaurepaire, Marat, and many more).[21]

These plays, appearing in a range of theatres across Paris and in the provinces, took advantage of two key changes in the theatrical norms and regulations of the period. First, an increasing openness to the representation of recent history on stage, in opposition to the classical model promoting distance.[22] And second, the newly granted freedom of the theatres (the Loi le Chapelier), which from 1791 not only permitted anyone to open their own theatre for public performance, but also removed censorship, meaning that contemporary events, crimes, and judgements could be represented on the stage within hours. In this climate of theatrical freedom, much was made of what theatre should now be and do. This debate culminated in a series of decrees ratified by the Convention on 2 August 1793, which required theatres to produce plays exemplifying civic virtues and portraying the glorious events of recent revolutionary history, in order to encourage patriotism among their spectators.[23] La Harpe commented wryly upon the edifying, if not always artistically captivating results of this move:

---

[18] John R. Iverson, 'The First French Literary Centenary: National Sentiment and the Molière Celebration of 1773', *Studies in Eighteenth-Century Culture*, 31 (2002), 145–68.

[19] Ling-Ling Sheu, *Voltaire et Rousseau dans le théâtre de la révolution française (1789–99)*, Etudes sur le 18e siècle, hors série 11 (Brussels: Editions de l'Université de Bruxelles, 2005).

[20] Antoine Lilti gives an alternative and persuasive interpretation, in which Mercier's description of the ceremony as a 'farce' along with similar criticisms suggests that true *gloire* is incompatible with the continuing presence of a flawed, human individual in the world (*Figures publiques*, p. 26).

[21] See Bourdin, 'Les Apothéoses théâtrales', pp. 139–58, and Pierre Frantz, 'Les Genres dramatiques pendant la Révolution', *Convegno di studi sul teatro e la Rivoluzione francese*, ed. by Mario Richter (Venice: Accademia Olimpica, 1991), pp. 49–63 (pp. 57–58).

[22] See Robert, 'Living Theater' pp. 28–29.

[23] Janie Vanpee, 'Performing Justice: The Trials of Olympe de Gouges', *Theatre Journal*, 51, 1 (1999), 47–65 (p. 52). In fact, this decree very quickly led to a new version of censorship, which targeted all reminders of the monarchical past (Robert, 'Living Theater', pp. 244–45).

Quelque chose de bien plus commode, c'est de transporter sur le théâtre, les événemens publics tout brandis, sans se soucier s'il y a d'ailleurs rien de théatral ou de dramatique, et précisément comme on montre aux enfans, dans une lanterne magique, la lune et le soleil, et le diable qui bat sa femme, etc.[24]

Yet if La Harpe is scathing about the dramatic quality of revolutionary events as portrayed on the stage, revolutionary politics itself absolutely existed in the performative mode. Susan Maslan and Marie-Hélène Huet (among others) have argued convincingly regarding the conflation between political and dramatic representation in the period,[25] from oratory performances in the tribunal where the members of the National Assembly 'acted' particular positions, to the revolutionary festivals that employed the allegory of medieval mystery plays.[26] The spectacular funeral rites organized for cultural and political figures are clearly part of this trend. Voltaire, who had died in 1778, was exhumed in 1791, and his route to ceremonial reburial in the Panthéon not only passed by significant locations from his life, including the Comédie-Française, but also included the presence of costumed actors, gold figurines, and artefacts recovered from the Bastille.[27] The funeral of General Hoche, six years later, was itself akin to a revolutionary festival, with melodramatic speeches designed to appeal to the emotions of the crowd, and a specially composed hymn.[28] And this performative approach to public memory was not purely a product of the Revolution, but instead had a far deeper rooting in the eighteenth century's attitude to its great men. As early as 1758, the annual *éloquence* competition of the Académie Française had been transformed into a contest for the composition of *éloges* to be spoken before the assembled notables, constituting an early example of the performance of commemoration.[29] The description of Mirabeau's pantheonization as 'spectacle' by the *Journal de Paris* is thus particularly apt, and entirely in keeping with contemporary tradition; as,

---

[24] Jean-François La Harpe, *Correspondance littéraire adressée à son altesse impériale M. le grand-duc*, 6 vols (Paris: Migneret, 1807), VI, 108.
[25] Susan Maslan, *Revolutionary Acts: Theater, Democracy and the French Revolution* (Baltimore, MD: Johns Hopkins University Press, 2005), and Marie-Hélène Huet, *Rehearsing the Revolution: The Staging of Marat's Death, 1793–97* (Berkeley: University of California Press, 1982). See also Angelica Gooden, *Actio and Persuasio* (Oxford: Clarendon, 1986), and Paul Friedland, *Political Actors: Representative Bodies and Theatricality in the Age of the French Revolution* (Ithaca, NY: Cornell University Press, 2002).
[26] Mona Ozouf, *Festivals and the French Revolution*, trans. by Alain Sheridan (Cambridge, MA: Harvard University Press, 1988).
[27] Suzanne Glover Lindsay, *Funerary Arts and Tomb Cult: Living with the Dead in France, 1750–1870* (Farnham: Ashgate, 2012), pp. 76–82.
[28] James Livesey, *Making Democracy in the French Revolution* (Cambridge, MA: Harvard University Press, 2001), pp. 213–14.
[29] Jean-Claude Bonnet, 'Le Culte des grands hommes en France au XVIIIe siècle ou la défaite de la monarchie', *Modern Language Notes*, 116, 4 (2001), 689–704.

indeed, are the commemorative plays that bring together this theatricalization of both history and memory by reproducing significant events onstage.

The representation of the history of the nation and the desire to commemorate in public were both part of an attempt to create a national identity for the new, free France.[30] This was a process in which collective experience was central: Bourdin describes how the recreation of a militant act on stage was able to 'le rendre immédiatement signifiant dans son partage collectif'.[31] Those who had not been present could feel as if they had been, thereby taking their own place in the story of their developing nation. This affective link between stage and audience had its roots in the *drame* trend that had taken hold from the 1750s with the work of Diderot, Beaumarchais, and later Mercier. Diderot's *Fils naturel* stages the annual re-enactment of a family history, in which an onstage spectator feels so drawn in that he nearly becomes part of the action (a step he eventually takes in the accompanying *Entretiens*).[32] In re-enactments of political events, the same sort of emotional engagement was turned to political ends, with the high moral values represented on stage generalized and made accessible to an audience who were now brought together into a single affective community.[33] And as Cizos-Duplessis's 1789 plan for a national theatre suggests, both patriotic and familial values were equally 'utiles':

> Toutes les pièces admises à la représentation auraient pour fond un acte de bravoure, de patriotisme, de fidélité éclairée à son roi, de bienfaisance, de tendresse conjugale, paternelle ou filiale; toutes les découvertes utiles à la société y seraient tour à tour célébrées.[34]

Indeed, emotional truth was privileged over representational truth: often, plays would be performed in the uniform of the National Guard, irrespective of the

---

[30] David Bell, *The Cult of the Nation in France: Inventing Nationalism, 1680–1800* (Cambridge, MA: Harvard University Press, 2001).
[31] Philippe Bourdin, 'Les Factions sur les tréteaux patriotiques (1789–99): combats pour une représentation', in *Représentation et pouvoir: la politique symbolique en France (1789–1830)*, ed. by Natalie Scholz and Christina Schröer (Rennes: Presses Universitaires de Rennes, 2007), pp. 23-37.
[32] See Robert, 'Living Theater', pp. 22–69.
[33] Ibid., pp. 22–69. For more on the link between the *drame* and the historical/commemorative play, see James H. Johnson, 'Revolutionary Audiences and the Impossible Imperatives of Fraternity', in *Recreating Authority in Revolutionary France*, ed. by Bryant T. Kagan Jr and Elizabeth H. Williams (New Brunswick: Rutgers University Press, 1992), pp. 57-68; Frantz, 'Les Genres dramatiques pendant la Révolution', and Eric Négrel, 'Le Théâtre au service de la Révolution: une rhétorique de l'éloge', in *Une expérience rhétorique: l'éloquence de la Révolution*, ed. by Eric Négrel and Jean-Paul Sermain (Oxford: Voltaire Foundation, 2002), pp. 147-60. For more on the interaction between *sensibilité* and politics in the theatre of the period, see Cecilia Feilla, *The Sentimental Theater of the French Revolution* (Farnham: Ashgate, 2013).
[34] François Cizos-Duplessis, *Projet pour l'établissement d'un nouveau théâtre, sous le nom de Fêtes nationales* (Paris: Cailleau, 1789), p. 12.

appropriate costumes for the figures represented.³⁵

This emotionally charged representation of history becomes even more affectively significant when it is combined with the loss implied by the commemoration of a specific individual.³⁶ The creation of the Panthéon had a similar aim of converting the examples of history into useful action in the present, with its authors stating that: 'Le seul moyen de distraire sa pensée [de la douleur] est de chercher dans ce malheur même une grande leçon pour la postérité. Les larmes que fait couler la perte d'un grand homme ne doivent pas être des larmes stériles'.³⁷ However, unlike the stone Panthéon, the representation of the great dead in the theatre has not only an emotional and collective facet, but also a personal, human one. Explicitly commemorative pieces re-member (in the etymological sense of 'give a new body to') the individuals they present on stage,³⁸ and then encourage the viewer to imitate them, often taking such imitation and lineages of greatness as a theme.³⁹ Through this process of re-membrance, an act of symbolic making-present so crucial to the form of worshipful commemoration that is the Eucharist, the individuals commemorated take on a quasi-religious status. Just as the representation of great historical events allowed spectators to feel they had been part of history, the repeated re-performance of the funeral rites of great men in onstage apotheoses prolonged the collective commemorative act, thereby continually reconstituting the community of remembrance, whose members were encouraged to follow the example of the object of commemoration.⁴⁰

---

³⁵ Compare work on Shakespeare's history plays, which suggests they created alternative narratives by humanizing their protagonists: Phyllis Rackin, *Stages of History: Shakespeare's English Chronicles* (Ithaca, NY: Cornell University Press, 1990); Richard Helgerson, *Forms of Nationhood: The Elizabethan Writing of England* (Chicago: University of Chicago Press, 1992), and Jean E. Howard and Phyllis Rackin, *Engendering a Nation: A Feminist Account of Shakespeare's English Histories* (London & New York: Routledge, 1997).

³⁶ On a personal level, mourning and commemoration were beginning to take on a new significance: the public health concerns that led to the closure of inner-city graveyards, most famously the Cimetière des Innocents in 1780, required the creation of new, public, non-denominational burial grounds outside the city limits, with the consequence that individual funerary monuments could be larger and more elaborate. See Glover Lindsay, *Funerary Arts and Tomb Cult*; Peter Stanford, *How to Read a Graveyard* (London: Bloomsbury, 2013), pp. 93–116, and Marie-Hélène Huet, *Mourning Glory: The Will of the French Revolution* (Philadelphia: University of Pennsylvania Press, 1997), pp. 132–40.

³⁷ J. Madival, E. Laurent, and others, eds, *Archives parlementaires de 1789 à 1860: recueil complet des débats législatifs & politiques des Chambres françaises*, 101 vols (Paris: Librairie administrative de P. Dupont, 1862–), XXIV, 536.

³⁸ Pujoulx's *Mirabeau sur son lit de mort* uses the words attributed to Mirabeau again and again in contemporary accounts (see the Dossier, pp. 186–92).

³⁹ In Dejaure's play, Mirabeau tells the character of Brutus that Voltaire in his play 'comme un vrai citoyen [...] t'a fait admirer' (p. 131), underlining how the human nature of even classical greats was of interest and import.

⁴⁰ Frantz, 'Les Genres dramatiques pendant la Révolution', pp. 57–58. Frantz suggests that

And in the dynamic context of the theatre, each re-presentation of a historical or commemorative act became far more than a sterile repetition. It could be subtly altered, reconfigured to suit the precise needs of each new audience — or even generation — in keeping with a new, progress-driven conception of time as linear rather than cyclical: the audience thus participated not in the precise event reproduced, but in a fresh version of it that suited the direction of history.[41]

Le Culte des Grands Hommes

This process of recognizing great men and using them to define what it meant to belong to the nation was by no means solely the product of the Revolution. Though the need for a redefined French identity made this process more pressing from 1789, in fact the search for new types of moral exemplar had begun in the early years of the century. What precisely constituted a *grand homme* was the subject of a debate that frequently opposed broad moral utility or aesthetic appeal to the one-dimensional heroism of military conquest. Voltaire wrote in 1735: 'J'appelle grands hommes tous ceux qui ont excellé dans l'utile ou dans l'agréable. Les saccageurs de provinces ne sont que héros',[42] whilst four years later the Abbé de Saint Pierre made his own celebrated contribution when he wrote in his *Discours sur les différences du grand homme et de l'homme illustre* that the ordinary ambitions of conquerors were merely 'illustres', whilst the category of 'grand' could only be attained 'par les seules qualités intérieures de l'esprit et du cœur et par les grands bienfaits que l'on procure à la société'.[43] This definition allowed 'greatness' to expand far beyond the traditional kings and military heroes of old, to include artists, authors, and scientists. The emphasis was on what these figures could teach the French people; however, this was not a distant form of exemplarity. Rather, it took its impulse from the sentiment of collective endeavour expressed by Montesquieu, who wrote in *Mes pensées* that 'Pour faire de grandes choses, il ne faut pas un si grand génie: il ne faut pas être au-dessus des hommes; il faut être avec eux'.[44]

---

the reinstatement of Christian ceremonies following the Revolution led to a reduction in such secular, theatrical celebrations.

[41] See Robert, 'Living Theater', pp. 26–30. On time in the Revolution, see Sanja Perovic, 'The French Republican Calendar: Time, History and the Revolutionary Event', *Journal for Eighteenth-Century Studies*, 35, 1 (2011), 1–16.

[42] Voltaire, letter to Thieriot, 15 July 1735, in *Correspondence and Related Documents*, ed. by Theodore Besterman, 51 vols (Oxford: Voltaire Foundation, 1968–77), III, 174–75 (letter D893).

[43] Abbé de Saint-Pierre, *Discours sur les différences du grand homme et de l'homme illustre*, in Abbé Seran de la Tour, *Histoire d'Epaminondas pour servir de suite aux Hommes illustres de Plutarque* (Paris: Didot, 1739), p. 36.

[44] Charles-Louis de Secondat, baron de La Brède et de Montesquieu, *Mes pensées*, in

Jean-Claude Bonnet, who has written extensively and persuasively about the 'culte des grands hommes', emphasizes the proto-republican nature of this trend, which even early in the century rejected both jingoistic displays of physical might and associations of greatness with high birth in favour of a focus on the individual and his moral qualities.[45] This shift is exemplified in the fate of a sculpture known as the French Parnassus, created by Louis Garnier after a design by Du Tillet. The piece, produced in a bronze *maquette* in 1718, portrays the seventeenth-century ideal of Louis XIV as the Sun: Apollo acting as a muse to the nation's cultural producers, who surround him. The original intention was that a vast marble version of the grouping should be erected on the modern site of the Arc de Triomphe; however, the project was never completed. Whilst this was ostensibly for reasons of cost, it is hard not to wonder, with Bonnet, whether in fact the vision of the artist tethered to the court by patronage and receiving his reflected glory from this royal association was simply no longer relevant.[46]

With its rejection of elitist exemplarity and aristocratic monopoly, its emphasis on the potential of all men to achieve the moral qualities of the greats, and its vision of a common French march towards a national goal, it is hardly surprising that the *grands hommes* topos was attractive to the members of the revolutionary Assembly, or that they attempted to appropriate it for their cause in their creation of the Panthéon, a 'Temple de la Patrie [...], Autel de la liberté'.[47] But the pre-revolutionary *culte* was not so easily incorporated into the post-revolutionary world, whatever the Panthéon's dedication 'aux grands hommes' would imply. For Voltaire's dismissal of 'saccageurs de provinces' was in part based on the ephemeral, temporally rooted nature of their greatness; and of course, many of the Revolution's key figures enjoyed just such fleeting moments of glory.[48] This mismatch would result in what has been described as a crisis of memory,[49] which became a crisis too for the Panthéon: an inability to decide whom to commemorate, as political alliances shifted.[50] Mirabeau himself was a

---

Œuvres complètes, ed. by Georges Vedel and Daniel Oster (Paris: Seuil, 1964), pp. 853–1082, no. 1083.
[45] Jean-Claude Bonnet, *Naissance du Panthéon: essai sur le culte des grands hommes* (Paris: Fayard, 1998); see also Jacques Neefs, ed., *Le Culte des grands hommes*, special issue of *Modern Language Notes*, 116, 4 (2001).
[46] Bonnet, *Naissance du Panthéon*, pp. 115–22.
[47] *Journal de Paris*, 4 April 1791, p. 379.
[48] Mona Ozouf, 'Le Panthéon: l'école normale des morts', in *Les Lieux de mémoire*, ed. by Pierre Nora, 7 vols (Paris, 1984–92), I, 140–62.
[49] Richard Terdiman, *Present Past: Modernity and the Memory Crisis* (Ithaca, NY: Cornell University Press, 1993); see also *Mapping Memory in Nineteenth-Century French Literature and Culture*, ed. by Susan Harrow and Andrew Watts (New York: Rodopi, 2012).
[50] On this crisis, and on the earlier history of the Panthéon, see Jessica Goodman, '"Le Néant de ce qu'on appelle gloire": Post-Revolutionary Cultural Memory and the *Dialogue des Morts*, the Case of François Pagès', *Romance Studies*, 33, 3–4

victim of this crisis, ejected from the temple created to house his body once his collaboration with the king was discovered.

Across the century, the commemoration of *grands hommes* took place in a range of contexts, and a variety of different media, from the sculptures of writers, artists, and scientists commissioned in 1776 for the Grand Gallery of the Louvre, to the *éloges* pronounced in the Académie Française.[51] But the commemorative theatre outlined above fits particularly well into this trend: with its affective content presented in a collective forum, its portrayal of its protagonists as exemplars, and its examination of their humanity, it is the epitome of how the 'culte des grands hommes' operated, and would be forced to deal, too, with the same memory crisis in which the *culte* culminated.

Dialogues of the Dead

If commemorative theatre in general is a way of reawakening the dead, the specific sub-genre of commemorative play contained in this edition even more literally gives them back a voice. The phrase used by Emily Shortsleff with regard to Shakespeare's history plays is a useful one. She describes them as 'embodied epitaphs', understanding 'epitaphic' to imply a text with an uncanny mixture of presence and absence.[52] In this reading, the epitaph is like the last word of the dead, often directing the passer-by towards some action (to remember, to pray) and thereby creating a form of continuity between past and present.[53] Frantz identifies such continuity in the commemorative plays of the late eighteenth century, in which 'entre l'auteur mort et l'auteur vivant, entre le citoyen et le grand homme, [...] un dialogue s'établit, une conversation théâtrale'.[54] How much more must this be true, then, of commemorative plays that are literal conversations, literal dialogues, between the figure being commemorated and his contemporaries or ancient models in the afterlife? For this is the form taken by the texts by Gouges and Dejaure, and by the others reproduced here, all of which fall into the category of the *dialogue des morts*.

Originally employed by Lucian in the second century AD, this genre had

---

(July–November 2015), 179–89.
[51] See Antoine-Léonard Thomas, *Essai sur les éloges* (Toulouse: F. Vieusseux, 1819).
[52] Emily Shortsleff, 'Acting as an Epitaph: Performing Commemoration in the Shakespearean History Play', *Critical Survey*, 22, 2 (2010), 11–25.
[53] On epitaphs as negotiating commemoration and identity reconfiguration in an earlier context, see Helen J. Swift, *Representing the Dead: Epitaph Fictions in Late-Medieval France* (Woodbridge: Boydell and Brewer, 2016).
[54] Frantz, 'Les Genres dramatiques pendant la Révolution', pp. 49–63 (p. 58). Althea Arguelles-Ling, 'Famille, Révolution, Patrie: National Imaginings in the Plays of Olympe de Gouges', *Australian Journal of French Studies*, 44, 3 (2007), 238–350, uses Doris Sommer's phrase 'national intimacy' (from *Foundational Fictions* (Berkeley: University of California Press, 1993), p. ix).

something of a revival in seventeenth-century France with Boileau (1644), and later Fontenelle (1683) and Fénelon (pub. 1712).[55] Theatrical versions of these dialogues staging the shades of various famous figures 'aux enfers' or 'aux Champs-Elysées', were already present in seventeenth-century dramatizations of Molière's arrival in the afterlife.[56] By the late eighteenth century they were a well-established sub-genre, with Favart, Voltaire, and Corneille receiving the Elysian Fields treatment alongside Henry IV, Louis XV, and the maréchal de Richelieu. However, there was a particular explosion in the production of *dialogues des morts* around the Revolution; the precise moment at which French society was redefining itself and its heroes.

The genre has rarely been paid sustained attention, with a single monographic publication in the early twentieth century the only detailed analysis to date.[57] On the few occasions on which such dialogues are examined, they are generally read as a critical, satirical genre, in which the wise people of ages past bring their wisdom to bear upon the follies of the modern world.[58] The theatrical use of the afterlife as a place of judgement in the period has also been examined, with Bourdin arguing that already theatrical politics is further dramatized

---

[55] Lucian, *Dialogues of the Dead* [2 AD], in *Lucian*, trans. by M. D. MacLeod, Loeb Classical Library, 8 vols (Cambridge, MA: Harvard University Press, 1961-79), VII, 1-175; Nicolas Boileau, *Les Héros du roman* [1664], in *Œuvres complètes*, ed. by Françoise Escal (Paris: Gallimard, 1966), pp. 441-89; Bernard de Bovier de Fontenelle, *Nouveaux dialogues des morts* [1683], in *Œuvres complètes*, ed. by Alain Niderst, 9 vols (Paris: Fayard, 1989-2001), I, 47-211; François de Salignac de la Mothe Fénelon, *Dialogues des morts, composés pour l'éducation d'un prince* [1712], in *Œuvres*, ed. by Jacques Le Brun, 2 vols (Paris: Gallimard, 1983), I, 277-510.

[56] On the Molière texts and their legacy see Martial Poirson, *Ombres de Molière: naissance d'un mythe littéraire à travers ses avatars du XVIIe siècle à nos jours* (Paris: Armand Colin, 2012).

[57] Johan Egilsrud, *Le 'Dialogue des morts' dans les littératures française, allemande et anglaise (1644-1789)* (Paris: Editions Véga, 1934).

[58] Claire Cazanave, *Le Dialogue à l'âge Classique: étude de la littérature dialogique en France au XVIIe siècle* (Paris: Honoré Champion, 2007), pp. 124-26; Lise Andries, 'Querelles et dialogues des morts au XVIIIe siècle', *Littératures classiques*, 81 (2013), 131-46; Stéphane Pujol, *Le Dialogue d'idées au dix-huitième siècle* (Oxford: Voltaire Foundation, 2005), pp. 231-47; Marc-André Bernier, 'Scepticisme et rhétorique du parallèle dans les *Nouveaux dialogues des morts* de Fontenelle', in *Parallèle des anciens et des modernes: histoire, rhétorique et esthétique au siècle des Lumières*, ed. by Marc-André Bernier (Laval: Presses de l'Université Laval, 2006), pp. 49-61. As this edition was in its final stages of preparation, a book was published dealing exclusively with pamphlet *dialogues des morts* during the Revolution, which provides non-theatrical context for the plays considered here (Michel Biard, *La Révolution hantée* (Paris: Vendémiaire, 2017)). Malcolm Cook examines a set of specifically revolutionary dialogues (not, this time, set in the afterlife) for their linguistic and political import, suggesting the dialogic form represents the attempts of the contemporary public to come to terms with the fast changes taking place around them (*Dialogues révolutionnaires*, ed. by Malcolm Cook (Exeter: University of Exeter Press, 1994), pp. v-viii).

through this presentation of the afterlife as a tribunal for political sin.[59] Far less commented upon, however, is the extent to which these dialogues become a space to think about posthumous glory, and what it means to be remembered. Lacking, too, is an evaluation of these textual collections of great men as commemorative objects in their own right, in the tradition of Plutarch's *Lives* (1 AD, translated into French in 1559) or Charles Perrault's *Hommes illustres* (1696 and 1701).[60] The only brief reference to the dialogues in this context is Bonnet's passing mention of Fénelon's and Fontenelle's collections in his examination of the 'culte des grands hommes'. However, whilst he credits Fontenelle with raising questions relating to posterity that would be debated long into the next century, he sees both these seventeenth-century dialogues and their imitations in the late eighteenth century as actively anti-celebratory; challenging the commemorative impulse in their unconventional or de-mythologized presentation of great men.[61] This evaluation does not give the revolutionary dialogues enough credit in their complex potential as a commemorative form. Elements of the specifically theatrical corpus of dialogues have recently begun to be considered in the context of the commemorative and historical impulses of revolutionary theatre more broadly, and this work — by Frantz, Bourdin, and Robert among others — provides invaluable background for this study. However, these dramatized dialogues have yet to be fully explored as a component of the wider commemorative culture surrounding Mirabeau and his contemporaries in 1791. Assessing their specificity in this regard will be the task of the remainder of this Introduction.

Gouges and Dejaure

Olympe de Gouges, early feminist and abolitionist, is best known today for her *Déclaration des droits de la femme et de la citoyenne*, published just months after

---

[59] Bourdin, 'Les Factions sur les tréteaux patriotiques', pp. 23–37. See also Robert, 'Living Theater', pp. 193–254.
[60] The *Lives* contained fifty short biographies of illustrious Greeks and Romans, paired to illustrate their common virtues or shortcomings. Jacques Amyot's translation of Plutarch (*Les Vies des hommes illustres* [1559] (Paris: Dupont, 1826)) made the text widely accessible and very popular in mid-sixteenth century France. Among its admirers were Montaigne (who wrote a 'Défense de Seneque et de Plutarque', in *Les Essais*, ed. by Jean Balsamo, Michel Magnien and Catherine Magnien-Simonin (Paris: Gallimard, 2007), pp. 757–64) and Corneille (who, like Shakespeare, drew on the *Lives* for his Roman characters, see David Clarke, 'Plutarch's Contribution to the Invention of Sabine in Corneille's "Horace"', *Modern Language Review*, 89, 1 (1994), 39–49). Perrault's *Les Hommes illustres qui ont paru en France pendant le XVIIe siècle* [1696 and 1701], ed. by D. J. Culpin (Tübingen: Gunter Narr, 2003), consisted of one hundred pen portraits of seventeenth-century men and, like the same author's *Siècle de Louis le Grand*, was a contribution to the quarrel of the ancients and the moderns, in which Perrault is considered to have been the leader of the 'modern' faction.
[61] Bonnet, *Naissance du Panthéon*, pp. 44–45 & 142–45.

Mirabeau aux Champs-Elysées.[62] Her statement in this document that 'la femme a le droit de monter sur l'échafaud; elle doit avoir également celui de monter à la Tribune' has echoed down the centuries. But in fact, she was also a prolific playwright, who wrote as many as forty plays over the course of a nine-year career. Her plays were often closely linked to her political convictions: one of the best known is *L'Esclavage des noirs* (originally published in 1788 as *Zamore et Mirza, ou l'heureux naufrage*). Yet she was not highly educated, and dictated to a secretary rather than write painstakingly herself.[63] Like Mirabeau, she was a noted constitutional monarchist, publicly stating that Louis XVI should control the executive, and they also shared the desire to end slavery, for he was a founding member of the *Société des amis des noirs*.[64] But Gouges's link with Mirabeau went beyond her admiration for his political views: she also claimed that he was the only deputy to acknowledge the writings that she regularly sent to the Assembly: 'lui seul a eu la grandeur d'âme de m'encourager, de m'élever peut-être au-dessus de mes talents' (p. 60).[65] Her desire to commemorate him is therefore unsurprising; and indeed, *Mirabeau aux Champs-Elysées* was not her only celebration of the orator: she also wrote a brief *Tombeau de Mirabeau*, which was read in the Café Procope immediately after his death.[66]

Born of relatively humble origins, Marie Gouze was preoccupied with her name and image from the very start of her career. She is widely believed — largely thanks to her own writings — to be the illegitimate daughter of the writer Le Franc de Pompignan, who had been the subject of vehement attacks by Voltaire following his election to the Académie Française in 1760.[67] From a young age she took on her mother's first name and adapted her surname to create the name 'Olympe de Gouges'. Though she did marry, she never took her husband's name, Aubry, and she was widowed aged twenty-eight. Amassing a relatively large fortune (purportedly thanks to the support of her lover, Jacques Biétrix de Villars de Rozières), she was thus that elusive but significant figure in early modern France, the more-or-less independent woman: ostensibly free, but

---

[62] In Olympe de Gouges, *Ecrits politiques*, ed. by Olivier Blanc, 2 vols (Paris: Indigo and Côté-femmes, 2014), II, 204–15.
[63] For biographical details cited here, see Olivier Blanc, *Marie-Olympe de Gouges: une humaniste à la fin du XVIIIe siècle* (Paris: René Viénet, 2003).
[64] Joan Scott, *Only Paradoxes to Offer: French Feminists and the Rights of Man* (Cambridge, MA: Harvard University Press, 2009), pp. 19–56 (pp. 45–46).
[65] On her sending pamphlets to politicians see Blanc, *Marie-Olympe de Gouges*, p. 120. He also notes that they may well have known each other in person via the salons of Mme de Lafayette and Fanny de Beauharnais, and even suggests that Mirabeau might have obtained a pension for her, but provides no direct evidence (p. 140).
[66] Benoîte Groult, *Ainsi soit Olympe de Gouges* (Paris: Grasset, 2013), p. 31.
[67] Olympe de Gouges, *Mémoire de Madame de Valmont contre l'ingratitude et la cruauté de la famille des Flaucourt avec la sienne dont les sieurs Flaucourt ont reçu tant de services*, in *Œuvres de Madame de Gouges*, 2 vols (Paris: Cailleau, 1788), I, 9–138.

also liable to have all manner of aspersions cast upon her person.[68]

But though social reputation in general was important to her, Gouges was especially preoccupied with creating her image as a *femme de lettres*. Gregory Brown has tracked how she used the literary conventions of the *Ancien Régime* to shape how she was viewed, particularly capitalizing on her gender.[69] This is visible, for example, in her correspondence with the Comédie-Française surrounding its prevarications over the performance of *L'Esclavage des noirs*, in which she states that 'les femmes qui ont eu, avant moi, le courage de se faire jouer sur votre théâtre m'offrent un exemple effrayant des dangers que court mon sexe dans la carrière dramatique'.[70] To a modern reader this act of drawing attention to how her gender affected her treatment might appear as either militantly feminist, or indeed quite the opposite: a plea for special consideration. Brown's reading, however, recalls that female public figures had historically emphasized how their femininity specifically rendered their acts of public expression useful to social order and morality. Gouges was therefore drawing on and modifying this tradition, even as she manipulated the codes of the male world of courtly *honnêteté* in which she moved, playing on different gender norms at different moments of her trajectory. Her sense of the precarious position of women in public life is evident in the suggestion that the *part d'auteur* for provincial performances of *Mirabeau aux Champs-Elysées* should be used to help 'les femmes qui se seront distinguées par quelque action patriotique' (p. 63). And questions of reputation have followed Gouges into the afterlife: at least two twenty-first-century critics claim to be rehabilitating her following the 'stupides calomnies dont elle a été accablée' by writers in the intervening decades.[71] The provisions she attempted to make for her own posterity are addressed later in this Introduction.

Less is known of Jean-Elie Bédéno Dejaure (1761–99), the author of *L'Ombre de Mirabeau* — the only verse text included here. He had clearly made a name for himself among contemporaries for his dramatic creations, since by 1791 journals referred to him as 'l'Auteur des *Epoux réunis*, de *l'Incertitude*

---

[68] On Gouges's self-conscious creation of a public character, see Megan Conway, 'Olympe de Gouges: Eighteenth-Century Oprah or Madonna?', in *Celebrity: The Idiom of a Modern Era*, ed. by Bärbel Czennia (New York: AMS, 2013), pp. 131–49.

[69] Gregory S. Brown, 'The Self-Fashionings of Olympe de Gouges, 1784–89', *Eighteenth-Century Studies*, 34, 3 (2001), 383–401, and *A Field of Honor: Writers, Court Culture and Public Theater in French Literary Life from Racine to the Revolution* (New York: Columbia University Press, 2002), pp. 321–46.

[70] Olympe de Gouges, Letter to the Comédie-Française, cited in the preface to *Le Philosophe corrigé* [1788], in *Œuvres de Madame de Gouges*, II, 8–9.

[71] *L'Essentiel sur Olympe de Gouges*, ed. by Félix Castan (Montauban: Cocagne, 2008), p. 25, and Sophie Mousset, *Olympe de Gouges et les droits de la femme* (Paris: Félin, 2003), p. 16.

maternelle, du Franc Breton etc'.[72] Like Gouges, he was also sensitive to the need to position himself in the literary world, especially with respect to the actors who held his fate in their hands. A nineteenth-century biographical article notes that 'pour obtenir que les comédiens italiens le traitassent avec quelques égards, lorsqu'il présenta ses premières pièces, il avait joint à son nom le titre de baron, quoiqu'il ne fût que fils d'un marchand'.[73] Moreover, when *L'Ombre de Mirabeau* was reviewed just days after its performance, it was already recorded that 'cette pièce est imprimée, & se trouve chez Cailleau',[74] suggesting that Dejaure was operating a dual authorial strategy of simultaneous performance and publication.

Despite his relatively prodigious output, the short Larousse entry under his name notes that his large number of *opéras-comiques* 'manqu[aien]t d'invention, sinon d'intérêt'.[75] If this reflects the contemporary view of his theatrical abilities, it might account for his attempts to avoid accusations of plagiarism with regard to the Mirabeau text by pre-emptively circulating a letter in which he stated:

> Je crois devoir prévenir le public [...] que [ma pièce] n'a point été faite d'après celle-ci [la pièce de Madame de Gouges]: les commencemens de mon ouvrage étoient même connus des acteurs du théâtre italien, avant la représentation de celui de madame de Gouges, qui a été applaudi du public. Si le mien, qui est en vers, n'a pas été représenté plutôt, c'est que j'ai voulu prendre du tems pour le composer le mieux qu'il m'a été possible.[76]

Whether the latter statement is a subtle attack on Gouges's own rather hasty composition — of which more later — can only be conjectured.

Performance and Reception

Mirabeau aux Champs-Elysées was performed just twice, on 15 and 16 April 1791. Dejaure's play had a slightly longer life, with a run of seven performances between 7 May and 5 June. However, Gouges received 1/18 of *recettes* as her authorial *part*, amounting to a little over 188 *livres*, whilst Dejaure was paid only 1/36, meaning his total payment was just 123 *livres*. The difference in payment was also related to attendance: Gouges's play had close on 1000 audience members for each of the two performances, many of whom were in the more expensive *loges* seats. Dejaure, on the other hand, attracted in the

---

[72] *Journal général de France*, 26 May 1791, p. 584.
[73] J. C. F. Hoefer, *Nouvelle biographie générale*, 48 vols (Paris: Firmin-Didot, 1852–66), XIII, 375–76.
[74] *Journal général de France*, 26 May 1791, p. 584.
[75] 'Dejaure', in *Grand dictionnaire universel du XIXe siècle*, ed. by Pierre Larousse, 17 vols (Geneva: Slatkine, 1982), VI, 320.
[76] *Chronique de Paris*, III, 506.

region of 500 for the first performances (with fewer *loges* attendees), and his total dropped to just 189 by the final performance.[77] The composite nature of theatrical programmes in the period makes it difficult to determine the weight of individual titles in attracting an audience; moreover, the fact that Gouges's play was performed on the final two nights of the season may account both for its larger audiences and its shorter run. Nonetheless, it is clear that *Mirabeau aux Champs-Elysées* was watched by a large number of Parisians, and made its author a reasonable sum, especially given its low number of performances.

Another notable fact conveyed by the account books of the Comédie-Italienne is that a large external orchestra was hired for Gouges's play: forty-one 'musiciens nationaux' were employed at a total cost of 738 *livres* for the two performances. This was presumably to enable the troupe to do justice to the funeral march by Gossec that was performed at the moment Mirabeau's shade appeared in the Champs-Elysées. This piece had been composed for the funeral procession, and would be reused in later political funerals, including those of Hoche, Joubert, and Lannes. With music so prominent in the funerals themselves, it is unsurprising that it should also be a common feature of the commemorative plays that captured and prolonged their spirit; indeed, Pujoulx's *Mirabeau à son lit de mort* featured three choruses by Cherubini, the Italian operatic composer who was then director of the Théâtre de Monsieur.[78]

Though both plays appear to have been generally well received by the public, neither escaped a certain amount of negativity from contemporary critics. There was rather more written about Dejaure's offering than about that of Gouges. The most frequent criticism of the former was its episodic nature: Mirabeau meets one figure after another, and there is no action linking the different encounters. The *Mercure de France* described the work as 'très-estimable pour le style, mais dépourvu, ainsi que le genre exige, de toute action dramatique',[79] the *Journal de Paris* used very similar language in terming the play 'entièrement dépourvue d'action',[80] whilst La Harpe in his *Correspondance littéraire* was even more critical: it was 'une suite de conversations sans objet, sans motif, sans liaison quelconque'.[81]

The episodic nature of Gouges's attempt also came in for criticism, but she was frequently subject to more vague and general reproach for what the *Mercure universel* called her 'fades adulations'.[82] Omnipresent in reviews of her work is

---

[77] All figures from Bibliothèque-Musée de l'Opéra, TH/OC.74-76.
[78] Julien Tiersot, *Les Fêtes et les chants de la Révolution française* (Paris: Hachette, 1908), p. 53. Tiersot suggests this was Cherubini's debut on the lyric stage.
[79] *Mercure de France* (Paris: Chaubert, Jorry, Prault, Duchesne, Cailleau, Cellot, 1724-1811), May 1791, p. 146.
[80] *Journal de Paris*, 9 May 1791, p. 520.
[81] La Harpe, *Correspondance littéraire*, VI, 108.
[82] *Mercure universel*, 54 vols (Paris: Antoine Tournon, 1791-95), IV, 256.

the speed with which the play was composed.[83] We can see here, perhaps, an explanation for Dejaure's desire to underline the care with which he wrote his own text (p. 16). Gouges seems to have taken these criticisms rather badly, for in her preface she refers to the unreasonable demands that have been made of her when 'je ne mis que quatre heures pour composer cette pièce' (p. 57). The *Spectateur national* suggests that the audience has already been understanding in this regard, albeit assuming a longer composition time than that claimed by Gouges: 'le public a accueilli, avec indulgence, la représentation de cette pièce: il savoit que ce petit ouvrage avoit été fait en 36 heures; & appris en 24'.[84] It is perhaps the critics, then, to whom Gouges vehemently appeals for indulgence in her preface. Another frequent critique relates to the character of Louis XIV, who, according to the *Spectateur national*, pronounced 'quelques mots trop forts pour un pays voué à la démocratie, & trop faibles dans la bouche d'un despote',[85] and whom the *Journal de Paris* terms 'un personnage assez mesquin'.[86] In her preface Gouges responds, too, to this attack, relating how the actors had cut down this part by three-quarters, 'en m'assurant que ce caractère serait mal vu dans ce moment-ci, parce que je le présentais du côté favorable' (p. 57).[87]

Neither piece attracts entirely negative reviews. Dejaure is praised for capturing specific individuals, whose features are 'bien conservés' and 'bien dessiné[s]'. Indeed, his play provided journals with an excuse to recall what exactly made the 'great men' he had reawakened so great:

> Les traits fougueux & énergiques de Mirabeau, le génie vif & sublime du vieillard de Ferney, y sont bien conservés. Le portrait de Jean-Jacques surtout a paru bien dessiné. Toutes ses paroles respirent cette philanthropie, cette sensibilité brûlante qui a fait le tourment de sa vie, mais à laquelle il doit sa gloire immortelle.[88]

The *Spectateur national* took a very similar tone:

> Les caractères des différens interlocuteurs y sont présentés avec tout

---

[83] *Almanach des spectacles* (Paris: Veuve Duchesne, 1792), XLI, 245; *Esprit des journaux* (Paris: Tutot, 1772–98), June 1791, pp. 333–37.

[84] *Spectateur national* (Paris, 1789–92), 17 April 1791, p. 599. See Michelle Marillier, 'L'Audace d'Olympe de Gouges', in *Femmes et pouvoir: réflexions autour d'Olympe de Gouges*, ed. by Shannon Hartigan, Rea McKay and Marie-Thérèse Seguin (Moncton: Editions d'Acadie, 1995), pp. 37–44 (pp. 37–38), and cf. Gouge's preface to her *Mariage inattendu de Chérubin* in which she makes similar claims about the speed of her writing (in *Œuvres de Madame de Gouges*, II, iii–ix).

[85] *Spectateur national*, 17 April 1791, p. 599.

[86] *Journal de Paris*, 17 April 1791, p. 432.

[87] A similar suggestion in the *Chronique de Paris* (III, 515), that Dejaure should have cut down the character of Frederick the Great, implies there may have been a general lack of appetite for royal characters onstage in the period.

[88] *Chronique de Paris*, III, 515.

l'intérêt qu'ils peuvent avoir dans un ouvrage où il n'y a point d'action. On a aimé à voir Rousseau livré tout entier dans l'Elisée, à ces rêves de bonheur que lui créoient une imagination ardente et un cœur sensible. La scène de Frédéric II feroit, seule, la matière d'un très-bon ouvrage politique.[89]

A third statement along these lines, in the *Mercure universel*, also draws attention to the attempt by Dejaure to find a suitable tone for his characters.

> En général chaque personnage y tient le langage qui lui est propre, si on en excepte pourtant Démosthènes et Cicéron, qui ne brillent point par leurs discours; mais le rôle de Mirabeau y est bien soutenu, et l'auteur place dans sa bouche des choses, que ce beau génie ne désavoueroit pas.[90]

Gouges clearly had similar aims in mind, for not only does her character list specify that each actor should 'observer exactement son costume' (p. 55), but her preface focuses on her inability, in a matter of days, to invent words worthy of Voltaire, Rousseau, and Mirabeau, and her recourse, instead, to versions of their own words, adapted to suit the situation.[91]

The two most prevalent points in praise of Gouges's work, however, are the talents of her actors, and her own patriotism in her choice of subject — the latter a point upon which she insists in her preface, which states that 'de rendre hommage à la mémoire, ce fut là le premier élan de mon cœur, de mon patriotisme' (p. 57). Praise for the actors is present in the *Esprit des journaux*, where it is said that 'M. Granger a fort bien joué le rôle de Mirabeau, & Mrs Chenard & Solier ont mis une caricature juste et très-comique dans les rôles de Voltaire et de Rousseau';[92] the *Journal de Paris* records that 'on doit lui savoir gré sur-tout du patriotisme, qu'elle y a répandu',[93] and both themes are brought together in the *Spectateur national*, which writes that:

> Le sexe de l'auteur, la rapidité de la composition, le zele [sic] des acteurs & le nom de Mirabeau, qui seul a plus influé que toutes ces considérations, ont décidé les spectateurs à la bienveillance, & la piece [sic] a été applaudie.[94]

The reference to Gouges's gender is worthy of note, not least because we know that she had played on her position as (alternately) a vulnerable female writer and a writer able to hold her own as well as any man in the episode

---

[89] *Spectateur national*, 9 May 1791, p. 685.
[90] *Mercure universel*, v, 159.
[91] The preface implies that these half-citations from Mirabeau and others were added at a later stage in response to the comments of 'connaisseurs' that the great man did not speak convincingly. Whether this was prior to performance or before publication we cannot tell, thanks to the lack of detail in reviews. For a detailed study of these re-uses see the notes to the text below, and Muriel Usandivaras, 'Une lecture dramatique des discours de Mirabeau par Olympe de Gouges', *Revue d'Histoire du Théâtre*, 49 (1997), 137–50.
[92] *Esprit des journaux*, June 1791, pp. 333–37.
[93] *Journal de Paris*, 17 April 1791, p. 432.
[94] *Spectateur national*, 17 April 1791, p. 599.

of *L'Esclavage des noirs*. It reappears in the *Mercure universel*, whose writer patronizingly expounds:

> Quoique nous nous soyons fait une loi sévère de la plus rigide impartialité, cependant, comme cette production est d'une femme (Madame de Gouges), nous nous abstiendrons de toute réflexion, pour ne pas encourir le reproche d'avoir perdu tout sentiment d'urbanité envers le beau sexe.[95]

The *Chronique de Paris* is rather less indulgent, either of Gouges herself, or of the public's lenience with regard to her dramatic output: 'Le 15 Avril dernier on donna au théâtre Italien, une pièce en prose, intitulée: *Mirabeau aux Champs Elysées*. Elle eut peu de succès, malgré l'indulgence du public pour le sexe de l'auteur & pour le motif qui avoit dirigé sa plume'.[96]

But a final comment made with regard to Dejaure's play in the *Journal général* highlights how the circumstantial nature of these commemorative plays, despite allowing for the patriotism for which Gouges is so praised, rendered them inherently short-lived: 'Toutes ces pièces à tiroirs, faites sur les morts, intéressent toujours fort peu les vivans, & en général, quand elles réussissent, ce sont des succès bien éphémères'.[97] Thus it would appear that fleeting public success was the best that their authors could hope for; a fact borne out by the almost total lack of any modern performances of either text.[98] Interestingly, however, Gouges attempted to extend the temporal and geographical reach of her play — and thus of her own reputation — by sending it out to the provinces. Little contemporary evidence for these provincial performances has been uncovered to date, except regarding her interaction with the city authorities in Bordeaux. Paul Courteault reports that she sent her play to both the 'municipalité bordelaise' and the 'Amis de la Constitution', who were able to request the performance of this 'pièce proprement extravagante'.[99] It is recorded elsewhere that the premiere of this play was attended by Prince Frederick Augustus of England, who happened to be visiting the city.[100]

The picture produced by the theatre accounts and contemporary reviews is therefore of two plays that, albeit to greater or lesser extents, captured the public mood in both their commemorative, patriotic tone and their specific choice of subject, but were not considered great works of art. Indeed, it is perhaps their circumstantial, ephemeral nature that has seen them more or less excluded from

---

[95] *Mercure universel*, 16 April 1791, p. 256.
[96] *Chronique de Paris*, III, 515.
[97] *Journal général*, 26 May 1791, p. 584.
[98] Gouges's play was performed four times between 1987 and 1989, though only once in its entirety. See Olympe de Gouges, *Mirabeau aux Champs-Elysées*, ed. by Pièrre Laguenière and Muriel Usandiviras-Mili (Ontario: Université Laurentienne, 1989), pp. 57-58.
[99] Paul Courteault, *La Révolution et les théâtres à Bordeaux, d'après des documents inédits* (Paris: Perrin, 1926), pp. 89-90.
[100] *Journal patriotique et de commerce* (Bordeaux: Lacour, 1790-92), 13 June 1791, p. 672.

not only performance, but also critical comment in the intervening centuries, for though both plays are mentioned in various discussions of revolutionary theatre and historical representation, they are rarely subjected to any sustained analysis.[101] Nonetheless, a closer examination of the texts as literary works is revealing, about both the commemorative cult that surrounded Mirabeau himself, and the place of the commemorative play in the broader trend for celebrating the *grand homme*.

Before we proceed to this examination, however, it is worth taking a brief detour to comment on one of the two manuscript plays, *Le Démosthène français*, which presents something of a mystery. Preserved alongside *Le Panthéon français* in the Bibliothèque nationale de France, the manuscript is anonymous, unidentified in the catalogue beyond its title. Although the link between Mirabeau and Demosthenes is a recurring one, and a contemporary image of the orator bore the same title,[102] there is no record of a play of this name being performed at any stage in the Revolution. Or at least, there is no record in France. There is, however, a published Dutch translation of the text, which not only attributes it to the actor-author Charles Klairwal,[103] but also claims it was performed at the Théâtre Patriotique (formerly Théâtre des Associés, also known as Théâtre du Sieur Sallé) on 14 April 1791 — the night before Gouges's creation appeared on stage.[104] No other contemporary French source mentions the text, its performance, or its authorship. The only

---

[101] The articles by Usandivaras and Bourdin cited above are exceptions.

[102] 'Mirabeau l'ainé, ou le Démosthène français' [estampe] ([Paris]: [n.pub.], [1791–99?]), <http://frda.stanford.edu/fr/catalog/dy314jv9568> [accessed 15 July 2016].

[103] Klairwal seems to have been best known in the provinces, having written *Les Fêtes namuroises ou le combat des échasses* (June 1774), *Henri IV à Saint-Quentin* (May 1779), and *Prologue pour l'ouverture de la nouvelle salle de spectacles d'Amiens* (January 1780), as well as *Fanny* (date unknown) and *Le Triple mariage* (August 1774). Absent from all the main accounts of contemporary theatre, he is briefly referenced in Dieudonné Brouwers, *Le Théâtre à Namur au XVIIIe siècle* (Namur: [n.pub.], 1913); Georges Lecoq, *Histoire du théâtre de Saint-Quentin* (Paris: R. Simon, 1878), and 'Les Gens de Dieppe et les comédiens sous Louis XV', *La Vigie de Dieppe* (May 1935), cited in *Bulletin de la société des historiens du théâtre*, 3, 5–6 (1935), 76.

[104] Charles Klairwal, *De Fransche Demosthenes, of Mirabeau in de Eliseesche velden: toneelspel, in een bedrijf en in ondicht*, trans. by Gerrit Paape (Dunkirk: Bij van Schelle and comp., 1791). A notice of publication appears in the *Oprechte Haerlemsche courant* on 19 July 1791 (<http://www.delpher.nl/nl/kranten/view?query=klairwal&page=1&coll=ddd&identifier=ddd%3A010801195%3Ampeg21%3Aa0007&resultsidentifier=ddd%3A010801195%3Ampeg21%3Aa0007> [accessed 15 July 2016]) and in the *Leydse Courant* for 20 July 1791, demonstrating a fairly speedy transmission (<http://leiden.courant.nu/issue/LYC/1791-07-20/edition/0/page/2?query=klairwal&sort=issuedate%20ascending> [accessed 15 July 2016]). Other newspaper notices — the earliest on 12 July — suggest it was also printed by Willem Bos, at St Omer. However, the journal in which these notices all appear, the *Duinkerksche historische courant*, was itself published by Schelle, and no publisher by the name of Willem Bos appears in any other context, suggesting it may be a diversionary tactic. My sincere thanks to Lieke van Deinsen for her assistance with translation and context for this text.

tenuous indication that it may have been performed and forgotten comes from its presence in the Soleinne collection of theatrical manuscripts.[105] In his repertoire of revolutionary theatre, André Tissier notes that his main source for notices regarding the Théâtre Patriotique is the *Chronique de Paris*, whose notices are frustratingly lacunary (there are no notices regarding this theatre between 15 and 18 April 1791, the period that interests us). He cites as proof two manuscripts that claim to have been accepted by the troupe in November 1789 and January 1790 respectively, but do not appear among the notices he has collected: both manuscripts are part of the Soleinne collection. The connection is weak, but this is at least an indication that Soleinne had acquired some of the papers of the Théâtre Patriotique, and means that we cannot rule out the hypothesis of a one-off performance, the records of which have now been lost.

The Dutch publisher responsible for the text, van Schelle & Co., was owned by Pieter van Schelle, a Patriot publisher and amateur poet active between 1791 and 1794. He published in Dunkirk, a town to which a number of Dutch Patriots fled as tensions in the country grew from 1787 onwards. The Patriots were enthusiastic supporters of the French Revolution, and drew inspiration from the revolutionaries for their own Batavian Revolution from 1795. It is therefore unsurprising that Schelle, or the translator Gerrit Paape (who also translated Paine's *Rights of Man*), should have admired Mirabeau, and wished to celebrate his deeds as a means of inspiring their fellow Patriots. It may even be that the claim of a French performance is fabricated in order to give their text more weight. However, whether or not the performance took place, what is more mysterious is how this manuscript play, a copy of which still sits in the French archives, should have made its way to Dunkirk, into the hands of Paape and Schelle.[106] Given that most plays performed in the Dutch Republic were printed by the official theatre publisher Issak Duim, it is likely that this text — in common with most patriotic plays — was for reading only. Little more can be said here, except that this case suggests both that another Mirabeau play may have been performed in Paris in the same brief period, and that it was deemed relevant to a public that was very distant from the immediate context of Mirabeau's death. This reappropriation and reconfiguration will become important later in this Introduction (pp. 33–37). We now turn, though, to an examination of precisely how this collection of texts enacted their commemorative task.

---

[105] Bibliothèque nationale de France, ms. fr. 9263, vol. 22, and ms. fr. 9267, vol. 26.
[106] See Peter Altena, *Gerrit Paape (1752–1803): Levens en werken* (Nijmegen: Vantilt, 2012), pp. 320 & 370. One article says Paape frequently used the fiction of translation to hide the expression of his own political views, and suggests that is the case in this instance; however the existence of the French manuscript would suggest otherwise (Adèle Nieuweboer, 'Weyerman tussen macchiavellisme en vrijdenkerij?', *Mededelingen van de Stichting Jacob Campo Weyerman*, 20 (1997), 88–93 (p. 92)).

INTRODUCTION 23

Mirabeau on Stage

The two main *dialogue des morts* plays presented here, along with the anonymous pamphlet play, and the manuscript plays contained in the Appendix, all share a structuring principle with the Panthéon, for which Mirabeau's death provided the initial impetus. They are collections of great men, brought together in death, and charged with representing or conveying the greatness of a new, free French nation; each *grand homme* adding to the greatness of the others by his presence. When the Panthéon was initially conceived, one of the most contentious questions was who precisely should be included. The marquis de Pastoret, in his original proposal, had been very specific about his vision: aside from a handful of representatives of the old regime (Voltaire, Rousseau, and Descartes, the latter of whom never made it), the Panthéon's inhabitants would 'dater de l'époque de notre liberté'.[107] Quatremère de Quincy, the architect and administrator charged with overseeing the project, similarly focused on more modern heroes when he pronounced that 'on devoit enfin renoncer à se voir tributaire des anciens', rejecting Greek and Roman models in favour of the 'Français devenus libres', with seemingly little thought as to what came in between.[108]

The first inhabitants of the Panthéon are also those that make their way into the literary commemorative collections. Voltaire is omnipresent (and Rousseau nearly so) in the dialogue plays, the character lists for which are given below:[109]

Mirabeau aux Champs-Elysées: Voltaire, Rousseau, Franklin, Montesquieu, Henri IV, Louis XIV, Désilles, Fortuné (young boy), Cardinal d'Amboise, Solon, Mme Deshoulières, Mme de Sévigné, Ninon de Lenclos, le Destin.

L'Ombre de Mirabeau: Cicéron, Démosthène, Voltaire, Rousseau, Mably, Frédéric II, Brutus, Franklin, Guillaume Tell, Nassau.

Mirabeau aux enfers: Caron, Voltaire, Cromwell, Ravaillac, Pluton, Alecton, Mercure, Turenne, Condé, Villars.

Le Démosthène français: J.J. Rousseau, Socrate, Franklin, Cicéron, Démosthène, Voltaire, Brutus, Guillaume Tell.

Le Panthéon français: Rousseau, Voltaire, l'Abbé de St Pierre, Descartes, Désilles, Franklin, Pluton, la Gloire, la Renommée, le Génie de la France.

---

[107] *Archives parlementaires*, ed. by Madival, Laurent and others, XXIV, 536–37.
[108] Antoine-Chrysostome Quatremère de Quincy, *Rapport fait au Directoire du Département de Paris, sur les travaux entrepris, continués ou achevés au Panthéon français depuis le dernier compte, rendu le 17 Novembre 1792* (Paris: Ballard, 1793), p. 72.
[109] Names of the individuals represented are given in French when referred to in the context of a character in a specific play; otherwise they are given in English.

However, whilst other characters do recur (the most notable being Franklin), the precise configurations chosen by the different writers are — like the contentious choice of figures to be pantheonized — revealing about their specific concerns. In Gouges's play, the presence of the two kings, Henry IV and Louis XIV, may testify to her monarchist beliefs,[110] whilst Dejaure's choice of republican heroes from outside France — Brutus, William Tell, and Nassau, respectively of Rome, Switzerland and the Netherlands — suggests a broader, more international perspective, that departs somewhat from the simple construction of national identity. Notable, too, are the female characters chosen by Gouges, who will be discussed later in this Introduction (pp. 29–31). And a final difference is the extent to which the authors employ mythical or allegorical characters (Pluto, Charon, Glory) to convey a more or less specific impression of the afterlife into which Mirabeau enters: for some of them (notably Dejaure) this conceit is merely a pretext for a series of otherwise unrelated conversations; for others (in particular the anonymous pamphlet) the concept of a place of reward and punishment is key to the development of the plot.

It is worth examining all four of the positive commemorative texts alongside one another, for the features for which Mirabeau is classified as 'grand' are largely consistent throughout.[111] The precise location of this praise varies between the plays: in Gouges's text Mirabeau must tell the assembled greats of his deeds with the help of the young Fortuné; in Dejaure he is one of many great men who all praise one another, and whose actions contribute to the growth of French greatness, and in the two manuscript plays he is the sole and explicit focus of the praise of others. The features identified, however, remain the same. We hear of his skill as an orator (he gives a speech to responses of 'bravo, bravo' in Gouges's text (p. 88); Démosthène remarks in Dejaure's text that 'personne [...] ne connut mieux cet art' (p. 107)), his fight for equality (for Gouges 'il était l'appui de la veuve, de l'orphelin' (p. 90), whilst in Dejaure he reports how now 'les rangs sont disparus; cette chaîne est rompue' (p. 130)), and the commitment and hard work by which he demonstrated his utility to the French people ('j'ai travaillé nuit et jour pour rendre à ma patrie sa superbe splendeur; j'y ai sacrifié mon existence' in Gouges (p. 88); his coronation as 'défenseur du peuple' in Dejaure (p. 135)) — the latter one of the key criteria, we remember, in contemporary definitions of *gloire*. Another regular refrain, and a common trope in broader discussions of great men, is the idea of being hated or misunderstood in life. In *L'Ombre de Mirabeau* we hear of:

---

[110] Roland Bonnel, 'Olympe de Gouges et la carrière dramatique: "une passion qui porte jusqu'au délire"', in *Femmes et pouvoir*, ed. by Hartigan, McKay and Seguin, pp. 65–95 (p. 89).
[111] The pamphlet play *Mirabeau aux enfers* will be considered separately, given its markedly different tone.

la haine et l'envie
Qui toujours s'attachent au sort
De ceux dont quelque gloire environne la vie. (p. 105)

The implication, of course, is that they are somehow ahead of their time, and will be vindicated by posterity. Indeed, Marmontel's *Encyclopédie* definition of *gloire* states of the 'homme glorieux' that although 'ses contemporains lui refusent la *gloire* qu'il a méritée, leurs neveux l'en dédommagent'.[112]

But Mirabeau is not only glorious for his own sake; he also comes to represent the Revolution, and its broader glory. The most striking example of this is in the *Panthéon français*, where he is:

> Cet homme célèbre dont l'illustre Franklin et moi [Désilles] nous avons si souvent vanté les talents, cet homme dont la voix éloquente fit entendre à ses semblables le langage de la raison et de la liberté, dont l'âme seule était aussi grande que le génie; cet homme enfin qui, aux yeux de l'Europe étonnée, éclairait ses collègues, terrassait d'une main victorieuse tous les abus, et élevait sur leurs débris l'édifice de la Constitution Française. (p. 177)

Key to representations of Mirabeau's public mindedness is that premature death that had already become mythologized through newspaper accounts. Whilst Pujoulx's lost *Mirabeau à son lit de mort* dramatized the scene itself, in the dialogues it is recounted rather than represented, in a strange travesty of the death *récits* of classical tragedy. In the *Démosthène français* the account given by Voltaire of Mirabeau's honourable death is an almost direct echo of the *éloge* written by Jean-Paul Roger in 1791. The latter recounts how:

> Ses derniers momens sont remplis par des soins publics; il dépose dans les mains de ses amis les écrits précieux qui doivent servir de complément à son beau système de législation. Ses dernières paroles sont des vœux pour la Patrie; c'étoit la divinité de son cœur; il recueille le reste de ses forces pour lui rendre hommage. Notre bonheur l'occupe encore tout entier; on diroit qu'une intelligence supérieure anime ses discours.[113]

The Klairwal text, instead, has Voltaire state that:

> Toujours enflammé de l'Amour de sa Patrie, Mirabeau s'informe du sujet sur lequel ses collegues déliberent, et, voulant mourir homme public, il prie un de ses intimes amis de lire en son nom à la tribune un travail qu'il avait préparé sur la même matière. (p. 169)

---

[112] Jean-François Marmontel, 'Gloire', in Denis Diderot, Jean Le Rond d'Alembert, and others, *Encyclopédie, ou dictionnaire raisonné des sciences, des arts et des métiers*, 28 vols (Geneva: Briasson, 1754–72), VII, 716–21. Cf. Rousseau's similar stance, see Antoine Lilti, 'The Writing of Paranoia: Jean-Jacques Rousseau and the Paradoxes of Celebrity', *Representations*, 103 (2008), 53–83.
[113] Jean-Paul Roger, *Eloge de Mirabeau prononcé lors de l'inauguration du buste de ce grand homme* (Toulouse: Desclassan, 1791), p. 65.

In Gouges's play, tellingly, it is Mirabeau himself who describes his death and the outburst of mourning that followed. He recalls 'les accents douloureux de ce peuple affligé; de ce peuple dont je n'ai connu toute l'affection pour moi' (p. 82), and recounts his last words in terms that echo those employed by contemporary journal accounts. Finally, he responds to a description of his grand funeral with 'Dieu! que ce récit m'intéresse', pronounced, according to the stage directions, 'avec attendrissement' (p. 93): he is self-consciously creating and commenting upon his own myth as a *grand homme*, moved as the audience should also be by the spectacle of his own suffering and celebration.[114] This adherence to recognizable, established images belongs in part to the same logic as Gouges's use of the words spoken or written by her protagonists, and the sometimes-exaggerated presentation of their traits. For all that commemorative plays seek a personal dimension, the Mirabeau presented upon the stage must not be a natural, entirely humanized version of himself; rather he must be as people knew him in life, as they expected him to be: a national, public figure; the protagonist of well-worn anecdotes.[115]

And of course, the idea of a premature death (whatever the reality of that individual's reputation, for Mirabeau's was inconsistent, and he had as many enemies as he did adoring fans)[116] implies the removal of an individual in the prime of life, and thus the capacity for what Benjamin Williams has described as 'past conditional mythmaking': the ability to reflect on what might have been.[117] In Dejaure's play, Mirabeau wishes 'que n'ai-je une autre vie, à pouvoir consacrer encore à la patrie' and describes 'ma vie, [q]ue trop tôt, [...] le destin m'a ravie' (p. 108); in the *Panthéon français* he is reported to have said, in a similar vein, 'j'aurais voulu vivre encore un an [...]; mes yeux se seraient fermés sans regret aux premiers rayons de l'aurore du bonheur qui doit briller sur la France' (p. 178), whilst in the *Démosthène français* it is Socrate who notes:

> L'impitoyable Destin prive les mortels des travaux de ce grand homme, il l'enlève dans un temps où l'âge et l'expérience lui auraient donné les moyens de mettre en œuvre les matériaux qu'il avait amassés avec tant de peines, et dont il aurait composé des ouvrages immortels. (p. 168)

The myth, it is implied — as ever, in remembering those killed too young — could have been even greater had he not been so cruelly removed.[118]

---

[114] The same story is told in Dejaure by an unknown 'Ombre', pp. 132–34.
[115] Usandivaras, 'Une lecture dramatique', p. 150
[116] Desprat, *Mirabeau*, pp. 627–28.
[117] Benjamin Williams, 'Nineteenth-century nécrologies: Promising Poets and Past Conditional Mythmaking', paper given at *Society for French Studies* conference, Cardiff, 2015.
[118] The Scottish writer Thomas Carlyle takes this stance a step further when he writes that 'had Mirabeau lived, the History of France and of the World had been different' (*The French Revolution* [1837], 2 vols (Oxford: Oxford University Press, 1989), I, 444). In *Mirabeau*

Great Men (and Women) in Commemoration

The plays are explicit in their discussion of the concept of the *grand homme*, and particularly in the genealogy of greatness to which these residents of the afterlife are presumed to belong. It is this concept of a genealogy that allows Mirabeau to be glorified; indeed, he is frequently presented as the amalgam of all his heroes, superseding them in his greatness. The *Année littéraire* notes of Dejaure's play: 'Tous ces grands personnages paroissent les uns après les autres à côté de Mirabeau, se comparent à lui, et lui cèdent la palme'.[119] Demosthenes and Cicero are his models for oration ('vous avez formé vous-même mon langage' (p. 106)), whilst Voltaire, Rousseau, and Montesquieu are 'ceux qui, plus grands, t'apprirent à penser' (p. 110). In the *Démosthène français* — whose very title underlines the lineage of greatness it sets out, and in which our hero is welcomed to the afterlife by his forbears in the fight for freedom, Brutus and Tell — Mirabeau goes so far as to remark that:

> Si j'eus quelques talens, si mon trépas excite les regrets de mes compatriotes, si j'ai bien mérité de mon pays, c'est à vous qui m'environnez que je dois tout, *je suis votre ouvrage*. [...] si chacun de vous me reprenait ce qu'il m'a prêté, mon mérite personnel, réduit à sa juste valeur, perdrait beaucoup de son prix. (p. 170, my emphasis)

In the same play, Voltaire passes on the crown of greatness he has been accorded to Mirabeau, visually figuring the transfer of knowledge, responsibility, and recognition implied in the *Panthéon français*, where the same great *philosophe* describes the use of reason as 'un rosier que nous avons planté; [qui] n'a jamais produit pour nous que des épines', but of which, he tells Mirabeau, 'vous [...] avez recueilli les fleurs' (p. 179). Great men inspire those who will follow them continually to improve upon their own great deeds: the implication, of course, is that Mirabeau — and his representation by Dejaure, Gouges, and the others — can do the same for future generations.

In Gouges's play, the same idea of a lineage of genius is transposed into a concept of reincarnation, according to which a limited number of great men are continually recycled, sent back down to earth from the afterlife. Thus here, Mirabeau is not merely inspired by or akin to Demosthenes; instead, he *is* Demosthenes, reincarnated into a new, French body. The penultimate scene of the play shows the latest pair of great men to be returned to life; two being required to make up for the greatness that has been lost with the demise of

---

aux enfers, on the other hand, we find a negative version of the trope: 'si j'eusse vécu trois mois de plus, j'aurais précipité le [roi] dans un cachot, ou je l'eusse fait assassiner' (p. 154). Cf. the similarly negative hypothesis expressed by Talleyrand soon after his friend's death: 'cet homme déifié aurait été pendu deux mois plus tard' (cited in Desprat, *Mirabeau*, p. 743).
[119] Elie-Cathérine Fréron, *L'Année littéraire, ou, suite des lettres sur quelques écrits de ce temps*, 202 vols (Paris: Lambert, 1754–90), VI (1791), 33.

Mirabeau. They are the former Bishop of Montauban, cardinal d'Amboise, and the Athenian statesman Solon, both of whom are to be reborn in France with all of their original virtues and talents. Mirabeau's death has thus led to even greater prospects for the future of his nation.

The mode in which Mirabeau is figured as exemplar follows the contemporary trend identified by Sanja Perovic, which aimed to underline the common humanity linking exemplary figures throughout the ages.[120] It is notable that in Gouges's and Dejaure's texts the characters all *tutoient* one another, not only pre-figuring the 1793 introduction of the 'décret sur le tutoiement obligatoire', but also creating a familial sense of intimacy. This, of course, also sits perfectly within the strengths of theatrical commemoration as identified above, in giving the impression of a close, personal connection with the individuals presented. It is perhaps this sense of a focus on humanity that allows the presence of the kings, Louis XIV and Henri IV, in *Mirabeau aux Champs-Elysées*. Whilst not permitted in the official Panthéon due to the elite provenance of their greatness, kings can nonetheless be recognized in a looser grouping of *grands* for their personal qualities. In Gouges's play, whilst Louis XIV is revealed as an example of self-serving ambition, Henri IV is glorified for his recognition that the public loves not 'grands rois' but 'grands hommes, et bons rois' (p. 79) — reportedly the line that received the most applause from contemporary audiences.

And the final scene in this play also owes something to this desire to link greatness to the public good, rather than elite birth. It depicts Mirabeau's coronation with a 'couronne civique', in a republican version of the tradition of apotheosis that extends back to the Ancient Greeks, and which would become commonplace on the revolutionary stage. In Gouges's text Mirabeau's exalted position has not been conferred upon him by an instance of dictatorial authority. Rather, his status as *grand* has been generated by the French people, represented here by the character of Fortuné, a young boy and beneficiary of Mirabeau's charitable acts, who has died of exhaustion and from an excess of emotion after spending hours watching his idol's affecting and spectacular funeral parade. It is he, and not a political figure, who makes the first direct reference to the Panthéon in the play when he informs Mirabeau and the assembled greats of the 'temple où vous serez tous réunis' (p. 92). Although Gouges claims to have heard the story of Mirabeau's charity on good authority, she has little concrete information: this child is one of the few largely invented characters in the work, and we can thus attribute him with an element of symbolic value.[121] His lowly status seems to underline how the *grands hommes* being celebrated here are chosen by the masses rather than imposed from above, and function as suitable

---

[120] Sanja Perovic, 'Other People's Lives: Exemplary History and the French Revolution', *Literature & History*, 21, 2 (Autumn 2012), 16–31.
[121] See below, p. 62, n. 36, for further details.

figures for emulation, in keeping with Montesquieu's exhortation for genius to ally itself with the common people.

In later onstage apotheoses, the move away from models imposed from above would be even starker: in Charles-Louis Lesur's *Apothéose de Beaurepaire* of the following year, the surrounding *grands hommes* were no longer even present; rather, the greatness of the central figure was entirely constituted through ordinary citizens, the representatives of public opinion.[122] We see a similar trend already present in Dejaure's text, which as well as shifting from monarchic to republican models, also places Mirabeau as just one great among many, all of whom are presented as having contributed to the positive changes in France; a departure from the single-minded adoration of Gouges's play.

The two kings aside, the specific peculiarity of Gouges's choice of which *grands* to reawaken is the three women: the writers Madame Deshoulières and Madame de Sévigné, and the courtesan and patron of the arts Ninon de Lenclos, who had appeared as the protagonist of another of Gouges's plays, *Molière chez Ninon, ou le siècle des grands hommes*.[123] Deshoulières is a particularly interesting choice. Less known than her two companions by modern audiences, she was a great defender of the cultural and intellectual contributions women could make to society. Like Gouges, she had displayed an awareness of her own position as female writer, commenting in one satirical verse:

> Dans une liste triomphante
> De celebres auteurs que votre livre chante
> Je ne vois point mon nom placé.
> A moi (n'est-il pas vrai?) vous n'avez pas pensé;
> Mais aussi dans le même rôle
> Vous avez oublié Pascal,
> Qui pourtant ne pensait pas mal:
> Un tel compagnon me console.[124]

More interesting still, she had already been the subject of a text set in the afterlife. This was the 'Triomphe de Mme Deshoulières', by her near-contemporary Marie-Jeanne L'Héritier, in which Deshoulières arrives in Parnassus and is crowned as the tenth muse.[125] Her position as muse is accorded because of her

---

[122] Charles-Louis Lesur, *L'Apothéose de Beaurepaire* (Paris: Toubon, 1792). For comment, see Bourdin, 'Les Apothéoses théâtrales', p. 148.
[123] Olympe de Gouges, *Molière chez Ninon, ou le siècle des grands hommes* [1787], in *Œuvres complètes*, ed. by Félix Castan, 4 vols (Montauban: Cocagne, 1993), I, 143–91.
[124] Antoinette du Ligier de la Garde Deshoulières, 'Au R. P. Bouhours, sur son Livre de l'Art de bien penser sur les ouvrages d'esprit, 1687', in *Œuvres de Madame et de Mademoiselle Deshoulières* (Paris: chez les libraires associés, 1764), p. 207. Thank you to Helena Taylor for drawing my attention to this reference, and to L'Héritier's text.
[125] Marie-Jeanne L'Héritier de Villandon, 'Le Triomphe de Mme Deshoulières', in *Œuvres meslees contenant l'innocente tromperie, l'avare puny, les enchantemens de l'eloquence, les avantures de Finette* (Paris: Guignard, 1696), pp. 402–24 (p. 412).

vast range of talents: '[elle] avoit brillé dans le monde par tant de caracteres diférens, qu'on avoit peine à determiner sous lequel on devoit la ranger'.[126] And there is an explicitly proto-feminist aspect to this glorification, as Deshoulières comes to represent the manner in which all women can be considered great, whether for their artistic, intellectual, or moral contributions:

> Cette Pompe faite à l'honneur de nôtre Sexe remplit de joye tout le Parnasse. [...] Si dans le siecle des premiers Empereurs, tant de femmes se sont renduës celebres par leur science & par la force de leur genie; le siècle moderne nous fournit parmi elles tant d'exemples sublimes de vertu, que le beau Sexe n'a pas lieu de regretter ou d'envier le passé, & L'Heroïne qui vient de prendre place parmi les Muses, n'est pas la seule qui mette son Sexe du moins en égalité avec celui des Hommes.[127]

The presence of these three strong female characters alongside the illustrious men depicted by Gouges is not surprising in the context of the feminist sensibilities that Gouges would express elsewhere, not least in the manifesto that she published just five months after *Mirabeau aux Champs-Elysées*. In the play, Gouges has Madame de Sévigné echo Deshoulières's reference to equality when she states that 'on ne veut pas que nous soyons sur la terre les égales des hommes, ce n'est qu'aux Champs-Elysées que nous avons ce droit' (p. 94), and the play makes this point from two different perspectives.

First, unlike in Gouges's textual gathering of glorious souls, no women would appear in the Panthéon (at least in her own right) until 1995, when Marie Curie was interred there.[128] And second, the official Panthéon was set out by the wholly male National Assembly, meaning that Gouges, like other women, had nowhere except her own writings to define her own heroes. As she states in the preface to her *Ninon* play with regard to her mistreatment by the Comédie-Française, whilst as a man she could have spilled blood to defend her choices, as a woman 'ce n'est que par la plume que je puis me venger'.[129] Gouges rectifies both the inequality of representation and the inequality of choice, creating in textual form a more feminized version of the institution of cultural memory,

---

[126] Ibid., p. 407.
[127] Ibid., pp. 420–41.
[128] Following Curie, there was another gap of nearly two decades before any more women were granted the honour of pantheonization. The French press reported in February 2014 that following a long debate over how to increase the number of women interred there, Germaine Tillion and Geneviève de Gaulle, two members of the French resistance, had been selected for inclusion. 'Deux femmes et deux hommes au Panthéon', *Le Monde*, 19 February 2014, <http://www.lemonde.fr/politique/article/2014/02/19/quatre-entrees-au-pantheon_4369654_823448.html> [accessed 15 July 2016]. On July 5 2017, it was announced that Simone Weil would also be buried there.
[129] Olympe de Gouges, *Molière chez Ninon*, ed. by Céline Griéhard (Paris: Fièvre, 2014), p. 6, <http://www.theatre-classique.fr/pages/pdf/gouges_moliereninon.pdf> [accessed 15 July 2016].

of which women can be both architects and protagonists.[130] The most striking representation of this female influence comes alongside the recognition of the democratic nature of Mirabeau's greatness, in the final scene. Whilst in traditional scenes of apotheosis the female figures that carry the crown are idealized allegorical representations of virtues, here the job is given to the three real female characters, including Gouges's fellow playwright Deshoulières (p. 99). Thus this is not only a democratic but a specifically female sanctioning of Mirabeau's recognition as great, which would not be possible in any other context.

Posterity and Self-fashioning

All of the plays make explicit reference to the Panthéon, and as a result contain some debate regarding what and who is deserving of glory. Being remembered by generations to come is presented as an explicit ambition among the *grands*. In the *Démosthène français* we are told that 'la seule récompense qu'il soit permis au sage d'ambitionner, est de voir son nom parvenir glorieusement aux races futures, et prononcé sans cesse accompagné d'éloges et d'attendrissement' (p. 164), whilst in the *Panthéon français*, Renommée, the assistant of Gloire, is enjoined to 'vole[r] aux extrémités de l'univers; publie[r] partout, et leurs bienfaits, et la reconnaissance de leurs concitoyens' (p. 184). The hyperbolic *Démosthène français* suggests that Mirabeau's reach is already (literally) universal, when it states that 'ce ne serait pas seulement la France, mais l'Europe, mais l'univers qui devraient être plongés dans le deuil' (p. 164). But this hyperbole is not simply a feature of the dramatic genre: it was already present in Roger's *éloge*, which described how 'son immensité embrasse toutes les parties du monde; c'est l'âme universelle qu'ont adorée les anciens; sa divine influence a commencé par nous le bonheur du genre humain, elle s'étendra bientôt sur tous les peuples'.[131] This sense of the temporal and geographical spread of a reputation once again recalls Marmontel's *Encyclopédie* definition of *gloire*, as being known 'où vous n'êtes pas, où vous ne serez jamais'.[132] And of course, the capturing of this glory in written form, even if its initial reach is limited and temporary, already partly accomplishes this aim.

Indeed, the power of the written word becomes a theme in its own right, especially in Gouges's play. The opening discussion between Voltaire, Rousseau,

---

[130] In her 'Mémoire pour Mme de Gouges contre la Comédie-Française', in *Les Comédiens demasqués, ou Madame De Gouges ruinée par la Comédie Française pour se faire jouer* (Paris: [n.pub.], 1790), p. 2, Gouges writes: 'Les beaux-arts n'ont point de sexe. Sévigné, Deshoulières et d'autres femmes, connues par des chefs-d'œuvre, ont prouvé que nous pouvions courir la carrière des talents'.
[131] Roger, *Eloge*, p. 67.
[132] Marmontel, 'Gloire', p. 721.

and Montesquieu revolves around how their 'écrits immortels' will ensure their legacy and their impact on future generations (p. 73). Rousseau must reassure Montesquieu that 'ta mémoire ne saurait périr: tes ouvrages ont encore beaucoup de partisans dans tout l'univers' (p. 73). The lasting nature of the written is a longstanding trope, going at least back to Horace and his conviction that 'I shall not wholly die'.[133] It is a theme that appears regularly in the eighteenth century: the *Encyclopédie* definition of *immortalité* echoes a young Ronsard's precocious assertion in the manifesto to his first book of Odes that 'les doctes folies de poëtes survivront les innombrables siècles à venir, criant la gloire des princes consacrés par eux à l'immortalité'.[134] Its author, Diderot, makes a distinction between men of action and the men of letters who are required to record these actions and ensure the immortality of the former,[135] and the Roger *éloge* similarly distinguishes between someone who has written and someone who has been written about. Posterity, he says, will have difficulty in accessing the glory of the latter, for 'il ne nous reste, de notre Héros [Mirabeau], qu'un marbre inanimé', and whilst Voltaire's writings will make him immediately present to the future, 'la postérité croira bien plus difficilement à l'existence du second [Mirabeau], lorsqu'elle tentera de mesurer l'immensité de sa gloire'.[136] This continued living, through influence on their successors, is painted as the aim of the *grands* themselves, and is facilitated through their texts and — in Mirabeau's case — those who write texts about him. In the *Panthéon français*, Pluton (who is trying to ensure that he retains control over the dead greats in his kingdom who wish to return to France) argues that great men do not need to go back to earth and to life, since they are there already as exemplary textual beings:

> Vous ne les avez point entièrement perdus, ils vivent encore au milieu de vous dans leurs ouvrages; et leur génie que les coups de la mort ne sauraient altérer, vous guidera toujours dans la carrière de bonheur que vous voulez vous tracer. (p. 183)

The allegorical Gloire in the same play takes this argument one step further, arguing that Pluton as god of the dead has no dominion over the *grands hommes*, because in fact, they never really died at all.

But writing, in both Dejaure's and Gouges's plays, can also have an even greater impact: for Rousseau, Voltaire, and Montesquieu discuss not only their

---

[133] Horace, *Odes and Epodes*, trans. by Niall Rudd, Loeb Classical Library (Cambridge, MA: Harvard University Press, 2004), book III, ode 30, l. 6 (pp. 216–17).
[134] Pierre de Ronsard, 'Au lecteur', in *Œuvres complètes*, ed. by Gustave Cohen, 2 vols (Paris: Gallimard, 1958), II, 974.
[135] Denis Diderot, 'Immortalité', in *Encyclopédie*, VIII, 576–77.
[136] Roger, *Eloge*, p. 7.

enduring words, but also the actions these words have provoked. Voltaire is told:

> Vos sublimes écrits ont éclairé le monde,
> Et produit pour sa gloire, un si grand changement
> Qui, dès longtemps prévu, n'a coûté qu'un moment. (p. 113)

This interest in their concrete contributions to recent political changes goes back to that contemporary sense of utility as integral to the definition of the *grand homme*. And crucially, despite the setting in an afterlife, any sense of eternal life as the reward for these great works is missing. Instead, the reward is posterity itself: this is 'l'autre monde du philosophe' as imagined by Diderot.[137] As Dejaure's Mirabeau exclaims: 'Ah! oui, le souvenir que nous laissons de nous, | Est ce qui chez les morts fait notre destinée' (p. 132).

It is clearly this belief in the durability of the written word and its place in creating history that allows the authors of these texts to rely on their writings to do more than just convey their praise of an individual at a particular moment in time. The anonymous *Panthéon français* appears, on a first reading, to subscribe wholly to the praise of Mirabeau as a great man of France, and the allegorical 'Génie de la France' appears among its characters to sanction this judgement. However, as the play reaches its denouement, it becomes clear that this is in fact a personal crusade to incite praise for a different potential *grand homme*, and have him incorporated into the Panthéon. This is Désilles, a young soldier who had sacrificed himself trying to prevent the outbreak of war in the city of Nancy. In the play, the other great figures refuse to go back to earth and enter the temple of the French nation without him: they hold their own contribution to French greatness ransom until he is afforded the same honour (p. 183). With no knowledge of the author of this manuscript play, it is difficult to ascertain precisely what interest they held in the honouring of Desilles; nonetheless, this is one example of how discussion of existing glory can serve to reflect some of that glory onto other figures with whom it is associated.[138]

Klairwal's text, meanwhile, is itself adopted and adapted in a new context, to serve the purposes of a new, Dutch Patriot audience: the praise of Mirabeau acting as a cover for the celebration of revolutionary sensibilities more broadly. And Gouges takes this appropriation of glory a step further. We have already explored her interest in her own status in life, and this extends to a sense of how she will be remembered. Indeed, her reported last words suggest that awareness of this concern was widespread: 'fatal désir de la Renommée,

---

[137] Denis Diderot, 'Lettres à Falconet', in *Œuvres complètes*, ed. by Assézat and Tourneux, 20 vols (Paris: Garnier, 1875–77), XVIII, 101.

[138] This general feature is acknowledged by Bonnet who, in his discussion of the genre, notes that authors of *dialogues* sometimes attempt to appropriate the glory of their protagonists (*Naissance du Panthéon*, p. 143).

pourquoi ai-je voulu être quelque chose?'¹³⁹ As our exploration of her response to criticism in the *Mirabeau* preface has already suggested, she made prolific use of her paratexts to try to crystallize a particular impression of herself for contemporary and future readers.¹⁴⁰ Carol Sherman suggests it was precisely her desire to acquire recognition for herself and others that led to her theatrical presentation of the 'lost and unseen', such as women and slaves.¹⁴¹

In the 1792 preface to *L'Esclavage des noirs*, Gouges calls upon the future to judge her mistreatment, explicitly placing herself into the tradition of the misunderstood genius outlined above:

> Les imitations de Jean-Jacques sont défigurées dans ce nouveau régime, que seraient donc celles de Mme de Gouges et celles de M. Brissot? [...] l'expérience de tous les Peuples, et celle que font les Français, m'apprennent que les plus savants et les plus sages n'établissent pas leurs doctrines sans produire des maux de toutes espèces. [...] Que le public juge et se prononce, j'attends son arrêt pour ma justification.¹⁴²

In a similar vein, she uses the *Mirabeau* preface to draw attention to the lack of interest the National Assembly has paid to her political interventions thus far: 'on dénonce à son auguste tribunal toutes hostilités, et moi je dénonce son indifférence pour moi, à la postérité' (p. 60). And yet elsewhere, she displays real conviction that she will be remembered:

> Je n'ai recherché ni rang, ni place; je ne pouvais avoir l'extravagance d'y prétendre; un préjugé inique m'éloignoit à cet égard de toutes prétentions; mais le préjugé, qui n'a rien de commun avec les éternelles vérités de la morale, m'assure que mon nom vivra tout entier dans la postérité.¹⁴³

This conviction may be related to her understanding of how a new type of fame was evolving in the period. This is 'célébrité', the term she employs to describe a democratic fame, separate from the *gloire* that, despite what her play suggests, she still seems to see as bestowed from above:

> Quand je parviendrais à une célébrité que je ne puis espérer, on me verra toujours cette même simplicité que j'ai eue avant d'être Auteur. [...] Vous, fameux écrivains, qui n'avez su parler qu'aux rois, connaissez une ambition plus grande, plus pure et plus louable. C'est au peuple que je m'adresse.¹⁴⁴

---

¹³⁹ Olympe de Gouges, 'Mémoires de Sanson' (Paris, 1850), cited in Blanc, *Marie-Olympe de Gouges*, p. 219.
¹⁴⁰ Vanpee, 'Performing Justice', p. 57.
¹⁴¹ Carol Sherman, *Reading Olympe de Gouges* (New York: Palgrave Macmillan, 2013), p. 4.
¹⁴² Olympe de Gouges, *L'Esclavage des noirs, ou l'heureux naufrage* (Paris: Duchesne, 1792), p. 8.
¹⁴³ Olympe de Gouges, *Correspondance de la Cour: compte moral rendu et dernier mot à mes chers amis par Olympe Degouges [sic] à la Convention nationale et au peuple, sur une dénonciation faite contre son civisme, aux Jacobins, par le sieur Bourdon* (Geneva: Buisson, 1786), p. 23.
¹⁴⁴ Olympe de Gouges, 'Preface', in *Le Philosophe corrigé*, p. 20. See Lilti's discussion of

Another notable move with respect to her legacy is that Gouges successfully persuaded posterity to employ the name she had given herself; a name that erased the presence of both father and husband. Her own son attempted to change her name in records of the tribunal following her death, but it was Olympe de Gouges, and not Marie Aubry, that endured.[145]

In all of her publications, then, Gouges is clearly aware of and concerned with her afterlife in the public imagination. But her use of the genre of the dialogue of the dead makes a very specific contribution to her attempts to carve out a place for herself in literary posterity. Like Plutarch and Perrault before her, Gouges uses her position as author to set out her selection of illustrious examples that both encapsulate the history of her nation, and can be emulated by her audience: the choice to place women in the Panthéon is one manifestation of this authorial selection. It is not, though, enough to describe this play as a political act, the creation of a personal Panthéon; indeed, to do so would be to simplify and thus diminish Gouges's creation. For alongside her commemoration of Mirabeau, and her creation of a Panthéon that had space for women, Gouges also had more self-interested aims.

If commemorative theatre is a public display of the person commemorated, it also, inevitably, entails an act of self-exposure by the dramatic author. An extract from a 1780 edition of the *Espion anglais* captures the vulnerability of this position for even the most well-seasoned dramatist: 'Quelle humiliation, en effet, non seulement pour un débutant dans la carrière, mais pour le poète le plus consommé, d'être obligé de soumettre son œuvre au jugement [...] d'en attendre en tremblant'.[146] Gouges had already evoked a similar image in her correspondence with the Comédie-Française, and raises it again in the *Mirabeau* preface, in which she refers to putting her reputation at stake in allowing this play to be performed: 'il n'y a pas d['épreuve] aussi sûre que celle du théâtre' (p. 59).[147]

However, for all its difficulties, exposure is not, for Gouges, inherently negative. Rather, here it is posited as a good thing, not just because it gives her access to the public, but specifically because it allows her to be 'trait[ée] et persécut[ée] en grand homme' (p. 60). This desire for public judgment is reiterated at the moment in the preface at which Gouges imagines following her play about the dead with a play about the living, in which she would be

---

the evolving notion of 'célébrité' as linked to curiosity and intimacy, in *Figures publiques*, esp. pp. 14–15.
[145] Scott, *Only Paradoxes to Offer*, p. 54.
[146] Mathieu François Pidansat de Mairobert, *L'Espion anglais, ou Correspondance secrète entre milord All'Eye et milord All'Ear*, 10 vols (London: Adamson, 1777–85), VIII, 237, cited by Brown, *A Field of Honor*, p. 1.
[147] Olympe de Gouges, letter to the actors of the Comédie-Française, 5 February 1787, Bibliothèque-Musée de la Comédie-Française, Fonds Gouges, #10.

the main protagonist. This play would, she envisages, stage her contretemps with the actors of the Comédie-Française, and 'les bons auteurs qui m'ont reproché[e] impitoyablement' (p. 61): by implication, this public display would vindicate her before a broad audience. By taking on a traditionally male role as playwright, by acting in a traditionally male fashion in exposing her views for public critique, Gouges sets herself up for the treatment to which only a *grand homme* would traditionally be subjected, and thereby defines herself as their equal. This specific choice of the vocabulary of *grands hommes* in the *Mirabeau* preface once again draws attention to Gouges herself as being part of the coterie of men that she commemorates; all of whom, in the course of the play, discuss how they were persecuted and misunderstood in life. Such persecution is a badge of honour, a proof of political and philosophical weight. Thus the apparently throwaway remark in the preface resonates ever more strongly as the play proceeds and the status of her fellow *grands* is highlighted.[148]

Gouges does not stop here in terms of inserting herself into a literary and political lineage. The Prologue, spoken by 'Le Destin', refers to the need to find Mirabeau's successor now that he has died (p. 71). Later in the play, the theme is repeated when Gouges has Madame de Sévigné ask Mirabeau if his plans for the glory of the female sex have been left in safe hands (p. 93). And of course, these are the very same visions of female glory that Gouges has expressed in the play through her female characters, notably Ninon de l'Enclos, who responds to Mirabeau's assertion of the importance of women to the Revolution with the reminder that 'tant qu'on ne fera rien pour élever l'âme des femmes [...] l'Etat ne peut prospérer' (p. 95). We barely require Gouges's assurance in the preface that Mirabeau knew and admired her work, or the overt parallel between Mirabeau's titular position in this play and her proposed *Madame de Gouges aux enfers* (p. 61), to see the thinly veiled implication that she is the one who should take on Mirabeau's mantle.

We have already explored how Gouges and Dejaure show Mirabeau self-consciously creating his own myth. In *Mirabeau aux Champs-Elysées* others follow the same pattern: Voltaire, for example, uses lines he wrote himself to introduce Louis XIV to Mirabeau, quoting his *Siècle de Louis XIV* (p. 83).[149]

---

[148] It is language that would reappear the following year in her preface to *L'Entrée de Dumouriez à Bruxelles*, where Gouges stated: 'J'ai parlé au public en grand homme, en excusant les acteurs quand j'avais lieu de les mépriser' (in *Théâtre politique*, ed. by Gisela Thiele-Knobloch, 2 vols (Paris: Indigo and Côté-femmes, 2007), I, 138); in *Le Prince philosophe*, which broadened out the appeal for equality of grandeur: 'si les femmes veulent seconder mes désirs, je veux que, dans les siècles futurs, on place leur nom au rang des plus grands hommes' (*Le Prince philosophe, conte oriental*, 2 vols (Paris: Indigo and Côté-femmes, 1995), II, 10); and (most vehemently) in the *Correspondance de la Cour*, in which she addresses Robespierre and Marat: 'J'étois déjà un grand homme, que vous n'étiez encore que des vils esclaves' (p. 5).

[149] Voltaire's 1751 *Le Siècle de Louis XIV* itself contains a catalogue of 'personnages célèbres

This overt self-citation is complicated by the fact that the couplet he chooses is itself a rewriting of Racine's description of the great Titus;[150] however, this only serves to strengthen both Voltaire's myth and that of Louis, by writing them respectively into glorious literary and historical lineages. And Gouges herself, in this play, undertakes just such an act of self-mythologization. Even more explicitly than Deshoulières, who wondered why she had not made it onto a list of great writers, and was then placed in the Parnasse by a successor, Gouges claims for herself a corner of the Panthéon, a place in the canon, by virtue of her links — actual or textual — with these great men.[151]

There is evidence to suggest that Gouges's attempt to be recognized alongside the *grands hommes* worked, or was at least recognized. Just a few days after her death, it was recorded in the *Moniteur* that:

> Olympe de Gouges, née avec une imagination exaltée, prit son délire pour une inspiration de la nature. Elle voulut être un homme d'Etat; et il semble que la loi ait puni cette conspiratrice d'avoir oublié les vertus qui conviennent à son sexe.[152]

And at much greater distance, a short-lived 1987 production of *Mirabeau aux Champs-Elysées* attempted to include Gouges as a character in her own work:

> Nous avons opté pour une dramaturgie d'invention, au détriment d'une dramaturgie de conversation. [Olympe de Gouges] accueillait les spectateurs. Elle dominait la scène, sur un trône. Elle tombait dans les bras de Mirabeau. Nous avions trouvé des Champs-Elysées agréables; nous visitions un 'pays allègre et fantaisiste, où l'on se promène sur des prie-dieu-guillotines, et où les ombres sont femmes'.[153]

---

de son temps', and therefore to an extent falls into the tradition of Plutarch and Perrault outlined above (Voltaire, *Le Siècle de Louis XIV, Chapitres 25–30*, ed. by Diego Venturino and others, in *Œuvres complètes de Voltaire*, 200 vols (hereafter referred to as *OCV*) (Oxford: Voltaire Foundation, 2015), 13C.
[150] Jean Racine, *Bérénice*, in *Œuvres complètes*, ed. by Georges Forestier (Paris: Gallimard, 1999), I.5.315–16 (p. 466).
[151] Gouges's implied presence in her own work foreshadowed the theatrical self-characterization that would take place in the last year of her life. In 1792, she wrote herself into her final, unfinished play, *La France sauvée*, as a 'bonne patriote', in which she confronts the scheming Queen Marie Antoinette with an expression of revolutionary values (*La France sauvée, ou le tyran détrôné*, in *Théâtre politique*, II, 183–209). Janie Vanpée has persuasively argued that a few months later, when Gouges was arrested, her history of self-representation on stage affected her trial, both in terms of the prosecutors' conflation of her written character with reality, and in terms of Gouges's own theatrical responses (Vanpée, 'Performing Justice', pp. 47–65).
[152] *Réimpression de l'Ancien Moniteur*, ed. by Léonard Gallois, 32 vols (Paris: Bureau Central, 1840–45), XVIII, 450.
[153] Pierre Laguenière, 'Le Théâtre de la Révolution Française a 200 ans', in *Actes du colloque théâtre et révolution*, ed. by Lucile Garbagnati and Marita Gilli (Paris: Les Belles Lettres, 1989), pp. 99–106.

This modern version of her own work is combined with that projected, never-written text of which she speaks in her preface, *Madame de Gouges aux enfers*. She is no longer simply presenting the *grands*, on the periphery: she is one of them.

A Counter-revolutionary Counter-example

The final text included in this edition has thus far received little attention, since its tone is completely opposed to the sort of glorifying commemoration we have been exploring. *Mirabeau aux enfers* takes a severely critical approach to the orator, suggesting he acted purely out of self-interest, as opposed to the desire to contribute to public good that the other texts emphasized. In this attitude, it echoes the pamphlet circulated in May 1790, in which the orator was first accused of treason.[154] Mirabeau's first act in the afterlife is to bemoan the fact that fate should have been so quick to 'me précipiter moi et ma gloire dans la nuit du tombeau' (p. 140); not all that dissimilar to the bewailing of an early death contained in the commemorative plays examined above. But within a couple of lines, it is clear that the protagonist, alone on stage, has a very different view of himself to his manifestations elsewhere:

> Il n'est plus temps de dissimuler: il faut avouer que, toute ma vie, j'ai été un grand scélérat; voyons, parlons franchement, faisons notre confession: j'ai pillé, volé, violé [...] j'ai détrôné mon roi, je l'ai mis aux fers; je me suis enrichi aux dépens des malheureux; j'ai foulé le faible, opprimé la vertu; j'ai sauvé le criminel, et perdu l'innocent; je suis mort enfin comme j'avais vécu, au milieu du crime et de la débauche, laissant à un peuple imbécile, mon cadavre, des pleurs, des écharpes, et huit millions. (p. 140)

Moreover he explicitly confesses to the sort of venality of which the real Mirabeau had often been accused in life:

> Lorsque je faisais passer des décrets extravagants et souvent même dangereux pour moi, vous faisiez la sottise de croire que je n'ambitionnais que les applaudissements des galeries, et la réputation de grand orateur; détrompez-vous, apprenez que je recevais sous main des sommes considérables. (p. 141)

It is only when he has an onstage audience (in this case Caron) that he changes tack, and switches to the more noble tone that we recognize from the straightforwardly commemorative texts. From this point on, the anonymous author parodies the self-praise of the other plays, the desire of the shades to know what is happening in the world they have left behind, and the context in which great men are brought together to validate each others' worth. Voltaire, 'les yeux égarés et la bouche écumante, [et qui] semble vomir le blasphème et

---

[154] Anon., *Trahison découverte du comte de Mirabeau* ([n.p.]: Imprimerie de Marat, [1790]).

l'imprécation' (p. 144), is also damned alongside Mirabeau, as are a number of others who 'en vain ont [...] joui d'un nom fameux ou d'une réputation illustre parmi les hommes' (p. 143). But when the revolutionary actions in which Mirabeau has been complicit are laid out for Voltaire's benefit, even this 'poète orgueilleux, écrivain obscène' is shocked by such 'horreurs et [...] atrocités', as are the known regicides Cromwell and Ravaillac (p. 151). Meanwhile, the 'Inconnu' who recounts his actions — serving the same purpose as representatives of the 'peuple' in the commemorative plays — gloats that 'ton règne est passé, malheureux' (p. 148). Though this parodic pamphlet play was not performed, its existence (labelled a 'tragi-comédie', and employing so many of the same tactics as its celebratory opposites) indicates that the *dialogue des morts* play was widespread enough as a contemporary form for commemoration that it could be subverted. But it also fits into that related genre, in which hell acts as a tribunal for those not sufficiently punished in life. By combining these functions, this anonymous text underlines how closely the secular vision of punishment or reward in the afterlife is modelled on, yet still distinct from a religious one. Caron's pronouncement to Mirabeau places the emphasis on heavenly over earthly glory, distinguishing it from the stone monuments and the lasting reputations valorized in the other texts: 'Si tes imbéciles de Français pouvaient connaître l'état présent de celui qu'ils veulent honorer, ils auraient honte, sans doute, de vouloir éterniser la mémoire d'un homme que les dieux ont couvert d'ignominie' (p. 145).

Moreover, this text is explicitly anti-revolutionary, and therefore could not have been performed. Revolutionary actions are condemned, and it is stated that 'la révolution de France surpasse en cruautés, en meurtres, en barbaries celle d'Angleterre, comme la taille d'un géant surpasse celle d'un nain' (p. 149). But more significantly still, the true *grands hommes* of the Champs-Elysées (here including Henri IV, Turenne, Condé, and Fénelon) gather together to demand of Pluton that Mirabeau suffer the most severe punishment. Mirabeau then tries to organize a revolution to overthrow Pluton, but is unsuccessful, the moral being that 'il existe des dieux vengeurs, et [...] le crime a toujours été puni et la vertu récompensée' (p. 159). As if this were not enough, the ending of the play — with an appeal that Louis XVI should be 'libre', followed by an 'Ode au Roi' — gives an even heavier indication of the strongly monarchist tendencies of its anonymous author (p. 161). Like Dejaure and Gouges, this author is taking advantage of Mirabeau's fame to advance his own agenda.

Flexible Text

The final irony, however, is that the anti-celebratory text (like the accusatory pamphlet that precedes it) also turns out to be prescient, regarding both the later discovery of Mirabeau's 'betrayal', and the advent of the Terror, which it seems to predict with its statement that 'cette fameuse liberté, dont [les Français] trouvent la jouissance si douce, n'est qu'une licence effrénée qui causera leur perte' (p. 153). Mirabeau was the first of many individuals to be removed from the Panthéon, and the resulting crisis of confidence in the ability of the present to identify the enduring heroes of the future would extend over the following decade.[155] When public opinion could change overnight, commemoration in stone was too fixed: busts could simply be destroyed, just as Mirabeau's physical body was removed from the edifice and then lost. In 1795 it was decreed that no individual should be placed in the Panthéon until ten years after his death,[156] and Mercier would suggest two years later that history needed even longer to make such vital judgements: 'il faut le tribunal ou l'assemblage de plusieurs siècles pour juger à cet égard l'homme de génie'.[157]

This sense of how fickle posterity can be is paradoxically already present in the very texts that seek to create great posthumous reputations. Dejaure's Mirabeau is aware of this when he remarks (in relation to Frédéric): 'On peut tromper son siècle avec habilité: on n'en impose pas à la postérité' (p. 127). But it is not only the mechanism of posterity, but the very status of text itself that is also drawn into question. Whilst the widespread trope of text as a particularly durable medium for remembrance does appear in these plays, at the same time in Gouges's text in particular there is a great awareness of the instability of these same writings, and indeed of how any form of cultural memory is subject to reconfiguration by those who come afterwards. It is the characters of Henri IV and Louis XIV, respectively the founder and the greatest representative of the Bourbon dynasty, whose legacy is so much under threat at moment of performance, that are particularly sensitive to this instability. Henri IV admits that he is dubious about the impact that Voltaire and Rousseau can have on the living world via a written form (p. 76), whilst the character of Louis XIV is keen to return to earth so that he can continue shaping his legacy through action, rather than merely relying on memories and tales told by his successors (p. 78). And of course Gouges herself, in the very genre she has chosen, exemplifies the precarious nature of textual legacy, by employing and manipulating the image and authoritative words of her predecessors to suit her own ends.

The ability of text to convey truth was central to contemporary legal discussions. The Code of 1791 instituted what Robert describes as a 'new form

---

[155] Jean-Paul Marat, the revolutionary hero who replaced Mirabeau, was himself ejected just a few months later; the remains of Nicolas-Joseph Beaurepaire and Augustin-Marie Picot disappeared, and those of Louis-Michel le Peletier were removed by his family, all before the monument had been in place for three years.
[156] *Archives parlementaires*, ed. by Madival, Laurent and others, LXXIX, 212.
[157] Louis-Sébastien Mercier, *Le Nouveau Paris* [1797], ed. by Jean-Claude Bonnet (Paris: Mercure de France, 1994), p. 870.

of temporality and performativity' in the courtroom: free speech, a focus on oratory style and emotion, the public presence of the accused and their witnesses, and even the use of theatrical staging and language to describe the judicial process.[158] All this was far from the unemotional, un-engaging, text-based procedure of pre-revolutionary trials, in which private transcriptions of witness testimony were collated into a narrative by the king's assessor, and considered according to the prescriptions of yet another text; that of the law.[159] Calls were nonetheless being made for a return to the practice of written denunciation: the publication of accusations (in this case, in the press) according to a careful system that would tread the fine line between the dangers of such anonymous texts and the benefits of a considered legal case, and which did not rely solely on passion and skill in oratory. Both the theatrical trial and this new version of public textual denunciation include an element of dialogue: of a search for truth that is collaborative and cooperative, rather than imposed by a single (royally-sanctioned) voice. But a contrast is nonetheless being made here between reading and performance: between the one-sided, private, distant nature of written testimony, and the community of the public, emotionally-involving courtroom. The former could be misread, or manipulated: presence, so went the argument for theatricality, was more real. Robert links these changes convincingly to the evolution of courtroom theatre in the period: recent events were re-enacted onstage and the audience was encouraged to act as witness and jury. The heyday of this format ran from the 1791 abolition of censorship to the Jacobin acquisition of power in 1793, when a more monologic, less interactive style of theatre returned: an attempt, as Robert sees it, to forget the pre-republican past entirely, and impose a single new version of history.[160]

But if in the political context — especially one that changes from moment to moment — text is inferior to performance thanks to its capacity to be twisted out of shape, in the commemorative context this may actually be a positive trait. Unlike the toppled monument, text can allow the individual to remain present in the collective imagination in a more ambiguous and more flexible way. When the true presence of life or performance is no longer an option, this might be the next best thing, allowing an individual and his ideas to be adapted to the concerns of new generations, just as Diderot's re-enactments in *Le Fils naturel* were subtly altered on each performance.

For those who write, the ability to remain relevant in changing contexts can be crucial, allowing them to access the sort of on-going emotional attachment that the plays sought to create, and that Dejaure's Rousseau desires:

---

[158] Robert, 'Living Theater', p. 209.
[159] Laura Mason, 'The "Bosom of Proof": Criminal Justice and the Renewal of Oral Culture during the French Revolution', *Journal of Modern History*, 76 (March 2004), 29–61.
[160] Robert, 'Living Theater', pp. 206–27.

> Sans doute un monument par le peuple érigé,
> De l'homme qui n'est plus est le plus beau partage;
> Mais que ce soit leur cœur qui garde mon image! (p. 115)[161]

And even for those whom posterity may condemn, textual presence is potentially a preferable alternative to the physical body, lost in an anonymous grave, or to a statue smashed to pieces by detractors. In these texts, Mirabeau's fictional, textual self, created through his words and the words of others, lives on: even *Mirabeau aux enfers*, which holds Mirabeau up as an example not to be followed, nonetheless still requires that he be remembered, and textual commemoration allows this in a way that the Panthéon — where you were either in or out, great or not — did not.[162]

This is where the political and the commemorative, and the relative benefits afforded to each by the performative or the textual, begin to diverge. The image that is conveyed by posthumous commemorative texts might be an altered one, an unconventional or de-mythologized presentation as Bonnet would have it, but it is nonetheless there, available for future readers to evaluate on their own terms. Thus, in a context of changing cultural memory, literary forms of commemoration, in all their personal, subjective, part-fiction — the very features that made the dialogues anti-celebratory for Bonnet — might ultimately be more successful than the vast stone monuments they half-reflect. Words sometimes last longer than both human presence and stone, and commemorative literature might be valuable not only for its durability, as contemporaries were only too aware, but also for its flexibility and allusivity; its ability to be reconfigured and reinterpreted by theatre audiences, readers, and those as-yet-unknown and ghostly future figures, who, in the end, can be the only true architects of an individual's posterity.[163]

Conclusion

The great stone monument that is the Panthéon is cited several times in the plays as the best way to be remembered; as proof that Mirabeau and his contemporaries are loved by their nation, however they were treated in life. They are:

---

[161] For more on the benefits of the flexible text for authors in posterity see Jessica Goodman, 'Between Celebrity and Glory? Textual After-image in Late Eighteenth-century France', *Celebrity Studies* (October 2016), <http://www.tandfonline.com/doi/abs/10.1080/19392397.2016.1233705> [accessed 15 July 2016].

[162] See Goodman, 'Le Néant de ce qu'on appelle gloire', pp. 179–89.

[163] For more on this see *Anticipated Afterlives: Envisaging Posterity in Early Modern France*, ed. by Jessica Goodman and Joseph Harris, special issue of *Early Modern French Studies* (forthcoming, 2018).

> [...] admis par l'Etat dans ces tombeaux sacrés,
> Aux plus grands hommes seuls désormais consacrés.
> Le temple le plus beau dont s'honore la France,
> Devait être celui de sa reconnaissance. (p. 133)

Set at the high point of Paris, it was an overt declaration that those selected for inclusion, Mirabeau first among them, should operate as didactic and moral exemplars for the people of France. The proliferation of prints, busts, and representative medals around the moment of Mirabeau's death indicated another form of posthumous recognition: the commodification that was one of the markers of celebrity in the period. One enterprising artist created both a medallion and a bust of Mirabeau from stones taken from the fallen Bastille, and presented them to the National Assembly: in this case, the orator was literally made part of the history and fabric of the Revolution. Moral, personal, and national elements were therefore present in his non-textual commemoration, just as they were in the textual versions explored here.

The self-serving nature of some of the plays is also far from exclusive to this specific form of commemoration. The doctor who treated Mirabeau, Cabanis, published his personal *Journal de la maladie de Mirabeau* within a fortnight of the politician's decease, whilst the *Journal de Paris* records numerous proposals made to the National Assembly for commemorative works of art.[164] Among these was a project from a sculptor named Paul Villy, who had designed a pyramidal mausoleum, to be engraved with the words 'vir immortalis'. Whilst the design was not adopted, the Assembly ordered that the minutes of their meeting should record the name of its artist; thus, Paul Villy entered into posterity, linked to the name of Mirabeau and to the concept of immortality without so much as lifting a chisel.[165] Memory as serving the purposes of those left behind is nothing new. But unlike these other forms, text, in giving the famous dead voice (or rather, in stealing their voices for new uses), seems more overtly to appropriate their privileged position for the benefit of the generations that follow. As in Shortslef's account of Shakespeare's 'epitaphic' history plays, though epitaphs traditionally speak for the dead, in fact the dead turn out to say exactly what the living would like them to.[166]

This ventriloquizing act is by no means the only specific function of the commemorative plays explored here. They work as a way of bringing the famous figures they celebrate to life, of embodying them, of encouraging audience participation, often even in the most overt manner: it is recounted in contemporary journals that audience members threw verses they had written

---

[164] Pierre-Jean-Georges Cabanis, *Journal de la maladie de Mirabeau* [1791], ed. by Carmela Ferrandes (Bari: Adriatica Editrice, 1996).
[165] *Journal de Paris*, 13 April 1791, p. 413.
[166] Shortsleff, 'Acting as an Epitaph', pp. 11–25.

in praise of Mirabeau onstage during Gouges's play, which also received effusive applause at certain politically relevant lines.[167] The power of collective recollection is perhaps what encourages Roger to include in his *éloge* the 'nous' that creates a community of remembrance: 'Qui ne sent son âme transportée au seul souvenir de ce triomphe à jamais mémorable qui commença notre révolution?'[168] They all own the Revolution: the great Mirabeau is a symbol of all of their achievements, and his exemplarity seems to be most effective when it is re-embodied; when the man they loved and admired is made present to them in his absence, and when his personality — so integral to his success as an orator, and to his popularity — is re-presented on stage.

But the only way this continued interaction can take place is through an act of appropriation, or transformation: if the great continue to 'live' on stage and on the page, affecting their audiences and prolonging their personal relationships, they must also continue to change; to adapt to fit new situations, and thereby to accord with the concerns of the true living. It is perhaps this fact that made it so difficult to come up with a successful modern production of *Mirabeau aux Champs-Elysées*. With the hero so long dead, so far from addressing modern concerns, the production team of the single 1987 performance created a far more ghostly presence than the original play had implied:

> Mirabeau est seul, face à des voiles, des voix, une lumière, des vêtements de femmes qu'il touche, qu'il tente de rattacher à ses souvenirs, qu'il serre contre lui. Les ombres n'ont plus de valeur physique; des plaintes lointaines interpellent un être humain en route vers l'au-delà.[169]

This true ghost, solitary and concerned with his own past, did not have the substance to create that link with the public that made commemorative plays so successful in their own time. The distinction between spectator and reader suddenly comes into sharp focus. The intimate presence of performance, the reason the play form was so important in the original incarnations of these titles, does not travel easily to other times and to other places. For a more distant posterity these individuals have, as Mercier (in an echo of Pluton's argument above) would have it, to 'vivre ou mourir dans leurs ouvrages'.[170]

And yet, the dialogic texts examined here do perhaps allow for a more complex type of afterlife. They provide future generations with a different sort of monument, in which these subjects both 'viv[ent]' and 'm[eurent]', in a more personal manner than they do in their own literary productions. More than merely objects of historical interest, these commemorative plays allow us to engage with their protagonists, to hear their real or imagined voices, even

---

[167] *Journal de Paris*, 17 April 1791, p. 432.
[168] Roger, *Eloge*, p. 32.
[169] Laguenière, 'Le Théâtre de la Révolution Française', p. 106.
[170] Mercier, *Le Nouveau Paris*, p. 875.

INTRODUCTION 45

if they left little behind in the way of publications which we can adapt to suit our contemporary concerns. In this regard, then, they continue to serve their commemorative purpose, and the personal, human manner in which their subjects are depicted remains vital. Text and imagined performance-presence come together, as Mirabeau and his companions remain on that shadowy border between life and death, presence and absence, remembering and forgetting.

Editions

Only the Gouges text, *Mirabeau aux Champs-Elysées*, has been published more than once. The base text used here is the 1791 Paris (Garnéry) edition (the only one in her lifetime). Other modern editions are:

BÉNOÎTE GROULT, ed., in *Œuvres* (Paris: Mercure de France, 1986) (extract only)
PIÈRRE LAGUENIÈRE, and MURIEL USANDIVIRAS-MILI, eds (Ontario: Université Laurentienne, 1989)
FÉLIX CASTAN, ed., in *Œuvres complètes*, 4 vols (Montauban: Cocagne, 1993), I, 247-60
GISELA THIELE-KNOBLOCH, ed., in *Théâtre politique*, 2 vols (Paris: Indigo and Côté-femmes, 2007), I, 89-130

The base texts for the other plays are:

JEAN-ELIE DEJAURE, *L'Ombre de Mirabeau* (Paris: Cailleau, 1791)
ANON., *Mirabeau aux enfers, ou La Contre-révolution du tartare* ([n.p.]: De l'imprimerie de Pluton et de toute sa cour, chez Sans Peur, 1791).
ANON., 'Le Panthéon français, ou La Désertion des Champs-Elysées', Bibliothèque nationale de France, ms. fr. 9263, vol. 22, 340r-349v
[Charles Klairwal], 'Le Démosthène français, ou L'Arrivée de Mirabeau aux Champs-Elysées', Bibliothèque nationale de France, ms. fr. 9267, vol. 26

Treatment of Base Texts

Obvious typographical errors have been corrected, initial capitals have been added to sentences where they were missing, and spelling and punctuation have been modernized in the following ways.

Mirabeau aux Champs-Elysées

I. Spelling

1. Consonants
   a) single consonants have been doubled in: aprouve, ateindre, boureau, concuremment, constitutionels, metant.

b) missing consonants have been added to: accens, changemens, constans, crû, différens, dépendans, enfans, éloquens, émigrans, établissemens, fondemens, frappans, géans, glapissemens, gouvernemens, habitans, hurlemens, impuissans, inconvéniens, insinuans, longtems, momens, pénétrans, précédens, remercîmens, roulemens, sentimens, talens, tems, testamens, torrens, vivans.

c) consonants have been removed from: apperçu, allarme, allarmes, appellés, apperçois, Arcq, cimballes, Démosthènes, exhorbitant, jetter, jettez, joints, rappeller, sçu.

d) substitutions:
    n for m in: solemnellement, solomnelle.
    s for x in: loix.
    s for z in: lèze-majesté, lèze-nation.
    z for s in: bisarre.

2. Vowels
  a) missing vowels have been added to: boulversé, boulversera.
  b) vowels have been removed from: demie-heure.
  c) substitutions:
    ai for oi in a number of cases.
    é for ai in: puissai.
    i for hy in: thyare.
    i for y in: croyent, employent, synonimes.
    œ for oe in: coeur, moeurs, oeil, oeuvre, voeux.
    y for i in: anonime, Champs-Elisées, cimballes, Nanci, pigmées, simpathiseront.

3. Capitalization
  a) has been removed from: Acteurs, Genie, Terre.
  b) has been added to: assemblée nationale, champs elisées, comédie française, comédie italienne, français [noun for people], madame, monsieur.

4. Hyphenation
  a) has been removed from: à-peu-près, aussi-tôt, c'est-là, grand-homme, grands-hommes, long-tems, même-tems, non-seulement, St-Germain, sur-tout, très-peu, très-sensible, très-obéissant.
  b) has been added to: ajoutez y, avez vous, champs elisées, comédie française, comédie italienne, elles mêmes, franc parler, sur le champ.

II. Accents

1. Have been added to: age, ames, blame, caractere, carriere, collegues, dégénerer, déja, dernieres, Deshoulieres, désinteressment, desirez, disparaitre, entregorgeroient, espece, eut, fidele, freres, Genie, grossiere, hatai, lache,

oterois, paroitre, recompensai, regénérer, releve, traitres, voila.
2. Have been removed from: complôt, crû, dégré, dévancé, dévancée, éléver, embrâsa, haîne, idôle, plûpart, pû, trâmes, tû, vû.
3. Have been substituted in: éléve, interprête, piéce, reconnoïtre, règner, remercîments, sçu, sément, siége, zèlée.

III. Various

A space has been added to: Envain, quelque (when appropriate).
The ampersand has been replaced with et.
All multiple ellipses have been replaced with ...
Punctuation has been removed from: qu'elles.
The plural has been removed from 'aucun(e)s' and associated nouns.

L'Ombre de Mirabeau

I. Spelling

1. Consonants
   a) single consonants have been doubled in: alier, combatre.
   b) missing consonants have been added to: accens, brillans, croi, enfans, fondemens, long-tems, ornemens, précédens, rians, suppors, talens, tems, tourmens.
   c) consonants have been removed from: appercevant, completter, grouppes, rappeller, sçu.
   d) substitutions:
      s for z in: azile, hazards.
      s for x in: foux, loix.
      n for m in: condammés.
2. Vowels
   a) vowels have been removed from: traveaux.
   b) substitutions:
      ai for oi in a number of cases.
      i for y in: ayeux, Tybre, yvresse.
      ez for és in: recompensés.
3. Capitalization
   Has been removed from: Autel, Ciel, Citoyen, Concitoyens, Despote, Fanfares, Guerrier, Guerriers, Héros, Législateurs, Loix, Magistrats, Ministres, Monarque, Nation, Olivier, Ombrage, Ombres, Patrie, Patriote, Personnages, Philosophe, Philosophie, Politique, Roi, Rois, Scene, Soldats, Vétérans.

4. Hyphenation
　　a) has been added to: aiment ils, celles ci, Champs Elysées, croyez moi, dis moi, lui même, moi même, ont ils, peut être, puis je, raconte les, sentent ils, toi même.
　　b) has been removed from: c'est-là, long-tems, par-tout, tour-à-tour, tout-à-coup, très-claire, très-fermement, très-sujette, très-sur, très-vite.

II. Accents

1. Have been added to: achevera, ame, ames, Ciceron, completter, connait, déja, deuxieme, devintes, évenement, extreme, felicite, grace, helas, idolatre, interêt, oter, ou [as relative adverb], premiere, presenter, previns, regne, Scene, veritable, voila.
2. Have been removed from: dégrés, mouillér, nécéssaire, pû.
3. Have been substituted in: arrète, dùt, extrème, extrèmités, fiertè, gènie, Gréce, lassàt, régne, represènte, réver, trève.

III. Various

A space has been added to: aumoins, entr'eux.
A space has been removed from: sauve garde.
The ampersand has been replaced with et.
All multiple ellipses have been replaced with ...
Punctuation has been added to: jen [j'en] and quelle [qu'elle].

Mirabeau aux Enfers

I. Spelling

1. Consonants
　　a) single consonants have been doubled in: Cromwel.
　　b) missing consonants have been added to: applaudissemens, châtimens, contens, descendans, enfans, étincelans, évidens, expédiens, extravagans, géans, habitans, jugemens, mourans, parens, précédens, rampans, sanglans, talens, tourmens.
　　c) consonants have been removed from: apperçois, appercevrons, aperçu, hyssope, imbécille.
　　d) substitutions:
　　　　s for t in: dissentions.
　　　　s for x in: loix.
2. Vowels
　　ai has been subsituted for oi in a number of cases.

INTRODUCTION

3. Hyphenation
   a) has been removed from: aussi-tôt, long-temps, par-tout, sur-tout.
   b) has been added to: Champs Elysées, six cents.

II. Accents

1. Have been added to: ames, déja, desire, desirs, infame, inoui, inouis, voila.
2. Have been removed from: atôme, Fénélon, ouï [when 'yes'], sécoué.
3. Have been substituted in: blasphême, poête.

III. Various

A space has been added to: Envain.
All multiple ellipses have been replaced with ...
À faire has become affaire.

Le Démosthène français

I. Spelling

1. Consonants
   a) missing consonants have been added to: changemens, désagrémens, élemens, éminens, enfans, événemens, instans, long-tems, méchans, mécontens, momens, parens, présentimens, représentans, sentimens, talens, tems, tourmens.
   b) consonants have been removed from: allarmés, apperçois, dépends, fidelle, grouppent, secrettes.
   c) substitutions:
      s for x in: loix.
2. Capitalization
   a) has been removed from: Altière, Amis, Amitié, Amour, Aristocracie, Basilique, Bonheur, Bosquet, Bouche, Buste, Contemporains, Despotes, Despotisme, Domestiques, Eléments, Eloquence, Etiquette, Fanatisme, Fiscalité, Fondateur, Français [adjective], Génie, Gens, Globe, Grand, Législateur, Libérateur, Liberté, Libre, Métropole, Nation, Nations, Nature, Orient, Papiers, Parens, Patrie, Patriotisme, Paume, Pays, Peuple, Phénomène, Philosophe, Philosophes, Poete, Presse, Prêtres, Représentans, Révolution, Rivaux, Royaume, Sages, Sénatoriale, Terre, Théâtre, Toile, Tolérance, Tyrannie, Tyrannique, Tyrans, Univers, Ville.
   b) has been added to: champs elysées.

3. Hyphenation
   a) has been removed from: gens-de-lettres, long-tems.
   b) has been added to: audessus, accepte la, champs elysées, lui même, quelques unes.

II. Accents

1. Have been added to: age, ame, ames, assiege, carriere, cede, célebre, célebres, chere, cigue, collegues, décrete, déliberent, depouillé, derniere, deshonorait, éleve, enleve, entierement, entieres, fidelle, formerent, freres, funebres, Grece, maitre, maitriser, maniere, matiere, misere, modele, obseques, Poete, premiere, scene, secrettes, siecles, ténebres, zelés.
2. Have been substituted in: célébre, prètres, Sènatoriale.

III. Various

A space has been added to: Envain.
A space has been removed from: quel que.

Le Panthéon français

I. Spelling

1. Consonants
   a) single consonants have been doubled in: patrone.
   b) consonants have been added to: bienfaisans, enfans, évenemens, habitans, longtems, sentimens.
   c) consonants have been removed from: appellant, apperçois, apperçoit, emppoisoneroit, fidelle, jetter, rappeller, rejettant, scait, scauroient, scais.
   d) substitutions:
      y for i in: élisées, tiran, tirannie, tirans.
2. Vowels
   ai has been subsituted for oi in a number of cases.
3. Capitalization
   a) has been removed from: Autels, Balancé, Bergere, Bienfaiteur, Bienfaiteurs, Bienfaits, Bonheur, Brave, Brillante, Capitale, Carriere, Chagrin, Changement, Charmes, Chimeres, Ciel, Combats, Compter, Concitoyens, Confiance, Connoitre, Consulter, Cortege, Crime, Décision, Despote, Deuil, Discours, Divinité, Douleur, Empire, Enfans, Ennemis, Enthousiasme, Epines, Esclavage, Esclaves, Excepté, Exciter, Expier, Exploit, François [adjective], Généreuses, Génie [when

not the character], Gloire, Glorieuse, Grand, Grands, Mains, Milieu, Moi, Mort, Nation, Ombres, Ouvrage, Porter, Prieres, Proscrit, Qualité, Raison, Reconnaissance, Régénération, Rosier, Sanctionner, Scène, Spectacles, Sujets, Superstition.
  b) has been added to: amérique, champs elisées, françois [as a noun for nationality], lethé.
 4. Hyphenation
  Has been added to: au devant, auriez vous, champs elisées, chef d'œuvre, connaît il, consolez vous, contentez vous, croyez vous, dis je, disait il, elle même, erigez en, est elle, êtes vous, eussiez vous, expliquez moi, hâtez vous, ici bas, lui même, moi même, nous mêmes, oubliez vous, peut il, peut on, reconnais moi, souviens toi, trouvez vous, vient elle, vois je, vous même.

II. Accents

1. Have been added to: acces, age, ame, ames, avoit, Bergere, carriere, célebre, chere, cheres, Chimeres, collegues, Connoitre, cortege, déja, déplorable, des, du, enleve, entiere, entierement, eut, évenemens, fidele, fidelement, frere, freres, grace, Grece, hatez, ineffacables, lethé, Moliere, mystere, naitre, percant, pere, premiere, prieres, privilege, protege, rameneront, scene, sejour, seroit, siecles, succes, voila, votres, zele.
2. Have been removed from: entrâves, Fénélon, préscrit.
3. Have been substituted in: arrété, interprête.

III. Various

A space has been added to: Envain.
All multiple ellipses have been replaced with ...
The title of the works *Du Contrat social* and *Emile* have been italicized.

Mirabeau aux Champs-Elysées

Comédie en un acte et en prose,

Par Madame de Gouges,

Représentée à Paris, par les Comédiens Italiens ordinaires du Roi, le 15 Avril 1791, avec changements, et plusieurs scènes neuves.

Prix, 24 sols.

A Paris,

Chez Garnéry, libraire, rue Serpente, no. 17.

PERSONNAGES

MIRABEAU.
J. JACQUES.[1]
VOLTAIRE.
MONTESQUIEU.
FRANKLIN.
HENRI IV.
LOUIS XIV.
DÉSILLES.[2]
FORTUNÉ, ÂGÉ DE 12 ANS ET EN HABIT DE GARDE NATIONALE.[3]
LE CARDINAL D'AMBOISE.[4]
SOLON.[5]
LE DESTIN.
MADAME DESHOULIÈRES.[6]
SÉVIGNÉ.[7]

---

[1] Jean-Jacques Rousseau.
[2] André Désilles (1767–90) was an officer in the king's infantry during the Affaire de Nancy, a rebellion in the Nancy garrison that took place in August 1790. Désilles heroically stood between the mutineers and the army of the Marquis de Bouillé, governor of Trois-Évêchés, in an attempt to prevent cannons being fired on them. He received three wounds to his leg, which became infected and killed him some two months later. Before his death, he received an official thanks from the Assemblé Nationale, at the instigation of Mirabeau, as well as the Croix de Saint-Louis. His death was followed by a memorial service for the 'Hero of Nancy'. See E. Herpin, 'André Désilles, le héros de Nancy', *Revue de Bretagne de Vendée & d'Anjou*, ed. by O. de Gourcuff, 41 (1809), 5–20. Gouges herself wrote a play entitled *Henri IV et le jeune Désilles*, which was a disaster (Bourdin, 'Les Apothéoses théâtrales', p. 140).
[3] Carole Sherman underlines how frequently Gouges put children — with real names, backgrounds and stories — on stage. Sherman attributes this to a reading of Rousseau, and his 'discovery' of childhood as a discrete stage in life, and also to Gouges's own background of alleged illegitimacy (*Reading Olympe de Gouges*, p. 105).
[4] Georges d'Amboise (1460–1510) was Bishop of Montauban, the town in which Gouges grew up. At an early age he attached himself to the duc d'Orléans, who would later become Louis XII, and elevate d'Amboise to the position of cardinal. He was known as the 'Père du peuple'. See Yves Bottineau-Fuchs, *Georges 1er d'Amboise, 1460–1510: un prélat normand de la Renaissance* (Rouen: PTC, 2005).
[5] Athenian statesman and poet, often credited with laying the foundations of Athenian democracy through his political and moral reform attempts. See Mary F. Lefkowitz, *The Lives of the Greek Poets* (Baltimore, MD: John Hopkins University Press, 2012), pp. 46–54.
[6] Antoinette du Ligier de la Garde Deshoulières (1634?–94) frequented the salons of the Marais, and was an acquaintance of Madame de Scudéry, Madame de Sévigné, and Thomas and Pierre Corneille. She was the first female academician in France, elected to both the Académie des Ricovrati and the Académie d'Arles, and her work included poetry and theatre. On her work, see Volker Schröder, 'Madame Deshoulières ou la satire au féminin', *Dix-septième siècle*, 25 (2013), 95–106.
[7] Marie de Rabutin-Chantal, marquise de Sévigné (1626–96). Selections from her twenty-five year correspondence with her daughter, Françoise-Marguerite, were first published in 1725, and have appeared in various contexts and editions since, for example *Recueil des*

NINON DE L'ENCLOS.⁸
UNE MULTITUDE D'OMBRES DES QUATRE PARTIES DU MONDE.

Chaque acteur doit observer exactement son costume.

---

lettres de Madame la marquise de Sévigné, a Madame la comtesse de Grignan, sa fille, 8 vols (Paris: Dessaint et Saillant, 1754).
⁸ Ninon de l'Enclos (1620–1705) was a courtesan, *salonnière*, and writer, known even in her lifetime for her libertine convictions and her atheism. Participants in her salon included La Rochefoucauld, Boileau, Fontenelle, Lully, Perrault, and many others. She is the subject of another of Gouges's plays, *Molière chez Ninon, ou le siècle des grands hommes* (1787). See Michel Vergé-Franceschi, *Ninon de Lenclos: libertine du Grand Siècle* (Paris: Payot, 2014), and Roger Duchêne, *Ninon de Lenclos: la courtisane du Grand Siècle* (Paris: Fayard, 1984).

PRÉFACE

Jusqu'à ce moment la littérature eut des charmes pour moi, aujourd'hui c'est dans les horreurs et les dégoûts de la composition que je dicte sans ordre cette préface; c'est à peu près ma manière.

J'ai donné au public, avec zèle et confiance, une pièce patriotique, il l'a reçue avec indulgence; je la lui présente aujourd'hui imprimée, à peu près avec ses mêmes défauts et le même empressement que j'ai toujours mis dans mes écrits; je sais que ce n'est point assez, pour le satisfaire, il ne suffit pas de piquer sa curiosité, il faut agacer son goût, et c'est la coquetterie littéraire qui me manque; cette coquetterie diffère entièrement de celle des belles; l'une n'a besoin que de toutes les grâces de la jeunesse, et l'autre au contraire a besoin de vieillir dans le travail et l'expérience de l'art.[9]

J'ai présenté aux Italiens, le 12 de ce mois, *Mirabeau aux Champs-Elysées*; si l'estime et l'enthousiasme donnaient l'expression, je n'en trouverais pas d'assez forte pour témoigner à cette société toute ma reconnaissance.[10] Après avoir reçu ma pièce d'une voix unanime, ils m'annoncèrent qu'ils allaient la mettre à l'étude pour la jouer vingt-quatre heures après; j'avoue que je fus moins étonnée de leur empressement, que je ne le fus de la possibilité de leur mémoire; ils n'avaient qu'une seule inquiétude, c'était le temps que le copiste pouvait exiger pour livrer les rôles; une voix s'éleva: *hé! pourquoi ne les copierions-nous pas nous-mêmes!*[11] Aussitôt un élan patriotique embrasa tous les cœurs, et en une demi-heure, en ma présence, chaque acteur eut copié son rôle; ils firent plus, ils m'observèrent plusieurs changements, mais le peu de temps qui nous restait ne nous permettait pas de donner à cette pièce toute la perfection que nous pouvions mutuellement désirer. En même temps que les acteurs apprenaient la pièce, je crus qu'il était prudent de la soumettre au goût, aux connaissances, d'un *connaisseur ordinaire*; car il faut que je prévienne le public, que j'ai la manie encore de ne demander des avis qu'à ceux qui n'en savent guère plus que moi, et comme cette remarque ne touche ni à leur probité, ni à leurs mœurs, ils ne sauraient s'en fâcher. Ainsi donc le conseil me fut donné de retrancher aux trois quarts[12] le rôle de Louis XIV, en m'assurant que ce caractère serait mal vu

---

[9] Gouges makes similar self-deprecating claims in many of her prefaces: in the 1788 edition to *L'Esclavage des noirs* (then *Zamore et Mirza*) she talks of her 'faible esquisse', and 'un médiocre écrit, [qui] mérite de l'indulgence, tant pour le but que pour le temps' (*Zamore et Mirza* (Paris: Cailleau, 1788), p. 99).

[10] This is a thinly veiled critique of the Comédie-Française, who had been far less accommodating in accepting her early play *L'Esclavage des noirs* over the previous decade. See Brown, 'The Self-Fashionings of Olympe de Gouges', pp. 383–401.

[11] Sadly the Comédie-Italienne *comité* records are missing from the start of April 1791, so it impossible to establish how far this account, and what follows, is true.

[12] Comma removed here.

dans ce moment-ci, parce que je le présentais[13] du côté favorable.[14] La Comédie-Italienne s'étant prescrite d'apprendre cette pièce en vingt-quatre heures, fit de nouvelles coupures à son tour, et à la représentation, mon Louis le Grand était bien petit, bien pitoyable, et ma surprise ne fut pas moins grande que celle du public de la voir arriver là, pour quoi faire? Pour dire un mot et entendre des choses désobligeantes.[15] L'improbation générale à cet égard, justifie pleinement l'auteur; mais le public qui n'est pas instruit, ne l'accable pas moins en attendant sa justification; il fallait opter dans ce moment, se pendre ou se justifier, le dernier m'a paru plus doux, et persuadée que les Français ne seront pas toujours des bourreaux pour me juger, j'en appelle aujourd'hui à leur justice.[16]

Toutes les critiques, sur cette pièce, qui m'ont été faites, étaient justes, mais peut-être l'ouvrage ne les méritait pas; qu'on examine quel a été mon but en faisant paraître Mirabeau aux Champs-Elysées; c'était de rendre hommage à sa mémoire, ce fut là le premier élan de mon cœur, de mon patriotisme; je ne mis que quatre heures pour composer cette pièce, et l'on a pu exiger qu'en si peu de temps, je fis un chef-d'œuvre de la réunion de tous les grands hommes, que j'eus l'art de les faire parler chacun leur langage, non seulement comme ils parlaient dans leur vie privée, car on ne disconviendra pas que nos plus grands hommes

---

[13] The original reads 'présentai'. Knobloch's edition also alters to the imperfect.
[14] The play was performed just days before the king and queen were prevented from travelling to St Cloud for Easter, and two months before their flight to Varennes in June 1791.
[15] Although Gouges's own experience with the Comédie-Française naturally led her to be suspicious of theatrical troupes, rebellious actors are in fact a very common trope in the eighteenth century: the Italian dramatist Carlo Goldoni describes in his *Mémoires* how the Comédie-Italienne actor 'joue de sa tête, parle quelquefois à tort et à travers, gâte une scene et fait tomber une Piece' (in *Tutte le opere*, ed. by Giuseppe Ortolani, 14 vols (Milan: Mondadori, 1935), I, 450). Nonetheless, Gouges writes particularly vehemently against actors and their interventions at a number of points: her 1788 edition of *L'Esclavage des noirs* has her handing her play to the actors in frustration: 'Adieu, Mesdames et Messieurs; après mes observations jouez ma Pièce comme vous le jugerez à propos, je ne serai point aux répétitions. J'abandonne à mon fils tous mes droits; puisse-t-il en faire un bon usage, et le préserver de devenir Auteur pour la Comédie Française!' (*Zamore et Mirza*, pp. 95-96) whilst in a later text, attached to *L'Entrée de Dumouriez aux Bruxelles*, and entitled 'Complots dévoilés', she is at pains to inform the reader that the play eventually performed was not that which she had written, but a 'pantomime de la façon des comédiens' (*Théâtre politique*, I, 132-39 (p. 132)).
[16] Gouges frequently appealed to the tribunal of the public: in her 1792 preface to *L'Esclavage des noirs* she writes: 'C'est au scrutin des consciences que je vais livrer mon procès; c'est à la pluralité des voix que je vais le perdre ou le gagner. [...] Il m'est donc important de convaincre le Public les détracteurs de mon Ouvrage, de la pureté de mes maximes. [...] Que le public juge et se prononce, j'attends son arrêt pour ma justification'. (*L'Esclavage des noirs*, pp. 2-9), whilst in the preface to *L'Entrée de Dumouriez aux Bruxelles* we find: 'rien n'est plus aisé que d'égarer l'opinion publique' (*Théâtre politique*, I, 132). For a more general discussion of public opinion in the period, and in particular its contribution to the political landscape, see Arlette Farge, *Dire et mal dire: l'opinion publique au XVIIIe siècle* (Paris: Seuil, 1992).

ont été toujours simples dans la société, mais éloquents, précis, énergiques, tels qu'ils l'ont été dans leurs ouvrages. *Mirabeau surtout n'aurait pas mérité les éloges qui lui sont dus, s'il s'était exprimé comme je l'ai fait parler.*[17] Comme s'il était aisé de le faire parler sans puiser son dialogue dans ses propres écrits, comme s'il était aisé de le remplacer à l'Assemblée Nationale; Mirabeau, on le sait, quand il n'était pas préparé, différait de tout en tout avec lui-même; et vous exigeriez, quel que soit le sexe de l'auteur, qu'il eût égalé ce grand homme dans ses plus beaux moments. Vous serez satisfaits; mon effort ne sera pas bien grand, il s'agit d'adopter des morceaux de ses sublimes discours à la substance de ma pièce: je crains le disparate, mais vous l'avez voulu.[18] Le passage qui m'a paru le plus heureusement ajusté à cette pièce, est l'éloge que Mirabeau a fait sur la mort de Franklin; c'est Franklin lui-même qui le présente aux Champs-Elysées, et qui prononce les mêmes paroles que Mirabeau a prononcées à son égard à l'Assemblée Nationale; tout ceux à qui j'ai fait part de ce changement m'ont assuré qu'il était bien conçu, j'en accepte l'augure. Mais les femmes! Les femmes! Si généreuses pour leur sexe, desquelles on n'a pas aperçu un seul coup de main à la représentation de cette pièce; et mes amis, mes bons amis! Il faut que je leur dise un mot puisque me voilà en chemin. Tous attendaient mon succès ou le craignaient, car l'amitié de ce temps n'exempte pas de la petite jalousie. Les uns, je le sais, ont applaudi à ce peu de succès, les plus désintéressés m'ont vu d'un autre œil: le sentiment de la pitié couvre d'opprobre celui qui l'excite.[19] Aucun n'a eu la noble générosité de venir me consoler, et

---

[17] There is no evidence to suggest that this is a direct quotation from critiques by the actors or contemporary critics.

[18] There are indeed multiple borrowings from Mirabeau's own speeches and texts, as well as the writings of Franklin and other authors depicted; though sadly, reviews of the play are not fulsome enough to identify what, if anything, has been altered between performance and publication. The quotations and half-quotations are noted below at appropriate points in the text — for a full discussion, see Usandivaras, 'Une lecture dramatique'. In the absence of records of Gouges's own library and education, it is often difficult to determine precisely how she accessed the various texts from which she quotes, and how far she expected her audience to be familiar with them. Nonetheless, all were in the public domain in published form, and the borrowings from Mirabeau's speeches in the National Assembly are often drawn from his most applauded interventions (Usandivaras, p. 148). The range of sources drawn on here certainly implies that Gouges had a broader literary awareness than claims of her poor literacy might suggest.

[19] Bonnel suggests that though Gouges received applause from the audience, she suffered from a lack of the mass support enjoyed by her contemporaries ('Olympe de Gouges et la carrière dramatique', pp. 65–95). Gouges has a general sense that women suffer far more from one another than they do at the hands of men: in her *Préface pour les dames* she states: 'Il faudroit donc, mes très-chères Soeurs, être plus indulgentes entre nous pour nos défauts, nous les cacher mutuellement, & tacher de devenir plus conséquentes en faveur de notre sexe. Est-il étonnant que les hommes l'oppriment, & n'est-ce pas notre faute? Peu de femmes sont hommes par la façon de penser, mais il y en a quelques-unes, & malheureusement le plus grand nombre se joint impitoyablement au parti le plus fort, sans prévoir qu'il détruit

comme si j'avais commis des crimes, tous m'ont abandonnée: ah! quels amis! ah! rigoureuse épreuve! Non, il n'y en a pas d'aussi sûre que celle du théâtre: les succès couvrent tous les défauts, mêmes les vices; une chute les donne tous, et les vertus disparaissent.[20]

Ma pièce loin d'échouer a été même applaudie; elle a excité la critique, et plus encore l'envie, ce qui m'assure qu'elle n'est pas si mauvaise;[21] mais je n'ai pas de prôneurs; mais je n'ai pas la masse des auteurs qui se tiennent ordinairement ensemble pour faire réussir leurs ouvrages; seule, isolée, et en but à tant d'inconvénients, comment attendre même un succès mérité?[22] Je suis d'ailleurs malheureuse, je crois à la fatalité, aussi l'ai-je prouvé par la transmigration des âmes.[23]

Je me suis, je crois, rendue recommandable à ma patrie; elle ne saurait oublier jamais que, dans le temps où elle était aux fers, une femme a eu le courage de prendre la plume le premier pour les briser. J'ai attaqué le despotisme, l'intrigue des ministres, les vices du gouvernement: je respectai la monarchie et j'embrassai la cause du peuple; toutes mes connaissances alors ont frémi pour moi, mais rien n'a pu ébranler ma résolution;[24] le talent sans doute ne répondait pas à ma noble ambition, mais je me suis montrée ardente patriote; j'ai sacrifié au bien de mon pays, mon repos, mes plaisirs, la majeure partie de ma fortune, la place même de mon fils,[25] et je n'ai reçu d'autre récompense que celle qui est dans mon cœur; elle doit m'être chère, elle fait mon bonheur, je n'en ambitionne pas d'autres. Peut-être avais-je droit d'attendre une marque de bienveillance de l'Assemblée Nationale; elle qui doit montrer à l'univers l'exemple de l'estime

---

lui-même les charmes de son empire'. (Gouges, Œuvres de Madame de Gouges, I, 1–8 (p. 2)).
[20] See Introduction, pp. 34–36, for an examination of Gouges's self-positioning as a persecuted dramatist.
[21] See Introduction, pp. 16–22, for a detailed discussion of the reception of the play.
[22] My punctuation.
[23] Gouges's interest in metempsychosis, testified by its presence in the play, made itself felt in her life, for she kept a number of pets whom she said were reincarnations (Blanc, Marie-Olympe de Gouges, p. 42).
[24] By 1791 Gouges had already written a number of patriotic and political works, including the 1789 Bonheur primitif de l'homme, ou les rêveries patriotiques [addressed to the Assemblée Nationale] (Paris: Royer, 1789), L'Esclavage des noirs, and her Préface pour les dames, ou le portrait des femmes (1788).
[25] Pierre Aubry was for some time on the list of the engineering corps for Champagne, the province controlled by the duc d'Orléans. There were rumours that Gouges had acquired this position for her son through a liaison with the duke, but she maintained she had paid 1,500 livres for the post (Blanc, Marie-Olympe de Gouges, p. 46). Though Gouges was responsible for her son's rapid career rise from this point on (p. 230), the link with her was certainly a threat once her position became dangerous: ten days after her arrest in 1793, he was suspended from his office as vice-general and head of his battalion, and he even signed a letter denying all involvement with her following her execution (pp. 207, 198). All this, though, was two years after this play was performed: thus Gouges seems only to be discussing risk rather than actual harm here.

que l'on doit à tout citoyen qui se consacre au bien de son pays, elle ne peut se dissimuler qu'elle a adopté tous les projets que j'avais offerts dans mes écrits avant sa convocation; on dénonce à son auguste tribunal toutes hostilités, et moi je dénonce son indifférence pour moi, à la postérité. Elle a reçu la collection de mes ouvrages, chaque membre en particulier, le seul qui m'a témoigné sa gratitude est l'incomparable Mirabeau,[26] lui seul a eu la grandeur d'âme de m'encourager, de m'élever peut-être au-dessus de mes talents; mais cet éloge n'a fait que me convaincre qu'il rendait justice à mes vues, à mon patriotisme. Je joins ici sa lettre pour ma justification.

Versailles, le 12 septembre 1789

> Je suis très sensible, madame, à l'envoi que vous avez bien voulu me faire de votre ouvrage; jusqu'ici j'avais cru que les grâces ne se paraient que de fleurs. Mais une conception facile, une tête forte ont élevé vos idées, et votre marche aussi rapide que la révolution est aussi marquée par des succès. Agréez, je vous prie, madame, tous mes remerciements, et soyez persuadée des sentiments respectueux avec lesquels j'ai l'honneur d'être, madame, votre très humble et très obéissant serviteur,
> Le Comte de Mirabeau[27]

Les propos injurieux qu'on a répandus sur mon compte, la noire calomnie que l'on a employée pour empoisonner tout ce que j'ai fait de méritoire, seraient propres à me donner de l'orgueil, puisqu'il est vrai qu'on me traite et qu'on me persécute en grand homme; si je pouvais me le persuader, je réaliserais le projet que j'ai formé de me retirer entièrement de la société, d'aller vivre dans la solitude, étudier nos auteurs, méditer un plan que j'ai conçu en faveur de mon sexe, de mon sexe ingrat; je connais ses défauts, ses ridicules, mais je sens aussi qu'il peut s'élever un jour; c'est à cela que je veux m'attacher.[28] Cet ouvrage est de longue haleine, et je ne le présenterai pas du matin au soir; je veux faire cependant mes adieux comiquement à mes concitoyens; après avoir mis les morts au théâtre, je veux y mettre les vivants; je veux me jouer moi-

---

[26] My punctuation.
[27] The same letter is cited (with very minor differences) in Gouges's *Le Bon sens français, ou L'Apologie des vrais nobles* (Paris: [n.pub.], 1792), p. 42, where it is said to be a response to her *Discours de l'aveugle aux Français* (Paris: [n.pub.], 1789), in which she suggests Mirabeau should 'travaille[r] son caractère [...], se défai[re] des inconséquences de l'esprit français, [...] tourne[r] constamment sa plume vers le bien' (p. 10). The same text recalls Mirabeau stating of Gouges that 'c'est une femme étonnante, elle avait fait à elle seule la constitution', whilst in *L'Esprit français, ou Problème à résoudre sur le labyrinthe des divers complots* (Paris: Duchesne, 1792), Gouges recalls his observation that 'nous devons à une ignorante de grandes découvertes' (p. 23). However, there are no contemporary references to these judgements outside her own works, so they cannot be verified.
[28] She would publish her *Déclaration des droits des femmes et la citoyenne* later the same year (*Ecrits politiques*, pp. 204-15).

même, ne point faire grâce à mes ridicules pour ne point épargner ceux des autres; je n'ai pas trouvé de plus vaste plan, ni de plus original que *Madame de Gouges aux enfers*.²⁹ On se doute aisément que je me trouverai là avec des personnages dignes de mon attention et de mon ressentiment; les comédiens français, par exemple... mes bons amis... les bons auteurs qui m'ont reproché impitoyablement leurs fameuses observations sur quelques synonymes,³⁰ et qui m'ont pillé, volé grossièrement, comme un certain Labreu qui a eu le front, après avoir escroqué à mon fils une pièce des vœux forcés pour le théâtre dont il se dit directeur, a eu l'audace de faire mettre sur l'affiche, par *Madame de Gouges et Monsieur Labreu*.³¹ Celui-là est fort; c'est comme si les comédiens italiens disaient avoir fait une pièce, parce que j'ai consenti aux changements qu'ils m'ont demandés. Les petites maîtresses aristocrates, les démagogues, les enragés, en un mot, j'irai aux enfers, *mais je n'irai pas seule, et quelqu'un m'y suivra*. Je préviens cependant que je ne toucherai aux mœurs, ni à la probité de personne, tels sont mes principes. Il serait fort plaisant que cette farce me couvrît de gloire, je n'en serais pas surprise: mon projet de la caisse patriotique,³² la responsabilité des ministres, les établissements publics pour les pauvres, le moyen d'occuper aux terres incultes, tous les hommes oisifs, les impôts sur les spectacles, valets, voitures, chevaux, jeux, afin de les détruire par un impôt exorbitant; mon esclavage des noirs,³³ pièce qui a excité injustement la haine des Colons, mais qui ne prouve pas moins que j'ai écrit la première *dramatiquement* pour l'humanité; trois volumes encore de mes pièces, pas moins estimées des gens de goût, ne m'ont pas attiré un regard général et favorable;³⁴ c'est bien là le

---

²⁹ Gouges never wrote this play, but she did write herself onstage in her unfinished *La France sauvée*, for which the manuscript is preserved at the Archives nationales de France (W/293, dossier 210).

³⁰ It is not clear to whom Gouges is referring here. It might be that 'observations sur quelques synonymes' are an oblique reference to accusations of plagiarism made against Gouges (for example, regarding her *Amours de Chérubin* in 1784), an interpretation that would link neatly to accusations of her own work being stolen in the latter part of the sentence (thanks to Annelle Currulla for this suggestion).

³¹ In the preface to *Le Couvent, ou Les Vœux forcés* Gouges claims she had proposed the play to the Théâtre de Monsieur in February 1790, but since they could not perform it, instead it was sent to the Palais Royal, who kept it for two months with no response. In the meantime, a comic opera on the same theme was staged, and Gouges's version was only performed in October, after her son passed the manuscript to Labreu, director of the Théâtre Français, who added comic scenes and passed himself off as co-author. Gouges recounts returning from the country to find a poster listing the double attribution of the play, much to her irritation (in *Théâtre politique*, I, 36–37). See Gabrielle Verdier, 'From Reform to Revolution: The Social Theater of Olympe de Gouges', in *Literate Women and the French Revolution of 1789*, ed. by Catherine R. Montfort (Birmingham, AL: Summa Publications, 1994), pp. 189–215 (p. 207).

³² Gouges, *Projet de la caisse patriotique*, in *Écrits politiques*, I, 37–45.

³³ Originally published as *Zamore et Mirza*.

³⁴ The 1788 three-volume publication of her theatrical works, of which the first two

cas de citer ces vers:

> Mon Henri quatre et ma Zaïre,
> Et mon américaine Alzire,
> Ne m'ont valu jamais un seul regard du roi;
> J'avais mille ennemis avec très peu de gloire.
> Les honneurs et les biens pleuvent enfin sur moi
> Pour une farce de la foire.[35]

P.S. On m'a assuré vrai, le bienfait anonyme de Mirabeau; je n'assure pas que l'enfant soit mort, mais il m'a été indispensable de l'égorger pour rendre le trait de bienfaisance public.[36]

Je n'ai pas fait seulement cette pièce pour la capitale, je me suis empressée de la faire imprimer pour les provinces avant sa reprise à Paris,[37] persuadée qu'elles me sauront bon gré de cet empressement; en outre, je supplie et charge toutes les municipalités du royaume, d'après le décret de l'Assemblée Nationale, qui

---

volumes were dedicated to the duc d'Orléans, and the third to the prince de Condé. The *Almanach des muses* noted it contained 'quelques idées heureuses et une très grande facilité' but that the plays 'paroissent faites avec précipitation' (Paris: Délalain, 1790), p. 300, whilst the *Journal général de France* for 13 March 1788 was rather more ambiguous, citing Gouges's own *Dialogue entre mon Esprit, le Bon-sens et la Raison*, in which Bon-sens warns L'Esprit of 'le sort de ceux qui ont la prétention, comme vous, de donner à un Public éclairé leurs Œuvres obscures, leur Théâtre qu'on ne joue nulle part'. The journal's author comments: 'Bon-sens est bien brutal, & [...] dit des vérités bien dures. Heureusement ce n'est pas-là l'esprit de Madame de Gouges'.

[35] An epigram by Voltaire (1745), cited in the *Commentaire historique sur les œuvres de l'auteur de la Henriade*, ostensibly composed 'sous sa dictée', and included in *Œuvres complètes de Voltaire*, ed. by Louis Moland, 50 vols (Paris: Garnier, 1877–85), I, 69–126 (p. 89).

[36] None of Mirabeau's main biographers (see the Introduction, p. 1, for list) supports Gouges's view of him as universally charitable (Usandiviras, p. 144): the only reference to a potentially charitable action is his proposal, a month before his death, for a portion of the salary of deputies to be used to help 12,000 poor families — a proposal rebuffed by Robespierre (Desprat, *Mirabeau*, p. 728). There is certainly no evidence of the particular 'bienfait anonyme' recorded in the play in the various personal dossiers they have consulted. There is none, either, in the archives of the 29th regiment of the Infanterie de la ligne, the regiment (Royal-Dauphin) in which Fortuné claims he was given a place (p. 91). No Fortuné is listed in the regiment's records for 1791–92, either as an officer or as a foot soldier; nor is there a twelve-year-old who would be an obvious candidate under a different name. Indeed, though some children form part of the regiment, they are usually listed as 'enfants du corps', and are usually the children of serving soldiers (Service Historique de la Défense, GR.14. YC.41–41bis). The youngest recorded officer (who is only a cadet in 1790, and certainly does not reach the rank of captain, as Fortuné claims to have done, for several years) is sixteen in 1791: he is Leopold Charles Hubert D'Arbois de Jubainville, born at Neufchateau in September 1774, and made a member of the regiment in February 1790 (Service Historique de la Défense, GR.XB.172). He is the only plausible candidate for 'Fortuné', but a lack of any further information makes it impossible to make any further claims, other than that the story is not entirely implausible.

[37] Within weeks of the first performance she had sent a copy to both the municipality of Bordeaux, and the town's Société des amis de la constitution (see the Introduction, p. 20).

rend aux auteurs leurs propriétés, de prélever ma part et de la répandre sur les femmes qui se seront distinguées par quelque action patriotique, comme celle de Nancy,[38] ainsi que toutes celles qui auront le noble courage de l'imiter.[39]

---

[38] Contemporary accounts of the Nancy uprising record the story of Mme Humbert: 'Une femme du peuple [...] au risque d'être massacrée, voyant que les soldats de Bouillé pointaient un canon sur une troupe de Nancéens, jeta sur la lumière du canon un seau d'eau et empêcha la coup de partir' (Jean-Bernard, *Histoire anecdoctique de la Révolution française*, Les Lundis Révolutionnaires (Paris: Georges Maurice, 1790), p. 279). The story appears at greater length in Marie-Claire Mangin's article, 'La Peignée de la Saint-Gauzlin (Nancy, le mardi 31 août 1790)', *Mémoires de l'Académie de Stanislas, Nancy*, 15 (2000–01), 317–44 (pp. 339–40).

[39] Gouges similarly makes provision for the authorial rights from her *Esclavage des noirs* to be contributed to the 'caisse patriotique'.

ENCORE UNE PRÉFACE

Le lecteur ne manquera pas de dire, cette femme aime bien à préfacer: patience lecteur, je vais tâcher que celle-ci soit du moins utile.

Je serais tentée de croire que la nature a placé en moi le don de prophétie; si j'avais été fanatique, ah! combien de miracles j'aurais déjà faits! Tous mes écrits en pétillent; on n'y croit pas, parce qu'on les a sous les yeux, mais un jour on les citera. Ce qui m'encourage à revenir à mes miracles patriotiques, c'est que l'athéisme m'assure que je n'ai point comme Jeanne d'Arc, à redouter la sainte grillade;[40] je pourrais peut-être craindre la lanterne nationale, mais on assure que ses nobles fonctions sont suspendues, ainsi je vais user de tous mes droits de citoyenne libre et zélée patriote.[41]

Depuis quinze ans j'ai prévu la révolution, de plus grands politiques l'avaient prévue de plus loin; M. de Saint-Germain et la reine l'ont au moins devancée de plus de trente ans, non comme le public l'interprète; le vieux bonhomme Saint-Germain a fait machinalement ses soupçons sur la maison du roi, sans avoir le dessein de nous être utile;[42] la reine, en faisant disparaître l'étiquette a perdu le respect des Français;[43] j'ai fait jadis une observation à son égard connue de vingt personnes.[44] Il y a à peu près quatorze ans que je me trouvai à la porte de la Comédie-Française quand la reine arriva, jeune, élégante, telle qu'on voit nos petites maîtresses les plus recherchées; son air, son ton enchantaient les yeux; mais on murmurait tout bas. Je dis tout haut: *adieu la majesté royale, un jour cette reine versera des larmes de sang sur son inconséquence*; le pronostic ne

---

[40] In her 1793 *Testament politique*, where 'je lègue mon cœur à la patrie, [...] [et] mon âme aux femmes', Gouges also bequeaths 'ma religion aux athées' (Gouges, *Testament politique d'Olympe de Gouges* ([n.p.]: [n.pub.], [n.d])).

[41] The term 'lanterne publique' comes from the hanging on a lamppost of finance minister Foulon de Doué and his son-in-law, who on 22 July 1789 were hunted down and lynched by a mob convinced they were counter-revolutionaries. The irony is, of course, that Gouges would indeed be subjected to a public execution just two years later.

[42] Saint-Germain, then known as Monsieur de Saint-Noël, is said to have visited Louis XVI, warning him of the horrors that were to come under the Revolution: 'Ce règne lui sera funeste [...] Il se forme une conspiration gigantesque qui n'a pas encore de chef visible, mais il paraîtra avant peu. On ne tend à rien moins qu'à renverser ce qui existe, sauf à le reconstruire sur un nouveau plan. On en veut à la famille royale, au clergé, à la noblesse, à la magistrature. Cependant, il est temps encore de déjouer l'intrigue: plus tard ce serait impossible' (Gabrielle-Pauline d'Adhémar, *Ma reine infortunée: souvenirs de la comtesse d'Adhémar, dame du palais de Marie-Antoinette* (Paris: Plon, 2006), p. 160).

[43] With Madame de Polignac, her confidante, Marie-Antoinette abandoned the protocol and etiquette of the court and loved to escape it by going to the Petit Trianon.

[44] It is not clear what this refers to: the mention of the limited audience for this 'observation' suggests it could be an early version of the *Déclaration*, which later that year Gouges would dedicate to Marie-Antoinette, writing 'adresses' to both the king and the queen, as well as to the prince de Condé.

s'est que trop réalisé.⁴⁵ Mais l'inconséquence n'est pas vice; elle est attachée à la jeunesse, et fait souvent l'éloge de l'innocence; une reine doit-elle être exempte de cette innocence? Les uns diront oui, les autres diront non; moi je dis que ce qui est fait est fait, et ne voyons, mes concitoyens, que l'avenir. Je plains d'autant plus la reine, que peut-être elle n'a aucun reproche à se faire de tout ce dont on l'accuse contre le peuple français; elle n'a donc pas de vrais amis! Tous les écrivailleurs ont écrit contre elle, et personne n'a pris la plume pour la justifier, personne n'a eu le noble courage de l'avertir de ce qu'elle doit aux Français, de ce qu'elle se doit à elle-même dans un moment comme celui-ci; si il y a un complot des aristocrates, des prêtres réfractaires, des prétendus patriotes, c'est la reine qui les suscite, et toujours la reine.⁴⁶ Quoi! toujours le mensonge grossier égarera les hommes, fera triompher le vice, et masquera la vérité! Elle est donc bien mal entourée, cette reine, qu'il ne se trouve pas, dans aucun personnage de sa cour, assez de force, assez de loyauté pour lui dire: Madame, tous les efforts de la noblesse et du clergé sont impuissants, la révolution est décidée; il faut embrasser le nouveau gouvernement avec ses défauts, quand il y en aurait; il faut embrasser la cause du peuple, et vous concilier de nouveau son amour; il faut éloigner de votre cour tous ceux qui prétendent à la contre-révolution; il faut écrire vous-même au peuple, et sans sortir de la dignité qui convient aux souverains, une reine bienfaisante peut un moment descendre du trône pour témoigner à son peuple que son bonheur n'est assuré qu'autant qu'il est heureux lui-même, lui déclarer, solennellement, qu'elle sera la première à désourdir les trames qui viendraient à sa connaissance, contre le repos public, et que sa majesté doit encore assurer son peuple de démasquer, de poursuivre, comme criminel de lèse-nation et lèse-majesté, celle, ou celui de sa cour, qui voudrait, par de fausses alarmes, l'induire en erreur.⁴⁷ Ses entours ne manqueront pas d'empoisonner mes observations; mais comme je n'attends rien, que je ne demande rien, et que je suis peu propre à faire ma cour au roi,⁴⁸ aux citoyens

---

⁴⁵ There are no other records of this supposed encounter, to my knowledge.
⁴⁶ Marie-Antoinette was the subject of a range of visual and textual satirical critiques throughout her life, many of them obscene: she was represented as an ostrich (punning on her name, and mocking her inclination towards luxury), as a harpy, and as a lesbian. See *Marie-Antoinette: Writings on the Body of a Queen*, ed. by Dena Goodman (London: Routledge, 2013).
⁴⁷ The tone here is similar to that in her later dedicatory letter to Marie-Antoinette, which vows to 'vous parler franchement' (unlike a courtier), and calls upon the queen not only to support the rights of women, but to act in a virtuous manner to keep France safe and secure during the political upheavals. This includes the suggestion that she oppose any 'étranger [qui] porte le fer en France' and 'emploie tout [son] crédit pour le retour des Princes' (*Ecrits politiques*, pp. 204–05). The latter refers to the comte d'Artois and le prince de Condé, who had fled France with their sons after the storming of the Bastille.
⁴⁸ Just a few paragraphs later (p. 69) Gouges notes her own lack of interest in the court, citing her absence from any lists of royal pensions as evidence of her distance — however Blanc cites a list published by Frédéric Masson in *Département des affaires étrangères sous la*

parvenus, je dirai la vérité sans m'inquiéter si elle a blessé les oreilles de ceux qui ne l'aiment pas. J'en vais dire bien d'autres; le but seul de mes écrits ne tend qu'à la tranquillité publique, au bien général, et c'est ainsi que je servirai toujours loyalement ma patrie.

Mais que font donc nos nouveaux ministres auprès du roi et de la reine, pour n'avoir pas prévenu de semblables observations? Pour n'avoir pas cherché à épurer cette cour qui conserve encore de vieilles chimères? Et ces chimères loin de lui rendre son premier éclat, la font baisser tous les jours d'un lustre? Quels charmes a-t-elle donc cette cour, pour qu'au bout de trois mois au plus, toutes les têtes y tournent? Les ministres ont-ils oublié les intérêts sacrés qui leur ont été confiés, ont-ils oublié la responsabilité à laquelle on les a soumis, ont-ils oublié l'estime publique qui les a proclamés? Non, ils n'ont pu l'oublier, et je les en crois encore dignes; mais comme je l'ai dit, cette cour est fatale; ceux qui la composent sont aimables, insinuants, surtout les femmes, et nos ministres sont des hommes, on en fait bientôt des dieux, et ils le croient. Le salut de l'Etat est entre leurs mains, et il est si doux de se diviniser; voilà à peu près l'adulation que les courtisans emploient auprès des ministres; mais les temps sont changés, et cette vieille politique de cour n'est plus de mode. Pour se soutenir en place aujourd'hui, le secret n'en est pas merveilleux et l'effort n'en est pas pénible: il ne s'agit que d'être impartial et sincère; qu'ils n'oublient jamais cette morale, et j'assure que tous mourront honorablement dans leur place.

Les projets incendiaires, combinés avec tant d'art par les factieux, et aussitôt déjoués, sèment l'alarme et perpétuent l'anarchie. Les uns craignent véritablement pour le roi, ses faux amis viennent à l'appui de cette crainte, et l'on conclut qu'il faut soustraire sa majesté à la fureur des deux partis: le roi n'a rien à craindre,[49] et s'il venait à disparaître le royaume serait bouleversé, tout serait livré au sang, aux flammes, et l'Etat serait perdu sans ressources. Mais quelles que soient leurs atteintes, la masse de bons citoyens est trop formidable pour que le roi soit en danger; le roi doit être libre et peut sans crainte aller dans ses maisons de campagne toutes les fois qu'il l'aura décidé.[50] Mirabeau contenait ces deux parties, en maraudant, dit-on, sur tous les deux; il faisait son profit et celui de l'Etat pour être fidèle aux principes constitutionnels; sa véritable ambition était de ramener l'ordre.[51] Il fallait, disait-il, dans l'origine,

---

Révolution (Paris: Plon, 1877), p. 508, which shows Gouges receiving a pension of 800 *livres* in the name of Aubry right up until 1792 (*Marie-Olympe de Gouges*, p. 140).

[49] In fact, the king would have been guillotined within just over two years.

[50] Just days after the play was performed, the royal family attempted to leave Paris for their residence at Saint-Cloud, but was blocked by an angry crowd. See Ambrogio A. Caini, 'Louis XVI and Marie Antoinette', in *The Oxford Handbook of the French Revolution*, ed. by David Andress (Oxford: Oxford University Press, 2015), pp. 311–29.

[51] Though there are no records of Mirabeau making this precise statement, it certainly fits into his oft-expressed desire that king and people should work as one.

quelqu'un pour graisser les roues du chariot populaire, et nous avons trouvé le dindon.[52] Ce dindon n'est pas difficile à reconnaître, on dit qu'il recommence encore ses glapissements, et qu'il chante de nouveau. Je ne sais pas pourquoi il n'est pas venu dans l'esprit de nos graveurs de faire la caricature du dindon couronné; de toutes ses dépenses il ne lui reste, dit-on, que la rage, et il fomente encore une sédition.[53] Le poltron! Le lâche! Peut-il s'aveugler sur la justice, sur le caractère de l'esprit français? Peut-il oublier son aversion pour les traîtres? Peut-il oublier que du soir au matin la haine prend la place de l'amour, et quels que soient les sacrifices qu'il a fait de sa fortune, il n'a jamais possédé l'estime publique, il ne régnera jamais que dans la boue. Comment tout factieux ne frémit-il pas, ne redoute-t-il pas le châtiment que réserve à ses attentats la vengeance publique: misérable! Est-ce là les moyens que vous employez pour servir la patrie! Des deux côtés elle est trahie, des deux côtés elle est déchirée et le peuple qui ne sait pas encore distinguer ses vrais amis des traîtres qui le trompent sous un masque spécieux, est égaré de nouveau. Je sais bien que je

---

[52] The 'dindon couronné' may seem initially to refer to the king himself, especially given the implied reference to the *lettre de cachet* (see below, n. 54). It would nonetheless be a rather negative view of Louis, given Gouges's monarchist sympathies; moreover, the image is introduced seemingly as a supplementary character to the 'roi', who is already present in the narrative, and he will, she said 'ne régner [...] que dans la boue'. Another possibility for the royal figure discussed, then, is Orléans, of whom Hébert's *Le Père Duchesne* (Paris, 1790–94) says in December 1790: 'Il passe sa vie entouré d'Anglais, où il perd son temps chez sa dinde, au lieu de venir seconder aux jacobins & à l'assemblée nationale les efforts des amis de la constitution [...] il s'est laissé brider comme un dindon'. Moreover, Gouges writes to Orléans in 1789 suggesting that he might be able to calm the public — potentially the action of 'graisser les roues' mentioned here (*Lettre à Monseigneur le duc d'Orleans, premier prince du sang* ([n.p.]: [n.pub.], [1789]).) The reference to a bird that 'recommence [...] ses glapissements' could relate to Orléans's increased political engagement after his return from exile in 1790, and talk of sedition would fit with the plots in which he was rumoured to be involved. Gouges had a close relationship with the duke, dedicating her works to him in 1788, and suggesting he replace the king in her *Séance Royale-Motion de Monseigneur le Duc d'Orléans, ou les Songes patriotiques dédiées à Monseigneur le Duc d'Orléans par Madame de Gouges* ([n.p.]: [n.pub.], 1789), so it may seem surprising for her to write of him in such a negative fashion just a few years later; moreover, he was known to be closely involved with Mirabeau, whom she clearly praises here. On the other hand, by 1793 she was publicly distancing herself from the former duke, on the title page of her *Œuvres de la citoyenne de Gouges dédiées à Philippe* (Paris: Jay, 1793), so this may be an early indication of that stance.

[53] In fact, Louis XIV himself would be represented as a turkey the following year, in the caricature 'Les animaux rares: ou la translation de la ménagerie royale au Temple, le 20 aoust 1792, 4.me de la liberté et 1.er de l'égalité', <http://gallica.bnf.fr/ark:/12148/btv1b69487671> [accessed 15 July 2016]. However, although the animalistic depictions multiplied following the flight to Varennes, among the snakes, monkeys, and chickens, the most frequent choice for the French king was a pig. It was more often the English, and in particular King George III, who were represented as turkeys. See Antoine de Baecque, *La Caricature révolutionnaire* (Paris: CNRS, 1988), p. 176, and Annie Duprat, *Les Rois de papier: la caricature de Henri III à Louis XVI* (Paris: Belin, 2002), pp. 203–46.

m'expose en parlant ainsi; le dindon couronné a déjà fait attenter à ma vie,[54] *mais il est beau de mourir quand on sert son pays.*

Quoi, il ne sera donc pas possible de ramener l'ordre: la nation est divisée, le roi est sans force, le militaire est insubordonné, les chefs bafoués, le général insulté, le magistrat sans pouvoir, et la loi sans organe; tout est dans un équilibre épouvantable, le choc peut être terrible, et cependant il est temps encore de tout réparer, et de sauver l'Etat et les citoyens; mais il faut par une réunion générale, un concours d'élans patriotiques, ramener le peuple à ses foyers, à ses travaux, faire parler la loi dans toute sa vigueur indistinctement pour tous les citoyens, rappeler les fugitifs, engager l'étranger à revenir en France. Hélas! Pour un moment que nous avons à passer sur la terre, laissons à nos enfants, à nos neveux les traces d'une constitution qui doit assurer pour jamais leur bonheur et notre gloire, et faisons, s'il nous est possible, de notre temps, refleurir le royaume.

Voilà ce que j'avais à dire; j'ai dit la vérité telle qu'elle doit être prononcée, sans réflexions, sans recherches, sans m'occuper du style; les changements de ma pièce, la construction de ces préfaces sont le temps d'un après-midi;[55] si j'avais demandé des avis, peut-être aurais-je eu la modestie de les suivre, mais comme ceux que j'ai suivis en deux ou trois occasions ont été improuvés du public,[56] je m'y présente comme j'ai toujours fait, avec le désordre de la nature

---

[54] During her first run-in with the actors of the Comédie-Française, in 1785, a *lettre de cachet* was issued for Gouges's arrest; however, some form of intervention from a sympathetic courtier spared her the indignity of prison (Blanc, *Marie-Olympe de Gouges*, pp. 72–74).

[55] The speed and lack of attention with which Gouges wrote — often related to claims of her illiteracy — was a regular critique, responses to which feature frequently in her prefaces. Her preface to *Molière chez Ninon* states that she is 'enthousiasmée d'avoir composé, en moins de six jours, un Ouvrage aussi conséquent, avoir dépouillé l'Histoire des faits les plus intéressants, les avoir mis en action sans oublier la plus petite circonstance', and says: 'En lisant cette Préface je m'aperçois qu'il est impossible de livrer à l'impression un brouillon sans être revu et corrigé. C'est assez mon usage pour les Préfaces. Ainsi, je rappelle celle-ci à l'indulgence du Lecteur, quoique je paraisse la braver plus haut' (*Molière chez Ninon*, pp. 1–4). Her preface to *L'Entrée de Dumouriez*, in a rather more self-aggrandizing vein, notes that 'comme le dit Mercier et autres, [...] cette pièce, quoique faite à la Shakespeare, genre que les Français n'ont pas encore adopté, quoi qu'il soit plus près de la nature, aurait pris trois mois à un auteur consommé, quand je n'y ai mis que quatre jours' (*Théâtre politique*, I, 138–39). It has been suggested that this trope has contributed to Gouges's dismissal by modern critics: see Megan Conway, 'Olympe de Gouges: Revolutionary in Search of an Audience', in *Orthodoxy and Heresy in Eighteenth-Century Society*, ed. by Regina Hewitt and Pat Rogers (Lewisburg, PA: Bucknell University Press, 2002), pp. 247–66, and Blanc, *Marie-Olympe de Gouges*, p. 44.

[56] In contrast to her irritation with changes made by actors, Gouges seems willing to trust the public. This is visible in her negotiations surrounding *L'Esclavage des noirs*: a letter of 4 January 1790 describes how 'le public m'indique des changements', and nine days later she complains to the troupe that she has not been allowed to make the changes suggested by the audience reaction prior to the play's second performance (Bibliothèque-Musée de la

brute, toujours moi-même et avec toute la simplicité de ma parure.

Je ne manquerai pas d'adresser cette pièce, avec un double exemplaire, à tous nos ministres, en les engageant d'en remettre un au roi et à la reine; si déjà ils redoutent la franchise, mon franc-parler ne les amusera pas. Cependant M. de Montmorin peut me justifier, il sait que je n'ai pas attendu le droit de dire la vérité; j'ai osé la manifester avec énergie sous l'ancien régime, plusieurs lettres alors de sa part font son éloge et font une preuve de mon patriotisme.[57] Je n'ai pas été le sommer de réaliser sa bienveillance; il ne me connaît point, je ne suis point sur le registre des pensions, mon zèle et mon désintéressement sont connus: et j'ai sacrifié jusqu'à la place de mon fils. Ainsi que mon fils soit placé, qu'il ne le soit pas, je ne servirai pas moins mon pays.[58]

Je ne suis point de ces femmes vicieuses dont les maximes varient comme les modes, qui prêchent la religion quand elle n'a pas besoin d'appui, qui la détruisent[59] quand elle n'a plus de soutien, qui font la guerre aux morts et aux philosophes, adulent les vivants, encouragent le crime, et sacrifient les choses les plus sacrées à leur insatiable ambition, à leur égoïsme.

Dans tous mes écrits, j'attaquai Mirabeau comme homme public, moi seule peut-être ne l'ai point redouté; j'ai osé lui dire que si son cœur était aussi grand que son esprit, l'Etat était sauvé; on n'a point oublié cette phrase dans mon discours de l'aveugle; *quand vous tournerez constamment votre plume vers le bien, il faudra vous dresser des autels.*[60] Voilà encore une de mes prophéties accomplies; il est mort, et j'ai fait son éloge parce qu'il n'est plus.

Vous, Français, qui m'allez lire, quelque soit le peu de goût que vous prendrez à cette lecture, apprenez à me connaître et vous rendrez justice à mes principes;

Comédie-Française, Fonds Gouges).
[57] Armand Marc de Montmorin (1745–92) was Minister of Foreign Affairs, 1787–91. Mirabeau had approached him in late 1788 with a plan for the new Estates-General. He initially refused, but this attitude changed as the Revolution progressed. Soon the two men were working closely together, with Montmorin essentially a puppet for Mirabeau's decisions. There seems to be no evidence of these letters or of this claimed connection with Gouges, however. The minister's daughter, formerly the comtesse de Beaumont, is known to have tried to involve various female writers, including Gouges, in the interests of the court, but beyond this little is known. See Olivier Blanc, 'Cercles politiques et "salons" du début de la Révolution (1789–93)', *Annales historiques de la Révolution française*, 34 (2006), 63–92.
[58] See above, p. 59, n. 25.
[59] In the singular in the original.
[60] See Gouges's *Discours de l'aveugle aux français*, pp. 89–96. A section on Mirabeau (referenced as 'M. M...') criticizes him for not always making the best use of his abilities, but states that 's'il tourne enfin constamment sa plume vers le bien, un jour on lui élévera une statue' (pp. 92–93). She goes on to predict her own involvement in this process when she states: 'je n'ai pour but que de rendre les Français célèbres, utiles à leur patrie' (p. 93). The phrase reappears in the 1791 'Tombeau de Mirabeau', which brings together a discussion of his burial below 'l'autel de la Patrie' and a written commemoration of his greatness: 'Je lui ai prédit que, quand il tournerait sa plume vers le bien public, il faudrait lui dresser des autels. Il l'a fait. C'est à vous, mes concitoyens, de réaliser ma prediction' (*Ecrits politiques*, I, 172).

je finirai par vous recommander, pour vos propres intérêts, d'affermir, d'assurer votre roi sur le trône, et de craindre le sort des grenouilles de la fable.[61]

---

[61] In La Fontaine's fable, 'Les Grenouilles qui demandent un roi' (in *Œuvres*, ed. by André Versaille (Paris: Editions Complexe, 1995), pp. 537–39), based on Aesop, a group of frogs ask Zeus to send them a king. He throws a log into their pond, terrifying them all, until one realizes that it is not moving, and incites the whole group to jump on their 'king' and mock him. A request for a real king is then met with the provision of a crane (a stork, heron, or water snake in some versions), who starts eating the frogs: Zeus responds to their further appeals with the moral that they must face the consequences of their request.

PROLOGUE

LE DESTIN, *dans un char.*
Je viens de faire trancher les jours du grand Mirabeau. J'ai vu trembler pour la première fois la main de la Parque; un enfant a suivi de près ce grand homme, tel était mon dessein...
   Il faut convenir que l'espèce humaine est bien bizarre; quel usage fait-elle du génie qu'elle a reçu de la nature, en préférence à tous les autres animaux? Faibles mortels! Que vous êtes loin du bonheur que vous cherchez! Il est cependant si près de vous, mais la dévorante ambition qui vous tourmente, mais cette soif insatiable de vos intérêts particuliers, vous fait empoisonner tous ces dons que le ciel a répandus sur la terre; ah! si je ne veillais pas à leur prospérité, les hommes s'entrégorgeraient ensemble et sans savoir pourquoi. Quel exemple de morale je donne aux Français, en leur enlevant à la fleur de l'âge, un de leurs plus forts soutiens.[62] Ils murmurent actuellement contre ma rigueur: hommes injustes, jetez un regard profond sur vos inconséquences, sur vos préventions, et vous reconnaîtrez tous vos torts: vous n'avez persécuté et vous ne persécutez encore que ceux qui se sacrifient pour le bien public. Vous ne savez les apprécier que quand ils ne sont plus; il en est bien temps! Je ne peux cependant m'en défendre, j'aime les Français, leur caractère, leur esprit, leur folie même; mais dans ce moment de vertige qui les égare, s'ils allaient conspirer contre moi, je n'en serais pas étonné, ils en sont bien capables; mais je les défie de m'atteindre, je suis un peu trop haut pour redouter cette fameuse lanterne;[63] en vérité leur révolution est bien originale... Ils sont arrivés, sans répandre de sang, à un degré de perfection constitutionnelle, où toute autre nation en aurait rougi la terre.[64] Mais seront-ils assez constants, assez raisonnables pour ne pas détruire un travail si merveilleux...? C'est là mon secret; voyons comme ils vont se conduire après la mort de Mirabeau; voyons s'ils sauront m'engager à leur nommer un successeur à ce grand génie. Allons tout préparer aux Champs-Elysées pour le recevoir; ah! combien les grands hommes de la France[65] vont être étonnés et affligés de le voir arriver parmi eux; mais j'espère les consoler par les dons que je vais faire à leur patrie; je vais tout disposer, et que la terre et le ciel applaudissent aujourd'hui à mes bienfaits.

A mesure que le char s'enfuit dans la coulisse, le nuage se dissipe et découvre les Champs-Elysées avec les ombres.

---

[62] This phrase in the singular in the base text.
[63] See above, p. 64, n. 41, on the 'lanterne' as representing popular justice.
[64] The first Constitution would not be adopted until September 1791.
[65] Comma removed.

MIRABEAU AUX CHAMPS-ELYSÉES,
COMÉDIE EN UN ACTE ET EN PROSE.

Les ombres doivent être costumées chacune dans leur genre. L'ouverture doit être une musique douce et paisible, mêlée de quelques traits plaintifs. Le théâtre représente les Champs-Elysées. Toutes les ombres sont errantes dans le fond du théâtre, quand le rideau se lève. On doit voir une espèce de nuage imitant une vapeur, elle se dissipe insensiblement.[66] Cette vapeur doit terminer la pièce à la fin du chœur.

SCÈNE I

J. JACQUES, VOLTAIRE, MONTESQUIEU.

VOLTAIRE.

Je te dis encore, Montesquieu, les temps sont changés. Les siècles de l'ignorance ont disparu: la lumière s'est répandue sur toute la terre; tes principes sur les gouvernements ne sont plus de saison;[67] partout l'homme reconnaît les lois de la nature, partout sa douce morale se fait sentir dans les cœurs. J. Jacques a déployé, mieux que nous, cette loi divine.

J. JACQUES.

Voltaire, ne m'envie point cet avantage: tu as posé les premières bases de tout ce qui s'est opéré de grand et d'utile en France.

VOLTAIRE.

Nous fûmes ennemis sur la terre, quand nos véritables principes devaient nous rapprocher: quand nous tendions tous deux au même but: mais la gloire, la jalousie, je n'en fus pas exempt.[68] Ah! combien de fois tu m'as fait trembler. (*à part*) Le bourreau! Il brûlait le papier avec sa plume de feu.

---

[66] The production of smoke was a common effect for apotheosis plays, see Bourdin, 'Les Apothéoses théâtrales', p. 142.

[67] A reference to Montesquieu's *De l'esprit des lois* [1748], in *Œuvres complètes*, ed. by Roger Caillois, 2 vols, Bibliothèque de la Pléiade (Paris: Gallimard, 1949-51), II, 225-995.

[68] On the relationship between Voltaire and Rousseau, and the trope of their reconciliation in a number of *dialogues des morts*, see Marie Fontaine, 'Voltaire et Rousseau aux Champs Elysées, avant et après leur installation au Panthéon: étude de trois dialogues des morts', *Cahiers Voltaire*, 12 (2013), 93-110.

J. JACQUES.

Nous ne nous ressentons plus, dans ce séjour de la paix, de ces inquiétudes terrestres.[69] Mais, Montesquieu est bien sombre. Quoi! Tu parais souffrir de notre conversation: ta mémoire ne saurait périr;[70] tes ouvrages ont encore beaucoup de partisans dans tout l'univers; mais voudrais-tu prétendre que les hommes fussent partout les mêmes? Il n'est qu'une vérité: tout change,[71] l'homme utile ne meurt jamais, et quelle que soit la nouvelle forme du gouvernement français, tes écrits n'en seront pas moins immortels.

MONTESQUIEU.

L'indulgence te sied bien: il t'est permis d'être généreux, quand tes écrits l'emportent sur les miens; mais les crois-tu bien propres à l'esprit français; le gouvernement est, dans ce moment, sans force et sans dignité; le commerce est anéanti, et le marchand est en faillite; le délabrement des trois ordres a produit la pénurie dans les finances; les manufactures sont désertes; l'ouvrier sans travail; le pauvre sans secours; les arts et les talents ont disparu avec les émigrants.[72]

VOLTAIRE.

Ils reviendront, et tout se rétablira sous une meilleure forme.[73]

J. JACQUES.

L'Etat était énervé; le ministère était vicieux; le peuple, écrasé d'impôts, souffrait ses maux sans murmurer dans son horrible esclavage; fatigué de la tyrannie qu'on exerçait sur lui sans pitié, il a reconnu ses droits, sa force. Peut-être a-t-il été trop loin; mais c'est l'effet de toutes les révolutions.

---

[69] The trope of all disputes being forgotten is a common one in *dialogues des morts*: it is frequently related to the waters of the Lethe, and their memory-wiping properties.
[70] Indeed, a long 'Eloge de Montesquieu' had been printed at the head of the fifth volume of the *Encyclopédie*, that great monument designed to put human knowledge 'à l'abri des révolutions' (Diderot, d'Alembert, and others, *Encyclopédie*, v, iii–xviii).
[71] My punctuation.
[72] The financial situation was indeed dire: at the start of August 1789 Necker had requested a twenty million *livres* loan from the Assemblée Nationale, followed twenty days later by an application for a further eighty million. By November, he was asking for 170 million (Desprat, *Mirabeau*, pp. 523 & 590). On emigration, in particular the codification of laws on émigrés in the later years of the Revolution, see Kirsty Carpenter, 'Emigration in Politics and Imaginations', in *The Oxford Handbook of the French Revolution*, ed. by Andress, pp. 330–45.
[73] This is an early echo of Pangloss's 'le meilleur des mondes possibles' from *Candide*, which will be echoed more overtly later in the text.

MONTESQUIEU.

Combien de victimes périront avant d'arriver à ce point de perfection que vous espérez?[74] Le généreux Désilles, ce jeune militaire, partisan de la bonne cause, n'a pas moins été assassiné par ses propres soldats.

VOLTAIRE.

Ils étaient gagnés; mais après ce récit qu'il nous a fait de l'état actuel de la France,[75] de la prévoyance des législateurs, de la vigilance des citoyens à dissiper les complots des factieux, tu dois avoir actuellement plus de confiance à une révolution aussi sagement dirigée. Mirabeau surtout a l'art de contenir les deux parties;[76] je n'en suis pas étonné; son génie devait un jour détruire les despotes; les fers, la prison, l'exil, les bastilles, rien n'a pu le détourner de sa vaste carrière.[77] Que ce grand homme soit encore vingt ans sur la terre, et je te promets, Montesquieu, que la France reprendra une nouvelle splendeur.

MONTESQUIEU.

Je crains, au contraire, que la nouvelle constitution n'ait point cette énergie que tu lui supposes. Les trois ordres sont indubitablement nécessaires à l'esprit d'un gouvernement monarchique.[78] Le caractère français est changeant: c'est par son inconstance qu'il aime tout ce qui flatte sa vanité. J'ai travaillé pour le bien de mon pays, et suivant vous je n'ai fait qu'un ouvrage![79] Mais croyez-vous l'un et

---

[74] My punctuation.
[75] A conversation not included in the text, though Mirabeau will be requested to tell such a tale: the shades of the Champs-Elysées are frequently presented as eager for news of their world and their own legacies.
[76] An echo of Gouges's own preface, p. 66.
[77] See the Introduction, p. 1, on Mirabeau's history of imprisonment, etc.
[78] In *De l'esprit des lois* Montesquieu actually contests the standard three estates model, through a new model of three powers — legislative, judicial, executive — among whom power is distributed (pp. 396-407). However, Gouges herself wrote a pamphlet entitled 'Pour sauver la Patrie il faut respecter les trois ordres', June 1789, in which she argued that 'il faudrait [...] que la Nation ne s'assemblât publiquement que lorsque les Trois-Ordres seront réunis, et d'accord sur le bien général' (*Ecrits politiques*, I, 82-85 (p. 85)).
[79] The implication here is that 'vous' — perhaps the French literary community in general, and Voltaire in particular — saw Montesquieu as the author of a single work: *De l'esprit des lois*. In the Catalogue appended to his 1751 *Le Siècle de Louis XIV*, Voltaire says of the *Lettre persanes* that they are an 'imitation' (albeit a good one), and that Montesquieu's mind is 'plus solide que son livre'. His praise of *De l'esprit des lois* is far more fulsome: whilst noting some shortcomings, he concludes that 'on doit le mettre au rang des livres originaux qui ont illustré le siècle de Louis XIV, et qui n'ont aucun modèle dans l'antiquité' (p. 816). Voltaire later engaged in a more critical fashion with the longer text in his 1777 *Commentaire sur l'Esprit des lois de Montesquieu* (in *OCV*, 80B, 207-450), and in his article 'Lois' in the *Questions sur l'Encyclopédie* (in *OCV*, 42B, 92-121): it may be this sustained attention on one work that Gouges is evoking here. Gouges's line is also an indirect echo of Voltaire's *Epitre à Horace*, 'J'ai fait un peu de bien; c'est mon meilleur ouvrage' (in *OCV*, 74B, 249-90 (p. 282)). This line was quoted by Condorcet to end his 1789 *Vie de Voltaire* (in *Œuvres complètes de*

l'autre cette constitution bien affermie?

VOLTAIRE.

Il n'y a pas de doute: tout est actuellement, je gage, dans le meilleur ordre.[80]

J. JACQUES.

Il y a longtemps que nous n'avons eu des nouvelles de la France; il y a longtemps qu'il n'a paru aux Champs-Elysées de bons patriotes.

MONTESQUIEU.

Je suis aux aguets de quelque arrivant. Je suis aussi curieux que vous de connaître l'état actuel de ce royaume. Voici Henri IV avec Désilles; il semble qu'ils veulent nous éviter: laissons-les s'entretenir à leur aise. (*Ils sortent.*)

SCÈNE II

HENRI IV, DÉSILLES.

HENRI IV.

Viens, jeune et brave Désilles, éloignons-nous de toutes ces ombres, dont la présence trouble la douceur de nos entretiens. Louis XIV s'irrite aux récits que tu nous fais des grands changements que tu as vu s'opérer en France. Parle-moi pour moi seul, j'en aurai plus de plaisir. Parle-moi de ce bon peuple français; de mon petit-fils, de vos législateurs, de cet incomparable Mirabeau, dont tu nous as fait un si grand récit.

DÉSILLES.

Cher Henri, idole de la France! Ce peuple, toujours cher à ta mémoire, voit encore en toi ton petit-fils qui marche sur tes traces. Les Français, en extirpant tous les abus qui entouraient le trône, ont rendu à leur monarque sa véritable existence. Mirabeau, Mirabeau surtout a développé ce grand principe si important au salut de l'Etat. Le Peuple et le Roi; voilà ses maximes.[81] Point

---

Voltaire, ed. by Moland, I, 187–292 (p. 292)). It would therefore have been recognizable to a contemporary audience, suggesting it is an intentional echo by Gouges. The quotation highlights the value of Voltaire's 'good works' for society over his writings, and thus plays into definitions of *gloire* that focus on utility: a contrast, perhaps, to the writings on laws, Montesquieu's included, which 'n'ont jamais produit une sentence du châtelet de Paris' (Voltaire, 'Lois', p. 92).

[80] A second, more explicit echo of Pangloss's 'meilleur des mondes possibles'.

[81] Though there is no evidence of this maxim appearing in Mirabeau's own writings, his political convictions did nonetheless focus on an ancient link between the people and the king: a letter to his *Commettants*, of 12 May 1789, for example, states that 'L'autorité royale ne sera jamais mieux affermie que lorsqu'elle aura la sanction des États Généraux' (*Lettres du Comte de Mirabeau à ses Commettans, pendant la tenue de la première Législature* (Paris:

d'intermédiaire entre ces deux puissances.

HENRI IV.

Que ce récit m'intéresse; mais que je crains les effets de ces innovations. Je sais à quel degré le fanatisme peut pousser sa vengeance.[82] En vain J. Jacques et Voltaire nous donnent ici de grandes espérances fondées sur leurs immortels écrits, je ne puis vaincre mes inquiétudes.

DÉSILLES.

On n'est donc pas exempt aux Champs-Elysées de tout pénible souvenir? Quant à moi, je n'y ai ressenti jusqu'à présent qu'une douce paix.

HENRI IV.

Dans ce séjour, mon fils, nous conservons l'empreinte de notre caractère primitif; et telle est, mon ami, la cause de ces rapports frappants que l'on trouve entre les grands hommes nés à des époques souvent fort éloignées.[83] Après plusieurs siècles de repos, chacun de nous revient à la vie: mais notre génie ne change jamais: nos goûts, nos humeurs sont constamment les mêmes; ainsi tu ne trouveras pas ici l'ombre de Louis XII, le père du peuple, ni celle de l'orateur grec Démosthène. Toutes les deux sont en ce moment sur la terre. Le Destin a rendu à Louis XII sa couronne sous le nom de Louis XVI, et à ton cher Mirabeau, la sagacité, la profondeur et l'éloquence de cet orateur athénien, également célèbre par son amour pour la patrie, et par sa haine déclarée pour les factieux.[84]

DÉSILLES.

Ah! je le reconnais à ces traits.

HENRI IV.

Mais toi, brave Désilles, ne sais-tu pas encore quel homme tu as été avant de porter ce nom? Rappelle-toi donc ton analogie avec ce jeune romain qui, pour sauver sa patrie, se précipita tout armé dans le gouffre qui s'était ouvert au milieu du Forum.[85]

Lavillette, 1791), p. 55).

[82] Henry was assassinated by François Ravaillac, a fanatical Catholic monk.

[83] See the Introduction (pp. 9-11) for discussion of the cult of great men, and in particular the sense of a genealogy.

[84] To my knowledge the idea of reincarnation does not appear in any other *dialogues des morts* of the period. However, the comparison between Mirabeau and Demosthenes is a very common one, not least in the other plays in this volume (see the Introduction, p. 21).

[85] Marcus Curtius, according to Roman myth, sacrificed himself to save his country. Following an earthquake in 362 BC a chasm opened up at the centre of the forum, which the Romans were unable to fill. An oracle stated that the gods demanded the most precious possession of the people to close the pit: Marcus Curtius responded that the arms and

DÉSILLES.

Oui, je me rappelle à présent tout ce que je fus. Le Destin m'a choisi, sans doute, pour les actions d'éclat. Je ne me plains pas de mon sort. Puissé-je toujours terminer de même ma carrière. Pour[86] toi Henri, le modèle des bons rois, on n'a pas ignoré même sur la terre, qu'avant d'être Henri IV, tu étais Titus...[87] Mais quelle est cette rumeur parmi les ombres?[88]

HENRI IV.

J'aperçois Voltaire et Rousseau qui s'approchent de nous; sachons ce qu'il y a de nouveau.

SCÈNE III

Les précédents, J. JACQUES, VOLTAIRE.

HENRI IV.

Hé bien, sublime et bienfaisant philosophe de la France, que venez-vous nous apprendre?

VOLTAIRE.

Eaque, Minos et Rhadamanthe s'avancent vers les portes.[89] Nous soupçonnons qu'ils vont au-devant de quelque ombre digne, sans doute, de leur empressement.

J. JACQUES.

On a entendu du côté de la terre des cris de douleur qui sont les présages d'une grande perte. Caron a paré sa barque, et Cerbère semble avoir adouci ses affreux hurlements. On nous a annoncé qu'il se préparait une fête pour recevoir cette ombre. Quel est donc ce génie qui vient habiter parmi nous?

---

courage of the Roman people were their most precious possession, and rode, fully armed, into the chasm, which immediately closed up. See N. G. L. Hammond, *Three Historians of Alexander the Great: The So-Called Vulgate Authors, Diodorus, Justin, and Curtius* (Cambridge: Cambridge University Press, 1983).

[86] Comma removed.
[87] This seems to be a contemporary comparison, encouraged by Henry himself: his triumphal arch was modelled on that of Titus. Interestingly, contemporary critics comment that the two roles of Henri IV in Sauvigny's *Gabrielle d'Estrée* and Titus in Racine's *Bérénice* are relatively similar. See *Annales dramatiques*, 9 vols (Paris: Babault, Capelle & Renand, Treuttel & Wurtz, Le Normand: 1809), IV, 187.
[88] My punctuation.
[89] The three judges of Hades: Aeacus, Minos, and Rhadamanthus.

VOLTAIRE.

Voyez défiler toutes les ombres vers l'entrée des Champs-Elysées. Serait-ce quelque auteur dramatique à qui l'on préparerait une pareille fête? Serait-ce quelque législateur, ami de l'humanité, plus digne encore de cet hommage?

HENRI IV.

J'éprouve, en ce moment, une terreur jusqu'à présent inconnue en ces lieux. Je chéris comme vous la France; si ce mortel nous venait de cette contrée et que la patrie eût perdu un de ses plus fermes appuis, mon cœur en serait trop affecté. J'aperçois Louis XIV. A son air soucieux, je vois que cet arrivant ne lui fait pas plaisir.

SCÈNE IV

VOLTAIRE, HENRI IV, DÉSILLES, LOUIS XIV, J. JACQUES.
Louis XIV s'approche d'un air fier, avec plusieurs de ses courtisans.

HENRI IV, *à Louis XIV.*

Louis XIV a l'air mécontent. Quel chagrin peut donc éprouver son cœur dans le séjour de la paix et de l'égalité?[90]

LOUIS XIV.

Cette égalité n'est pas mon élément: je sens que je devrais régner.

HENRI IV.

Sur tes passions sans doute; mais ta raison est donc bien faible? Puisqu'elle n'a pu encore te faire jouir de la tranquillité dont nous jouissons tous. Tu veux être encore roi parmi les ombres.

LOUIS XIV.

Ces remontrances populaires ne peuvent s'élever jusqu'à moi, ah! que ne suis-je encore sur la terre!

HENRI IV.

Eh! qu'y ferais-tu actuellement?

LOUIS XIV.

La question est neuve pour mon oreille, ce que j'y ferais? J'y règnerais; en me montrant je redeviendrais le maître.

---

[90] My punctuation.

HENRI IV.
De qui?

LOUIS XIV.
Du monde entier, des Français. Quel que soit le charme de cette égalité, de cette indépendance dont, ici, on m'étourdit les oreilles; je les connais, ils aiment les grands rois.

HENRI IV.
Dis, les grands hommes, et les bons rois.[91] Tu sus te faire admirer; mais on ne t'aima point: tu n'as ébloui les Français que par ton luxe; on ne peut les séduire aujourd'hui que par des vertus.[92]

LOUIS XIV.
Oublie-t-on tout ce que j'ai fait de grand?

HENRI IV.
Oui, tes fameuses conquêtes; la terre n'était pas assez grande pour satisfaire ton ambition.[93]

LOUIS XIV.
Est-ce par mon ambition que la postérité me juge? As-tu oublié mes belles actions? Si je fus despote, je sus faire fleurir les arts, le commerce;[94] je sus distinguer l'homme de mérite de l'intrigant de cour: ni[95] les femmes ni mes ministres ne me gouvernaient point. Je portai dans toute l'Europe le goût des sciences; on me doit peut-être ce foyer de lumières dont les Français sont si fiers aujourd'hui. J'encourageai les talents, je récompensai les belles actions; si j'ai[96] eu des faiblesses, j'ai su les effacer, j'ai su avouer des fautes.[97] Un de mes courtisans osa justifier un jour mon enfance indocile: 'Il n'y avait donc point de verges dans mon royaume',[98] lui répondis-je... J'ai su préserver mes enfants de la mauvaise éducation que j'avais reçue;[99] mes défauts appartiennent à mes

---

[91] This is allegedly the line that received the most applause (*Journal de Paris*, 17 April 1791, p. 432).
[92] The sense of a move towards virtue as the criterion for greatness is a key facet of the 'culte des grands hommes', see the Introduction, p. 9.
[93] The wars conducted under Louis XIV's command included the War of Devolution with Spain, the Dutch War, the War of the Palatinate, and the War of the Spanish Succession.
[94] Across the seventeenth century, Louis, along with Cardinal Richelieu and Jean-Baptiste Colbert, put in place a state-sponsored regime of beaux arts that included the Comédie-Française (created in 1680).
[95] My addition.
[96] The 'ai' was missing in the base text.
[97] Cf. 'Son courage alla jusqu'à avouer ses fautes', in Voltaire, *Le Siècle de Louis XIV*, p. 85.
[98] My punctuation.
[99] Louis received a practical, rather than an academic education, largely from Cardinal

instituteurs, mes vertus sont de moi. Je suis mon ouvrage.[100]

VOLTAIRE.

Je ne puis m'empêcher de l'admirer encore.

J. JACQUES.

Il eut l'art de se faire adorer.

DÉSILLES.

Quel dommage que ce fut là un despote!

HENRI IV.

Oui, tu as mérité, j'en conviens, sous quelques rapports, l'estime et la reconnaissance des Français; mais aujourd'hui ils ne sont plus les mêmes, et tu serais mal vu sur le trône.

LOUIS XIV.

Je ne te blâme point. Nous ne pouvons changer notre caractère: un jour peut-être le mien retrouvera sa place: d'autres temps, d'autres mœurs, et crois qu'aujourd'hui même, je trouverais encore en France des partisans.

HENRI IV.

Qui n'oserait se montrer. Mais... quels sons lugubres! C'est sans doute[101] cette ombre qui arrive.

DÉSILLES.

L'on vient à nous.

SCÈNE V

MONTESQUIEU, les précédents.

MONTESQUIEU.

Amis de la France, Franklin vous amène un de ses plus fermes appuis.[102]

Mazarin.
[100] This echoes Madame de Merteuil's claim in letter 81 of Laclos's *Les Liaisons dangereuses*, in which the libertine recounts how she learned to manipulate her own image. It is certain that Gouges knew Laclos's text — her first work, a part-*mémoire*, was entitled *Mémoire de Madame de Valmont contre l'ingratitude et la cruauté de la famille des Flaucourt avec la sienne dont les sieurs Flaucourt ont reçu tant de services*. In the preface to her *Philosophe corrigé*, Gouges uses this phrase about herself (*Œuvres de Madame de Gouges*, II, 5).
[101] Comma removed here.
[102] My punctuation.

HENRI IV.

Ah! que nous annoncez-vous?[103]

On entend la musique du convoi de Mirabeau, par M. Gossec;[104] pendant cette scène muette, les ombres vont et viennent sur le théâtre et s'avancent toutes au-devant de Mirabeau.

SCÈNE VI

MIRABEAU, dans l'affliction; FRANKLIN, le soutenant; les acteurs précédents.

DÉSILLES.

Que vois-je? Mirabeau!...

FRANKLIN, *l'interrompant.*

Mirabeau est mort. (*Il continue avec chaleur.*) Il est retourné au sein de la divinité, il vit parmi nous, le génie qui affranchit la France et versa sur l'Europe des torrents de lumières. L'homme que se disputent l'histoire des sciences et des empires tenait, sans doute, un rang élevé dans l'espèce humaine; l'antiquité eût élevé des autels au puissant génie qui, au profit des humains, embrassant dans sa pensée le ciel et la terre, sut dompter la foudre et les tyrans.[105]

---

[103] My punctuation.
[104] François-Joseph Gossec (1724–1829), a composer of both instrumental and choral music, who composed a number of popular comic operas. He was one of the conductors of the band of the Garde Nationale during the Revolution, and his 1791 works included an 'Hymne sur la translation du corps de Voltaire au Panthéon' and 'Le Chant du 14 juillet' (a setting of words by Marie-Joseph Chénier). During Mirabeau's funeral procession a military band played a march Gossec had composed for the occasion, which was then reprised for other political funerals, including that of Hoche. The Comédie-Italienne registers record a forty-one piece orchestra hired for the occasion, at a cost of 9*l* per musician (Bibliothèque-Musée de l'Opéra, TH/OC.74).
[105] This, as signalled in the preface, is a direct quotation of Mirabeau's own 'Eloge de Franklin', pronounced at the Assemblée Nationale on 11 June 1790: 'Franklin est mort… Il est retourné au sein de la Divinité, le génie qui affranchit l'Amérique et versa sur l'Europe des torrents de lumières! Le sage que deux mondes réclament, l'homme que se disputent l'histoire des sciences et l'histoire des empires, tenait sans doute un rang bien élevé de l'espèce humaine. […] L'antiquité eût élevé des autels au puissant génie qui, au profit des mortels, embrassant dans sa pensée le ciel et la terre, sut dompter la foudre et les tyrans', <http://www2.assemblee-nationale.fr/decouvrir-l-assemblee/histoire/grands-moments-d-eloquence/mirabeau-eloge-funebre-de-benjamin-franklin-11-juin-1790> [accessed 15 July 2016].

VOLTAIRE.

Philosophe courageux, bienfaisant législateur, que la Parque vient d'enlever à la plus grande des nations, cesse de t'affliger et viens respirer avec nous l'air pur de l'Elysée.

J. JACQUES, *à Voltaire*.

Ah! ne lui envie pas la douceur de verser encore des larmes: la cause de sa douleur est si belle.[106]

MIRABEAU.

O J. Jacques! ô mon maître! est-ce toi?

VOLTAIRE.

Cesse de te livrer à d'inutiles regrets.

MIRABEAU, *d'un ton animé*.

Ah! ce n'est pas la vie que je regrette, j'ai su vivre, j'ai su mourir en homme; j'avais pour un siècle du courage, quand la mort a glacé mon cœur; mais écoute, n'entends-tu pas les accents douloureux de ce peuple affligé; de ce peuple dont je n'ai connu toute l'affection pour moi, qu'à l'instant même qui m'en a séparé pour jamais; de ce peuple aimant et sensible que je ne pourrai donc plus servir?[107] Je frémis en songeant que le trouble et la confusion peuvent encore détruire l'effet de la plus belle, de la plus sublime des révolutions: que l'empire peut être livré aux différents partis de séditieux qui, pour leurs vues particulières, ne cherchent qu'à jeter l'alarme et à semer la discorde. Je frémis d'apprendre au premier instant que cette belle monarchie est dissoute, et que les factieux s'en partagent les lambeaux.[108]

J. JACQUES.

On ne peut régénérer un état sans courir les risques de le perdre; voilà ce que j'ai craint; voilà ce que j'avais prévu dans mes écrits.[109]

VOLTAIRE.

Mais si on le sauve à la fin?

---

[106] Gouges seems to be underlining Rousseau's famed link with extreme *sensibilité* here.
[107] My punctuation.
[108] This is close to what several contemporary accounts give as among Mirabeau's final words; see the Introduction, p. 3.
[109] A reference to the call for social and moral regeneration set out in *Du contrat social*, in *Œuvres complètes de Jean-Jacques Rousseau*, ed. by Bernard Gagnebin and Marcel Raymond, 5 vols, Bibliothèque de la Pléiade, (Paris: Gallimard, 1964), III, 279–470.

MIRABEAU.
Je préférerais[110] le règne d'un despote, à l'anarchie.

MONTESQUIEU.
Les pouvoirs intermédiaires, subordonnés et dépendants, constituent la nature d'un bon gouvernement monarchique.[111]

FRANKLIN.
Je n'approuve pas ces dispositions républicaines chez les Français; j'ai longtemps vécu. Maintes fois je me suis vu forcé de changer d'opinion, même dans les matières de la plus grande importance. Ainsi je crois qu'il est impolitique et inconstitutionnel en France, de ne point assurer le pouvoir du gouvernement monarchique, parce qu'il n'y a point de gouvernement, qu'elle qu'en soit la forme, qui ne puisse être bon, s'il est bien administré.[112]

MIRABEAU.
Ah, Franklin! Que n'ai-je laissé ma patrie dans une situation aussi paisible, aussi heureuse, aussi florissante que tu as laissé la tienne; mais quelles sont ces deux ombres que mon récit paraît attendrir? Henri IV! Désilles! (*Il leur donne la main.*) Salut, salut, nos amis; et cet autre?...

J. JACQUES.
Vous ne le reconnaissez pas?...

MIRABEAU.
Oui, j'y suis à présent; à son air majestueux, à cet air conquérant...

VOLTAIRE.
Et quel que fût le rang où le ciel l'eût fait naître,
Le monde en le voyant eût reconnu son maître.[113]

---

[110] In the future tense in the original. Knobloch also adopts the conditional.

[111] This is an almost direct quotation from *De l'esprit les lois*, p. 247: only the 'bon' is missing from the original.

[112] Close to a direct quotation from a speech by Franklin of 1787: 'I confess that there are several parts of this constitution which I do not at present approve, but I am not sure I shall never approve them. For having lived long, I have experienced many instances of being obliged by better information, or fuller consideration, to change opinions even on important subjects [...]. There is no form of government but what may be a blessing to the people, if well administered' ('Speech to the Constitutional Convention' (17 September 1787), reported in James Madison, *Journal of the Federal Convention*, ed. by E. H. Scott (Chicago: Albert, 1893), pp. 741–42). Gouges takes the French translation found in Franklin's *Mémoires de la vie privée de Benjamin Franklin écrits par lui-même et adressés à son fils*, trans. by Gibelin (Paris: Buisson, 1791). Copies of the manuscript of these *Mémoires* up to 1757 were sent to France in 1789, and Buisson issued his translation in 1791 (see *Réimpression de l'Ancien Moniteur*, ed. by Gallois, VII, 439). Another translation was produced by Leveillard.

[113] This is a version of lines from Racine's *Bérénice* (I.v) that Voltaire quoted in *Le Siècle*

MIRABEAU, à *Voltaire*.
Vous êtes, je crois, l'auteur de cet éloge?

VOLTAIRE.
J'aimais[114] un peu trop la gloire des rois, je n'en disconviens pas; mais c'était alors la mode.

LOUIS XIV.
Elle reviendra.

MIRABEAU.
Je le souhaite pour le bonheur de la France; cependant tu me permettras d'y mettre des limites.

LOUIS XIV.
M'ôterais-tu le droit de déclarer la guerre, et de faire la paix?[115]

MIRABEAU.
Pour avoir voulu l'accorder au pouvoir exécutif, j'ai failli perdre la confiance publique.[116]

MONTESQUIEU.
Que nous dis-tu?

HENRI IV.
Apprends-nous...

MIRABEAU.
Tant qu'on n'a calomnié que ma vie privée, je me suis tu, soit parce qu'un rigoureux silence est une juste expiation des fautes purement personnelles, telles[117] excusables qu'elles puissent être, et ne voulant attendre que du temps et de mes services l'estime des gens de bien; soit encore parce que la verge de la censure publique[118] m'a toujours paru infiniment respectable, même placée

---

de Louis XIV to praise Louis (p. 21). So despite what Mirabeau says — and what Voltaire is happy to accede to — the latter is not in fact their 'auteur'. The original lines (as cited, correctly, by Voltaire) are: 'Qu'en quelque obscurité, que le ciel l'eût fait naître, | Le monde en le voyant eût reconnu son maître'.

[114] 'Aimai' in the original. Knobloch also adopts the imperfect.
[115] My punctuation.
[116] Mirabeau was a strong supporter of the king, as executive power, having an overall veto, arguing that 'La royauté est la seule ancre de salut qui puisse nous préserver du naufrage. La Démocratie s'allie naturellement avec la Monarchie car il n'existe aucune opposition entre leurs intérêts' (letter to his uncle, 25 October 1789, cited in *Mémoires biographiques, littéraires et politiques de Mirabeau*, 8 vols (Paris: Delaunay, 1835), VI, 176).
[117] Knobloch's edition alters 'telles' to 'quelque', following the text of the original speech.
[118] Comma removed here.

dans des mains ennemies; mais lorsqu'on a attaqué mes principes comme homme public[119] je n'ai pu me tenir à l'écart, sans déserter un poste d'honneur qui m'avait été confié; j'ai rendu un compte spécial de ma conduite. Cet aveu était d'autant plus important, que, placé parmi les utiles tribuns du peuple, je lui devais un compte plus rigoureux de mes opinions. Son jugement était d'autant plus nécessaire, qu'il s'agissait de prononcer sur des principes qui distinguent la vraie théorie de la liberté, de la fausse; ses vrais apôtres, des faux apôtres; les amis du peuple, de ses corrupteurs; car le peuple, dans une constitution libre, a aussi ses hommes de cour, ses parasites, ses flatteurs, ses courtisans, ses esclaves.[120] Je pris la parole sur une matière soumise depuis longtemps à de longs débats: un pressant péril, de grands dangers dans l'avenir devaient exciter toute l'attention du patriotisme. Ces mots de paix et de guerre sonnaient fortement à l'oreille. Fallait-il déléguer au roi le droit de faire la paix et la guerre, ou devait-on l'attribuer au corps législatif? En un mot je m'étais proposé la question générale qu'on devait résoudre, d'attribuer concurremment le droit de faire la paix et la guerre, aux deux pouvoirs que la constitution avait consacrés.[121]

LOUIS XIV.

Les Français ne sont donc plus les mêmes. Si les talents, le génie donnaient comme le rang, la couronne; sans doute tu l'aurais méritée.

MIRABEAU, *en souriant.*

Ne me souhaite pas un si fatal présent: c'est un pesant fardeau qu'une couronne en ce moment; mais ton petit-fils saura par sa prudence, par sa bonté, par ses vertus la rendre plus désirable.

J. JACQUES.

Sans doute tu n'as pas quitté la vie sans donner quelques idées sur les successions.

---

[119] See Gouges's own claim in the preface that she 'l'attaque comme homme publique', p. 69.

[120] This is a direct quotation and abridgement of Mirabeau's dedicatory letter to the *Discours et réplique de comte de Mirabeau à l'Assemblée nationale dans les séances des 20 et 22 mai [...] avec une lettre d'envoie à messieurs les administrateurs des départemens* (Paris: Lejay fils, 1790) (from 'Tant que'). This 'compte special de ma conduite' was written and printed in July 1790 because Mirabeau feared for his life following the publication, on 21 May, of a pamphlet entitled *La Grande trahison du comte de Mirabeau découverte* (now lost). Gouges's version here leaves out a reference to Mirabeau's unwillingness to trouble the people with things that do not interest them, and a section that places the speech in its precise historical context, but is otherwise almost identical.

[121] Taken from Mirabeau's speech to the Assemblée, 20 May 1790, on whether the king should be given the right to declare war and peace (from 'Je pris'), in *Archives parlementaires*, ed. by Madival, Laurent and others, xv, 618–25 (p. 618). Gouges's version skips a section on the emotion raised by discussions of war and peace, and the resulting difficulty of remaining rational.

VOLTAIRE.
Et sur l'éducation; c'était bien essentiel.

MIRABEAU.
Mes amis, j'ai pourvu à tout; ce sont mes derniers ouvrages, je n'ai pas eu la douceur de les lire à mes collègues. Mes dernières paroles furent: 'Je combattrai les factieux jusqu'à mon dernier soupir, de quel parti, de quel côté qu'ils soient', et telle était ma ferme résolution; mais déjà la mort circulait dans mes veines.[122] Je me hâtai de mettre la dernière main à mon discours sur les successions,[123] et à mon plan d'éducation nationale.[124] J'ai tout laissé entre les mains de mon meilleur ami, qui me secondera, j'en suis bien assuré; il n'est pas que vous n'ayez ouï parler de cet homme, de ce prêtre qui n'est pas moins nécessaire aux intérêts de l'Etat qu'à ceux du vrai culte. Il a porté la hache sur tous les abus du Saint-Siège, il a déraciné le labyrinthe qui entourait l'autel, il a démontré l'auguste vérité.[125]

VOLTAIRE.
Il faut un culte qui distingue le bon prêtre du fanatique et de l'imposteur. J'ai introduit la philosophie, j'ai prêché la tolérance, mais si Dieu n'existait pas, il faudrait l'inventer.[126]

MONTESQUIEU.
Ainsi donc, vous avez détruit les prérogatives du clergé et de la noblesse, et vous assurez votre constitution bonne! Vous aurez bientôt un état populaire, ou bien un état despotique.

---

[122] In fact, these were more or less the last words he pronounced in the Assemblée: 'Je combattrai les factieux, je les combattrai de quelque partie & de quelque côté qu'ils puissent être' (*Journal de Paris*, 3 April 1791, p. 375).

[123] Mirabeau's 'Discours sur l'égalité des partages dans les successions en ligne directe', was read to the Assemblée on 5 April 1791 by Talleyrand, who noted: 'en l'écoutant vous assistez presque à son dernier soupir' (*Réimpression de l'Ancien Moniteur*, ed. by Gallois, VIII, 21).

[124] Another manuscript left behind (to Lejay) was his *Discours sur l'éducation nationale* (Paris: Lejay, 1791).

[125] This 'prêtre' is Talleyrand, who had assisted Mirabeau in the appropriation of church properties.

[126] The final part of this line is a direct quotation from Voltaire's 1768 verse epistle to the author of *Les Trois imposteurs*, in *Œuvres complètes de Voltaire*, ed. by Moland, X, 402–05.

FRANKLIN.

On doit l'adopter avec ses défauts s'il y en a; parce que je crois qu'il faut en France un gouvernement monarchique, et que s'il vient à dégénérer en despotisme, ce ne sera pas la faute de la constitution: pour assurer le bonheur du peuple, il dépend entièrement de l'opinion, de la bonté du gouvernement, aussi bien que de la sagesse, et de l'intégrité de ceux qui gouvernent.[127]

J. JACQUES.

Comme il dépend des pères de famille d'assurer également le bonheur de tous leurs enfants.[128] Je te demande Mirabeau, quelques-unes de tes réflexions sur les dispositions testamentaires. Ah! combien il est important que les humains soient éclairés sur cette matière.

MIRABEAU.

Eh quoi! n'est-ce pas assez pour la société des caprices et des passions des vivants? Faut-il encore subir leurs passions quand ils ne sont plus? N'est-ce pas assez que la société soit actuellement chargée de toutes les conséquences résultantes du despotisme testamentaire, depuis un temps immémorial jusqu'à ce jour? Faut-il qu'on lui prépare encore tout ce que les testateurs futurs peuvent y ajouter de maux par leur dernière volonté trop bizarre, dénaturée même? N'a-t-on pas vu une foule de ces testaments, où respiraient tantôt l'orgueil, tantôt la vengeance; ici un injuste éloignement, là une prédilection aveugle. La loi casse les testaments appelés *ab irato*; mais tous ces testaments qu'on pourrait appeler *a decepto, a moroso, ab imbecilli, a delirante, a superbo*,[129] la loi ne les casse point, et ne peut les casser. Combien de ces actes signifiés aux vivants par les morts, où la folie semble le disputer à la passion, où le testateur fait telles dispositions

---

[127] Again, taken from Franklin's *Mémoires*, but altered to suit the monarchical context. The original reads: 'In these sentiments, Sir, I agree to this Constitution with all its faults, if they are such; because I think a general Government necessary for us, and there is no form of Government but what may be a blessing to the people if well administered, and believe farther that this is likely to be well administered for a course of years, and can only end in Despotism, as other forms have done before it, when the people shall become so corrupted as to need despotic Government, being incapable of any other. [...] Much of the strength & efficiency of any Government in procuring and securing happiness to the people, depends on opinion, on the general opinion of the goodness of the Government, as well as of the wisdom and integrity of its Governors' ('Speech to the Constitutional Convention', pp. 741–42).

[128] Cf. Rousseau's *Du contrat social*, p. 352: 'La famille est donc, si l'on veut, le premier modèle des sociétés politiques; le chef est l'image du père, le peuple est l'image des enfants, et tous étant nés égaux et libres n'aliènent leur liberté que pour leur utilité. Toute la différence est que, dans la famille, l'amour du père pour ses enfants le paye des soins qu'il leur rend, et que, dans l'État, le plaisir de commander supplée à cet amour que le chef n'a pas pour ses peuples'.

[129] *Ab irato* is a legal term meaning 'in anger': Mirabeau here creates a series of related terms referring to deception, caprice, weakness, madness, and pride.

de sa fortune, dont il n'eut osé, de son vivant, faire confidence à personne; des dispositions telles, en un mot, qu'il a eu besoin, pour se les permettre, de se détacher entièrement de sa mémoire, et de penser que le tombeau serait son abri contre le ridicule et les reproches.[130]

Toutes les ombres applaudissent à ce discours.

TOUTES LES OMBRES ENSEMBLE.

Bravo, bravo! Mirabeau.

VOLTAIRE.

La plupart de ces ombres reconnaissent leurs erreurs et leur injustice, dans ces réflexions, et leurs regrets témoignent assez combien tu mérites l'estime des morts et des vivants.

LOUIS XIV.

Ta présence était bien nécessaire sur la terre; tu devais vivre plus longtemps.

MIRABEAU.

J'ai travaillé nuit et jour pour rendre à ma patrie sa superbe splendeur; j'y ai sacrifié mon existence.[131] Je la croyais inaltérable. Je me suis trompé en cela, et voilà l'homme; mais j'ai rempli ma tâche sur la terre, et je suis satisfait. Après avoir été la terreur des potentats dès l'aurore de ma jeunesse, qui, d'un autre côté, ne fut exempte d'erreurs; vers le midi de ma vie j'ai joui de l'estime publique. J'ai fait le bien de mon pays. J'ai terminé à quarante-deux ans une carrière glorieuse. Je vois encore le peuple ému, attendri; j'entends ses cris de douleur à ma dernière heure; mon âme encore errante dans les airs voit ce peuple verser des larmes. Qu'il est beau de mourir, quand on a défendu sa cause.[132]

J. JACQUES.

Et surtout quand on l'a gagnée. Je ne te parle pas de mon contrat social.

MIRABEAU.

Ton contrat social! Il est dans les mains de tout le monde. Il est la pierre angulaire de la constitution.

---

[130] The whole speech is a direct quotation from his 'Discours sur l'égalité des partages', p. 21.
[131] Cf. Gouges, 'Le Tombeau de Mirabeau', April 1791, in *Ecrits politiques*, II, 172: 'Il s'est épuisé, il a perdu la vie en travaillant nuit et jour à notre bonheur'.
[132] Cf. Gouges's declaration about her own struggles in the preface: 'il est beau de mourir quand on sert son pays' (p. 68).

VOLTAIRE.

N'ai-je pas aussi contribué pour quelque chose à la révolution?[133]

MIRABEAU.

Ah! beaucoup, Voltaire, oui, beaucoup; mais l'instant le plus brillant de ton triomphe n'est pas encore arrivé. Encore, encore quelques moments, et je te le dis en confidence, certain évêque du Tibre, dont les projets ne font encore que fermenter sourdement, ajoutera bientôt à ta gloire, et à ta célébrité.[134] Mais quelles sont ces trois ombres qui conduisent vers nous un enfant qui ne m'est pas inconnu?

VOLTAIRE.

Ne sois pas étonné de l'air de satisfaction qui brille sur leurs visages. Ces trois femmes furent chacune, dans leur genre, l'honneur et l'ornement de leur sexe. C'est Deshoulières, Sévigné, et l'aimable Ninon de l'Enclos.

SCÈNE VII

DESHOULIÈRES, SÉVIGNÉ, NINON DE L'ENCLOS, FORTUNÉ, les acteurs précédents.

MIRABEAU.

Je ne puis vous exprimer combien j'ai de plaisir à les voir: mais cet enfant...

DÉSILLES.

Il nous est inconnu, comme à toi.

FORTUNÉ.

O mon protecteur! O sublime Mirabeau! La Parque a tranché le fil de mes jours; mais j'avais assez vécu. J'ai joui du bonheur de t'entendre. J'étais à la tête de ma compagnie à ta pompe funèbre. Je t'ai vu déposer dans ce superbe édifice, qui n'aura désormais d'autres titres. *Aux grands hommes, la patrie reconnaissante.*[135]

MIRABEAU.

Cher enfant! Si jeune perdre la vie, et par quel accident?

---

[133] My punctuation.
[134] The 'évêque' is Pope Pius VI, who just two days before the first performance, on 13 April, had produced an Encyclical, *Charitas*, condemning the civil oath being imposed on the clergy in France. The implication is perhaps that the imposition of this encyclical will validate Voltaire's own views on the clergy.
[135] The phrase engraved above the entrance to the Panthéon.

FORTUNÉ.

Il était près de minuit quand je rentrai chez moi après cette cérémonie. Froid, pâle, j'avais la mort dans l'âme. En vain ma pauvre mère me prodiguait tous ses secours; en vain cette chère mère cherchait à me consoler, elle me dérobait des larmes que je sentais tomber sur mon cœur. Nous perdions en toi notre protecteur, et la patrie perdait son plus ferme soutien. Ma douleur était mortelle; on a eu recours, sur-le-champ, à un médecin ignorant; mais pourquoi m'en plaindre? Ses remèdes sans doute étaient superflus. Je ne regrette que ma mère; mais je bénis le sort qui me rapproche de vous.

MIRABEAU.

Cher enfant! Elle avait mis toutes ses espérances en toi.

FORTUNÉ.

Dieu! veille sur ses jours. (*Au ciel*)[136] Je t'implore pour elle: console la plus tendre, la meilleure de toutes les mères. Hélas! Si tu n'avais voulu que me ravir à son amour, et laisser ce grand homme (*en regardant Mirabeau*) encore sur la terre. Il y était si nécessaire, lui seul contenait les factieux, il était l'appui de la veuve, de l'orphelin, et j'en suis un grand exemple.

MIRABEAU.

Que dites-vous jeune homme?

FORTUNÉ, *l'interrompant*.

Je veux dire ce que tu nous a forcés de cacher sur la terre. On a pu t'imputer que tu n'avais pas de mœurs.[137] On a pu te refuser une âme généreuse, un cœur sensible... ombres, écoutez. J'avais un père attaché, par naissance et par principes, à la vieille constitution. Ces chimères de noblesse le rendaient[138] souvent inabordable; ma mère et moi nous en souffrions beaucoup. Elle est issue du sang du tiers-état, c'est vous dire qu'elle est bonne patriote. Son mari prenait plaisir depuis quelques temps à la mortifier en mettant la main sur son épée. Ah! s'il n'eut pas été mon père... mais, quelques mois après la révolution, une espèce de langueur le mit au tombeau. Il avait dissipé toute la fortune de ma mère: il ne lui restait que des bienfaits de la cour, et en mourant nous perdîmes toutes nos ressources. Ma mère, plus affligée pour moi que pour elle-même, était au désespoir. Ah! combien l'amour d'une mère élève son courage. Sans demander des avis à personne, elle se présente à la porte de l'incomparable Mirabeau.

---

[136] Knobloch's edition also makes this phrase a stage direction. The original keeps it as part of the speech.
[137] See above, p. 62, n. 36, on views of Mirabeau's morals in his lifetime.
[138] Verb in singular in the base text.

MIRABEAU, *voulant lui mettre la main sur la bouche.*
C'en est assez, c'en est assez.

FORTUNÉ.
Non, je dirai tout.

HENRI IV, *prenant la main de Fortuné.*
Aimable enfant; poursuis, nous t'entendrons avec plaisir.

FORTUNÉ.
Ma mère dans les pleurs se jette à ses pieds. 'Ce n'est pas pour moi', dit-elle, 'que je vous supplie; c'est pour mon fils: il n'a plus de père, il ne me reste rien pour l'élever'. Mirabeau la relève avec attendrissement. 'Cet abaissement, madame, est l'effet de votre amour maternel; mais il m'offense. Parlez-moi sans me prier; que puis-je faire pour vous?' 'Placer mon fils', s'écrie ma mère. 'Comme législateur je n'ai aucun pouvoir particulier. Vous êtes jeune, belle, bientôt on suspecterait les services que je voudrais vous rendre;[139] mais, madame, j'ai des amis, je les ferai agir; c'est tout ce que je puis vous promettre'. Il nous conduit froidement jusqu'à sa porte. A peine somme-nous arrivés chez nous qu'un notaire apporte à signer à ma mère un contrat de douze cents livres de rente réversible sur ma tête. Ma mère demande l'auteur de ce bienfait: on s'obstine à nous le taire: nous le devinons aisément. Nous volons chez lui, sa porte nous est refusée. Quelques jours après, je reçois le brevet de capitaine dans le régiment de Royal-Dauphin[140] avec un bon de six cents livres pour mon entretien.[141] Hélas! Je n'en ai pas joui longtemps. J'ai perdu mon bienfaiteur, et ma vie a été le prix de ma reconnaissance.

HENRI IV.
Quel âge avez-vous, enfant trop aimable?

FORTUNÉ.
Douze ans.

VOLTAIRE.
Ton raisonnement avait devancé ton âge; il n'y a donc plus d'enfants en France?

---

[139] See above (p. 59, n. 25,) on how Gouges herself was subject to similar accusations regarding the position acquired for her son.

[140] The Régiment du Dauphin was created on 15 June 1667, and renamed the 29e Régiment d'Infanterie de Ligne in January 1791. See above, p. 62, n. 36, on how likely Fortuné is to be a real individual.

[141] The records of the regiment show officers earning around 600*l* a year, though younger soldiers, even at officer level, received less than a quarter of this amount (Service Historique de la Défense, GR.XB.172).

FORTUNÉ.

Ils ne sont pas plus hauts que cela (*désignant avec la main une certaine hauteur*), qu'ils montent déjà la garde chez le roi.[142]

LOUIS XIV.

Mon petit fils est donc gardé par des pygmées.

MIRABEAU.

Par des géants aussi, Louis XIV; il est plus en sûreté avec ces pygmées, que tu ne le fus jamais avec ton imposante maison.

VOLTAIRE.

Quel est donc, charmant enfant, cet édifice, aux grands hommes, la patrie reconnaissante?[143]

FORTUNÉ.

C'est le temple, où vous serez tous réunis. O Mirabeau! Quels honneurs n'a-t-on pas rendus à ta mémoire: non, jamais la reconnaissance publique n'éclata d'une manière plus solennelle, et plus touchante.

LOUIS XIV.

La cérémonie était donc bien pompeuse?

FORTUNÉ.

Si la cérémonie fut grande et majestueuse, ce ne fut point par l'étalage fastueux d'un luxe insultant; mais un peuple entier y versait des larmes. Entre deux files de notre garde nationale, un gros de cavalerie ouvrait la marche, suivi de vingt mille volontaires en deuil et sans armes; les commissaires des quarante-huit sections, la municipalité de Paris et son département précédaient immédiatement le sarcophage, qu'on ne voyait point élevé pompeusement sur un char triomphal; mais nos législateurs même, tes collègues, qui le suivaient en corps, disputaient aux soldats citoyens l'honneur de te porter.[144] Les ministres, la maison du roi, et quelques milliers d'hommes armés terminaient le convoi: ajoutez à ce détail le silence profond des spectateurs qui rendait plus pénétrants les sons d'une musique déchirante, les cliquetis aigus des cymbales,

---

[142] See above on the presence of children among the troops of the National Guard (p. 62). Cf. also the image 'Vétéran: Enfant soldat: Garde nationale', which depicts an adult and a child soldier (Paris: [n.pub.], 1790–92), <http://catalogue.bnf.fr/ark:/12148/cb40258143b> [accessed 15 July 2016].
[143] My punctuation.
[144] This image of soldiers and deputies fighting to act as pall-bearers instead of placing the coffin on a grand chariot has the same function as the use of the unknown Fortuné to tell the story of Mirabeau's *gloire*: his greatness is generated by and for the people, not imposed from above.

les roulements sourds et lugubres du tambour: ajoutez-y la consternation qui se peignait sur tous les visages, et les douces larmes de ce sexe intéressant et sensible à qui tu destinais des plans utiles à sa gloire, comme à son bonheur, et vous ne pourrez vous faire qu'une imparfaite idée des sentiments dont mon âme est encore pénétrée.[145]

MIRABEAU, *avec attendrissement.*
Dieu! que ce récit m'intéresse.[146] O mes concitoyens! Qu'ai-je fait pour avoir mérité une aussi sensible reconnaissance?[147] J'ai contribué, comme vous, au bien de la patrie. J'emportais vos regrets, n'était-ce pas assez pour me déchirer l'âme?[148] O Français! Français, vous ne cesserez jamais d'être généreux.

LOUIS XIV.
Et les ministres qui accompagnaient la cérémonie, sont-ils du choix de mon petit fils?

FORTUNÉ.
Oui sans doute, et du choix de son peuple.

LOUIS XIV.
Dans quel rang les a-t-on pris?

MIRABEAU.
Confondus dans la seule classe de tous les citoyens, leurs vertus et leur mérite les ont seules distingués.

LOUIS XIV.
J'approuve actuellement la révolution; elle est digne d'un grand monarque, et des grands hommes qui l'ont opérée.

MADAME DE SÉVIGNÉ.
As-tu laissé en main sûre ce plan dans lequel tu destinais à mon sexe un passage utile à son bonheur et à sa gloire?[149]

---

[145] See the Introduction for contemporary journal accounts of the funeral, from which Gouges draws many of these details — especially, as Usandivaras notes, that of the *Moniteur* ('Une lecture dramatique', p. 145).
[146] Talleyrand is said to have remarked of Mirabeau: 'il a dramatisé sa mort' (cited in Etienne Dumont, *Souvenirs sur Mirabeau et sur les deux premières assemblées législatives* (Brussels: Méline, 1832), p. 234).
[147] My punctuation.
[148] My punctuation.
[149] Toward the end of his *Discours sur l'éducation nationale* Mirabeau talks about the education of women: 'Les hommes, destinés aux affaires, doivent être élevés en public. Les femmes, au contraire, destinées à la vie intérieure, ne doivent peut-être sortir de la maison paternelle que dans quelques cas rares. [...] La constitution des femmes les borne aux timides

MADAME DESHOULIÈRES.

On l'aura détourné à sa mort. On ne veut pas que nous soyons sur la terre les égales des hommes; ce n'est qu'aux Champs-Elysées que nous avons ce droit.

NINON DE L'ENCLOS.

Ailleurs aussi, mais c'est un faible avantage.

MADAME DESHOULIÈRES.

Les femmes trouveront peut-être le moyen de régénérer aussi leur empire.

MIRABEAU.

Pour opérer en France une grande, une heureuse révolution, il en faudrait, mesdames, beaucoup comme vous.

NINON DE L'ENCLOS.

Tu as raison: en général les femmes veulent être femmes, et n'ont pas de plus grand ennemis qu'elles-mêmes. Que quelqu'une sorte de sa sphère pour défendre les droits du corps, aussitôt elle soulève tout le sexe contre elle: rarement on voit applaudir les femmes à une belle action, à l'ouvrage d'une femme.[150]

MIRABEAU.

La remarque le sera.

NINON DE L'ENCLOS.

Par les hommes donc. Ah! messieurs, que les femmes entendent bien peu leurs intérêts.[151]

---

travaux du ménage, aux goûts sédentaires que ces travaux exigent, et ne leur permet de trouver un véritable bonheur, et de répandre autour d'elles tout celui dont elles peuvent devenir les dispensatrices que dans les paisibles emplois d'une vie retirée. Je conclus que l'éducation des jeunes filles doit être ordonnée de manière à faire des femmes telles que je viens de les peindre, non telles que les imaginent des philosophes égarés par un intérêt qui fait souvent perdre l'équilibre à la raison la plus sûre. La vie intérieure est la véritable destination des femmes; il est donc convenable de les élever dans les habitudes qui doivent faire *leur bonheur et leur gloire*; et peut-être serait-il à désirer qu'elles ne sortissent jamais de sous la garde de leur mère' (*Discours sur l'éducation nationale*, p. 43, my emphasis). He goes on to say that schools for girls should not be closed: rather, they should have primary education at the same level across the country, but be barred from higher education: not quite as egalitarian as Sévigné implies.

[150] Another echo of Gouges's *Préface pour les dames*: 'Si l'on vante un seul talent, une seule qualité dans une autre; aussitôt leur ridicule ambition leur fait trouver, dans celle dont il est question, cent défauts, & même des vices, s'ils ne sont pas assez puissans pour détruire l'éloge qu'on en faisoit. Ah! mes Sœurs, mes très-chères Sœurs, est-ce-là que nous nous devons mutuellement? Les hommes se noircissent bien un peu, mais non pas autant que nous, & voilà ce qui établit leur supériorité, & qui entretient tous nos ridicules. Ne pouvons-nous pas plaire sans médire de nos égales?' (pp. 3–4).

[151] An echo of the *Déclaration des droits de la femme*, in which Gouges exhorts women: 'Femme, reveille-toi; le tocsin de la raison se fait entendre dans tous l'univers; reconnais tes

MADAME DE SÉVIGNÉ.
Il est indubitable qu'un gouvernement ne peut se soutenir, si les mœurs ne sont pas épurées.[152]

NINON DE L'ENCLOS.
Et de qui dépend cette révolution: en vain l'on fera de nouvelles lois, en vain l'on bouleversera les royaumes; tant qu'on ne fera rien pour élever l'âme des femmes, tant qu'elles ne contribueront pas à se rendre plus utiles, plus conséquentes, tant que les hommes ne seront pas assez grands pour s'occuper sérieusement de leur véritable gloire, l'Etat ne peut prospérer:[153] c'est moi qui vous le dis; mais qui vient nous interrompre?

SCÈNE VIII

Le DESTIN, SOLON, le CARDINAL D'AMBOISE, les acteurs précédents, avec plusieurs des quatre parties du monde, comme des chinois, des turcs, des espagnols, des romains, etc.

LE DESTIN.
Ombres paisibles, l'heure est venue de rendre à la terre un grand homme qui remplace celui qu'elle vient de perdre; et voici celui que j'ai choisi.

TOUTES LES OMBRES.
Solon, Solon va renaître.

HENRI IV.
C'est le Cardinal d'Amboise que le Destin a choisi; c'est un ministre sage, bienfaisant qui doit renaître en France.

TOUTES LES OMBRES FRANÇAISES.
Oui, nous opinons pour le Cardinal d'Amboise.

LE DESTIN.
Oui, je veux vous satisfaire. Ce grand ministre va renaître aussi.

CARDINAL D'AMBOISE.
Serai-je encore élu évêque de Montauban?

---

droits' (*Ecrits politiques*, II, 209).
[152] Several points in the *Déclaration* discuss the purification of 'mœurs' through the provision of equality.
[153] Again, cf. the *Déclaration*: '[l'homme] veut commander en despote sur un sexe qui a reçu toutes les facultés intellectuelles; il prétend jouir de la Révolution, et réclamer ses droits à l'égalité, pour ne rien dire de plus' (*Ecrits politiques*, II, 206).

MIRABEAU.

Que n'as-tu pas devancé ton époque! Cette ville n'aurait pas été de nouveau le théâtre des fureurs sacerdotales.[154] Les fanatiques se sont efforcés d'égarer la conscience du peuple; ainsi on n'a pu briser les chaînes du despotisme, sans secouer le joug de la foi. Quelle imposture grossière! Non, la liberté,[155] loin de nous avoir prescrit un si impraticable sacrifice, nous a rendus tous frères; que tous bons citoyens regardent cette église de France dont les fondements s'élancent et se perdent dans ceux de l'empire lui-même. Qu'ils voient comme elle se régénère avec lui, et comme la liberté, qui vient du ciel, aussi bien que notre foi, semble montrer en elle la compagne de son éternité et de sa divinité.[156]

CARDINAL D'AMBOISE.

La province de Normandie, a-t-elle été agitée et persécutée par la noblesse? Ma présence y serait-elle nécessaire?

MIRABEAU.

La noblesse est fort paisible en Normandie, et ses habitants sont trop éclairés aujourd'hui.[157]

CARDINAL D'AMBOISE.

Serais-je assez heureux pour travailler à la réforme de ces ordres religieux qui obèrent l'Etat, et qui propagent la masse des paresseux?[158]

---

[154] On 10 May 1790 there were anti-revolutionary riots in Montauban. The motivation was (at least in part) religious: Catholics had taken against the freedom of religion contained in the 1789 *Déclaration des droits de l'homme*, and insisted that Catholicism should be declared the state religion (Em Forestié, *Récit des troubles de Montauban (10 mai 1790): bibliographie des écrits relatifs à cet événement* (Montauban: Forestié, 1883)).

[155] My punctuation.

[156] Drawn from Mirabeau's speech to the Assemblée on 16 January (*Réimpression de l'Ancien Moniteur*, ed. by Gallois, VII, 131). The quotation runs from 'ainsi'; 'quelle imposture grossière' is an addition: Usandivaras suggests this attracts attention to the subtle distinction Gouges makes between 'les chaînes de notre servitude' which must be broken and 'le joug de la foi' which must remain ('Une lecture dramatique', pp. 146–47).

[157] Gabriel Désert, in his *La Révolution française en Normandie, 1789–1800* (Toulouse: Bibliothèque historique Privat, 1989), notes that though there were famous revolutionaries, counter-revolutionaries, and moderates in Normandy, many of its inhabitants were less concerned with institutional quarrels than with internal peace, and federalism was defeated mostly though popular passivity (pp. 294–95). He argues, nonetheless, that the lasting image of an entirely conservative *département* is too simplistic.

[158] My punctuation.

LE DESTIN.
Tu n'auras pas à cet égard de réforme à faire.[159] Sois bon ministre, rends-toi digne toujours de la confiance de ton roi, concilie-toi l'amour de la nation, et travaille sans relâche aux intérêts du peuple. Sois laborieux, doux, honnête, aie de la fermeté, du bon sens, et surtout ton expérience précieuse, je te rends ton caractère primitif.

CARDINAL D'AMBOISE.
Reparaîtrai-je en France avec ce même costume?

LE DESTIN.
Oui, et s'il était nécessaire, je te donnerais la tiare pour réformer tous les abus.

CARDINAL D'AMBOISE.
Je ne la désirerais qu'à ce prix.[160]

LE DESTIN.
J'aime les Français, je veux les combler de mes bienfaits; pour toi, Solon, tu vas renaître à la place de ce législateur.

SOLON, *au Destin.*
Divinité, dont la domination est si favorable, ou si fatale aux mortels, ne pouvant m'y soustraire, vous voulez que je retourne sur terre, et je ne résiste point à vos décrets; mais dans quelle contrée prétendez-vous me placer? Vais-je revoir Athènes? M'enverrez-vous à Rome?

LE DESTIN.
La ville de Rome, mon fils, a un peu changé de face depuis Titus; et ce théâtre aujourd'hui conviendrait peu à ton caractère. Qu'y ferais-tu?[161] Toi qui ne peux supporter l'hypocrisie, les complots des factieux; mais il est une autre contrée qui, à l'opulence près, te retracera Rome et Athènes. C'est dans la capitale de France.

---

[159] The civil constitution of the clergy had already largely been enacted by the time of Mirabeau's death, and his involvement in the process had resulted in a rise in his popularity (Desprat, *Mirabeau*, p. 708).

[160] Amboise put himself forward for the Papacy (the 'tiare' referenced here). Louis Chaudon, *Dictionnaire universel, historique, critique et bibliographique*, 8th edn, 20 vols (Paris: Mame Frères, 1810), I, 289, notes that 'son ambition était d'être pape; "mais ce n'était, disait-il, que pour travailler à la réforme des abus et des moeurs"'; however, the original reference for this quotation is not given.

[161] Original reads 'qui ferais-tu'.

SOLON.

En France! C'est pour la France que vous me destinez. Que la porte s'ouvre; je suis prêt à partir.

LE DESTIN.

Va, Solon, va prêcher ta douce morale sous le règne du meilleur des rois. Soutiens la cause du peuple. Va te couvrir d'une nouvelle gloire. Là, tu trouveras des âmes qui sympathiseront avec la tienne; sois prompt, sois vigilant. Que toutes tes vertus reprennent leur première énergie, ou plutôt je te donne les vertus et les talents de cette ombre fière dont nous célébrons aujourd'hui l'arrivée. Si jamais ton antique Athènes renaît de sa cendre, je l'enverrai à son tour y prendre ta place.

MIRABEAU.

L'exemptez-vous des faiblesses humaines?

LE DESTIN.

Je ne prétends l'exempter de rien. Ces erreurs tiennent peut-être, plus qu'on ne croit,[162] aux vertus que je lui donne en partage. Qu'il soit bon patriote, courageux, protecteur de la liberté, ami sûr, publiciste éclairé. Je jette un voile sur le reste.[163]

NINON DE L'ENCLOS, *à Mirabeau.*

Apprends-nous donc...

DÉSILLES.

Et ton Traité d'Education Nationale.[164]

TOUTES LES OMBRES *à la fois.*

Nous brûlons de l'entendre.

HENRI IV.

Cesse de t'affliger; voilà deux successeurs pour un...

MIRABEAU.

C'en est trop pour me remplacer; je voudrais vous satisfaire; mais mon cœur est encore si plein, que je ne puis en ce moment que vous exposer le résultat de tous mes principes, et de tous mes écrits.

---

[162] My punctuation.
[163] Likely to be a reference to the tales told (including by Plutarch) that Solon had taken the much younger Peisistratos as his lover, as part of the Greek practice of pederasty. See Elizabeth Irwin, *Solon and Early Greek Poetry: The Politics of Exhortation* (Cambridge: Cambridge University Press, 2008), p. 272.
[164] Mirabeau, *Discours sur l'éducation nationale.*

LE DESTIN.
Que la fête commence: qu'on lui élève un trône.

HENRI IV.
Viens, digne soutien de l'empire français; cette place est réservée à ton génie, à ton amour pour la patrie; et toutes les ombres vont t'entourer pour t'entendre.

MIRABEAU.
Quoi! voudriez-vous me faire monter ici à la tribune?[165]

LOUIS XIV.
La tribune! Mais c'est un trône.

MIRABEAU, *sur le trône.*
Elle fut de mon vivant plus qu'un trône à mes yeux. Ombres, qui m'écoutez, et qui vous intéressez au bonheur de la France, qui désirez connaître et mes travaux et mes opinions sur l'état actuel et futur de ce beau royaume, je vais en deux mots vous en instruire:

J'ai passé ma vie à étudier l'esprit de différents gouvernements. J'ai parcouru l'immensité de notre antique histoire. Plein des grands exemples qu'elle nous offre, je me suis armé contre le despotisme; mais j'ai vu d'ailleurs le vice des formes républicaines, et j'ai cherché à en préserver ma patrie régénérée. Tel a été le but principal de tous mes écrits. Puisse la France n'oublier jamais que la seule forme de gouvernement qui lui convienne, est une monarchie sagement limitée.[166]

LE DESTIN.
Qu'on ceigne son front de la couronne civique.

Deux ombres portent la couronne.

MADAME DE SÉVIGNÉ, *prend la couronne et la lui pose sur la tête.*
Tu l'as méritée.

Ici le chœur commence.

On enlève Mirabeau sur le trône, et on lui fait faire le tour du théâtre; une musique douce et tendre termine, piano, piano, *la marche.*

Fin de la pièce.

---

[165] My punctuation.
[166] This section does not appear to correspond to any of Mirabeau's writings, despite having a similar tone to the extracts from speeches (cf. Usandivaras, 'Une lecture dramatique', p. 147).

L'Ombre de Mirabeau

Pièce épisodique,

En un acte, en vers libres.

Représentée, pour la première fois, par les Comédiens Italiens, ordinaires du Roi, à Paris,

le 7 Mai 1791.

A Paris,

Chez Cailleau et Fils, Imprimeur-Libraire,

rue Galand, no. 64.

1791.

PERSONNAGES[1]

MIRABEAU.
CICÉRON.
DÉMOSTHÈNE.
VOLTAIRE.
J. J. ROUSSEAU.
MABLY.
FRÉDÉRIC II, ROI DE PRUSSE.
BRUTUS, PREMIER CONSUL DE ROME.
UNE OMBRE.
I^{RE} OMBRE PENDANT LA 1RE SCÈNE.
IIME OMBRE PENDANT LA 1RE SCÈNE.
FRANKLIN (MUET).
GUILLAUME TELL (MUET).
NASSAU (MUET).
UNE MULTITUDE D'OMBRES.

La scène est aux Champs-Elysées.

---

[1] The characters included here are much closer to those represented in Moreau's well-known picture than those in Gouges's play. The original edition gives the list of actors, in order, as: M. Grangé, M. Cellier, M. Damberville, M. Chenard, M. Solié, M. Favart, M. Clairval, M. Ellevion, M. Crétu, Mlle. S. Renaud, Mlle. Richardi.

L'OMBRE DE MIRABEAU
PIÈCE ÉPISODIQUE, EN UN ACTE, EN VERS LIBRES.

Le théâtre représente les Champs-Elysées.

SCÈNE I

PLUSIEURS OMBRES.

Une musique douce doit faire l'ouverture: puis des fanfares que l'on entend dans le lointain paraissent exciter l'attention des groupes d'ombres qui doivent être sur la scène, au lever de la toile, et qui se rapprochent à ce bruit.[2]

PREMIÈRE OMBRE.

Qui peut ainsi troubler le repos de ces lieux,
Ce repos si délicieux
Auquel les ombres fortunées,
Semblaient dans ce séjour à jamais destinées?

DEUXIÈME OMBRE.

Eh! quoi, vous ne le savez pas?
C'est un nouveau venu.

PREMIÈRE OMBRE.

Qui?

DEUXIÈME OMBRE.

Je vais vous l'apprendre:
En ces lieux je l'ai vu descendre,
Et les ombres en foule ont couru sur ses pas,
Pour l'admirer, pour le voir et l'entendre.

PREMIÈRE OMBRE.

Eh! qu'a-t-il fait?

DEUXIÈME OMBRE.

C'est, dit-on, un mortel,
Qui laisse sur la terre un regret éternel:
Qui par son éloquence, et son puissant génie,
Créait dans la patrie un empire nouveau;

---

[2] Unlike for Gouges's play, and the later *Mirabeau à son lit de mort*, reviews make no mention of the music or the composer here.

Mais il est mort... oui... Mirabeau,
Au milieu de sa gloire, a vu finir sa vie.

TOUTES LES OMBRES, *d'un ton triste.*

Il est mort!

Mirabeau paraît alors dans l'enfoncement; apercevant des ombres, il paraît chercher à s'éloigner.

DEUXIÈME OMBRE.

Mais, que vois-je? Il s'approche d'ici.
Oui... C'est lui-même... Le voici
Qui s'échappe à la multitude.

On voit toujours Mirabeau à travers les arbres qui forment les allées dans le fond de la décoration.

PREMIÈRE OMBRE.

A notre aspect on dirait qu'il veut fuir.

DEUXIÈME OMBRE.

De ces lieux laissons-le jouir;
Ne troublons pas sa solitude.

PREMIÈRE OMBRE.

Eloignons-nous: après tant de travaux,
Il est juste qu'il goûte enfin quelque repos.

La musique de l'ouverture reprend; elle doit faire la transition de cette scène à la suivante; les ombres se retirent.

SCÈNE II

MIRABEAU.

Me voilà seul enfin: la paix de ces bocages
M'invite à m'arrêter sous leurs riants ombrages:
Que ce séjour est beau! Mais pourquoi de mes jours,
Faut-il avoir sitôt vu terminer le cours?
Je serais trop heureux dans ce charmant asile,
Si je ne sentais pas qu'ailleurs j'étais utile.
La mort m'a donc borné dans mes vastes desseins!
Ils avaient pour objet le bonheur des humains,

Les droits des nations, et leur indépendance;
Leur estime déjà faisait ma récompense;
Et je n'ai pu finir! Puisse du moins la mort
Avoir fait taire et la haine et l'envie
Qui toujours s'attachent au sort
De ceux dont quelque gloire environne la vie...
Ah! dussé-je être encore en butte à tous leurs traits,
Et voir enfin s'accomplir mes projets!
O vous, qui deviez me survivre,
De mes travaux illustres compagnons,
Avec la même ardeur hâtez-vous de poursuivre
La carrière qu'ensemble, hélas! nous parcourions!
Des liens de la mort mon esprit se dégage:
Il s'élance au milieu du vous:
Oui, je vous vois, je vous reconnais tous,
O mes amis! Achevez cet ouvrage;
Honneur de votre siècle, et qui chez nos neveux,
Signalera votre courage,
Vos talents, vos vertus. Si j'en crois mon présage,
S'il s'achève selon mes vœux,
De l'univers entier il sera le partage;[3]
Et devenu plus parfait d'âge en âge,
Il rendra les humains meilleurs et plus heureux...
Mais qui vient me troubler encore dans ces lieux?

SCÈNE III

CICÉRON, MIRABEAU, DÉMOSTHÈNE.

DÉMOSTHÈNE.

De ton arrivée imprévue,
Cicéron, Démosthène, instruits dans cet instant,
S'empressent, Mirabeau, de jouir de ta vue.

CICÉRON.

Tu t'es montré, dit-on, plus que nous éloquent;
Ah! qu'on doit regretter ton sublime talent.

---

[3] Cf. Mirabeau's comment below on the Revolution as an example to the rest of the world: 'L'Europe nous contemple, | Et le succès l'invite à suivre notre exemple', p. 126.

MIRABEAU.
Illustres orateurs! L'amour de ma patrie,
M'inspira, comme à vous, cette ardeur, ces transports,
Ces élans qui d'un cœur libre avec énergie,
Secondent les nobles efforts.
Il est vrai que sur vous j'eus un grand avantage.

CICÉRON.
Malgré tout mon orgueil, je n'en suis point jaloux.

DÉMOSTHÈNE.
L'amour propre en ces lieux ne conçoit plus d'ombrage.[4]

MIRABEAU.
Oui, tel fut mon bonheur, je naquis après vous,
Et vous avez formé vous-même mon langage.[5]
Le sort d'ailleurs m'en laissa tout le temps:
Vous n'aviez pas dans Rome et dans Athènes,
Mes chers amis, la Bastille et Vincennes.
C'est là, c'est dans ces tours, si chères aux tyrans,
Que tristement j'ai vu s'écouler mes beaux ans,[6]
De mes affreux tourments, ô ciel! je te rends grâce:
C'est là que j'ai puisé ma force et mon audace;
Rien n'est tel que la honte et la captivité,
Pour faire dans les cœurs germer la liberté:
Ainsi, faibles tyrans, qu'aveugle le délire,
Vos mains, vos propres mains détruisent votre empire.[7]
Seul, livré dans ces tours à la réflexion,
Quelquefois je cédais à ma douleur extrême,
Je parlais, j'adressais une imprécation
A ce pouvoir inique, à ce pouvoir suprême,
Ecrasant sous son poids toute une nation:[8]
Souvent alors, souvent je m'étonnais moi-même

---

[4] As in Gouges's text, this is a recurring trope related to the shades having passed the Lethe and forgotten their earthly lives.

[5] The *Catalogue des livres de la bibliothèque de feu M. Mirabeau l'aîné* published for the sale of Mirabeau's books following his death (Paris: Rozet, 1791) includes the Abbé Auger's translations of the *Œuvres complètes de Démosthène et d'Eschine* (Paris: Lacombe, 1777) and four translations of different works by Cicero. It is therefore very likely that Mirabeau was indeed familiar with these texts, and able to use them as models for rhetoric.

[6] See the Introduction, p. 1, on Mirabeau's imprisonment.

[7] My punctuation.

[8] See Mirabeau's *Des lettres de cachet* (Hamburg: [n.pub.], 1782), written whilst in prison in 1778, though not published until after his release.

D'une éloquente expression
Qu'enfantaient la fureur et l'indignation.
Voilà, mes chers amis, voilà l'horrible école
Où j'ai su m'exercer à l'art de la parole.

DÉMOSTHÈNE.
Personne, je le vois, ne connut mieux cet art.

CICÉRON.
A ton rare talent nous n'eûmes point de part;
La nature fit tout.

MIRABEAU.
   Non, la honte et la rage
Font naître une éloquence ardente, mais sauvage,
Que les leçons, le temps ont besoin d'adoucir.
Lorsqu'enfin fatigué de me faire souffrir,
On ouvrit mes cachots, vous devîntes mes guides.
(A Démosthène) Toi, je te comparais à ces fleuves rapides,
Qui, roulant à grands flots, entraînent dans leurs cours
Les forêts et les monts.[9] Que j'aimais tes discours!
J'osai même emprunter leur sainte véhémence,
Pour la faire servir à ma juste vengeance.
D'abord je dénonçai le plus lâche attentat
Que jamais ait fleuri la dignité de l'homme;
Je dévouai l'horreur de ces prisons d'Etat,
Vils fléaux, inconnus dans la Grèce et dans Rome.[10]
On frémit, sans oser encor se déclarer:
Enfin on commença du moins à murmurer;
C'était beaucoup alors. — Illustre Démosthène!
C'est ainsi que jadis, avec plus de grandeur,
Fort de ton éloquence, à Philippe vainqueur,
Tu disputais tout seul la liberté d'Athène.[11]

---

[9] The analogy of speech as flowing water is a common one. For two eighteenth-century examples regarding Demosthenes himself, see Antoine Furetière, 'Rapidité', in *Dictionnaire universel*, ed. by Jean-Baptiste Brutel de la Rivière, 4 vols (The Hague: Husson, Johnson, Swart, 1727), IV, 2: 'il était difficile de résister à la rapidité de l'éloquence de Démosthène', and Jean-Marie-Louis Coupe, *Les Soirées littéraires, ou Mélanges de traductions nouvelles des plus beaux morceaux de l'antiquité, de pièces instructives et amusantes, françaises et étrangères*, 10 vols (Paris: Honnert, 1795–99), VIII, 262: 'on a dit que Démosthène était un torrent rapide, et Cicéron un fleuve majestueux'.
[10] Another reference to *Des lettres de cachet*.
[11] Demosthenes tried (unsuccessfully) to motivate his compatriots against Philip II of Macedon, who was expanding his influence through the Greek states. He subsequently

Les efforts des tyrans contre moi ramassés,
En paix depuis ce temps, ne m'ont plus laissé vivre;
Les cruels n'ont, hélas! cessé de me poursuivre,
Qu'à l'instant où du joug les peuples trop lassés,
Guidés par la raison, les ont tous terrassés.

DÉMOSTHÈNE.

Ainsi, la liberté par vous fut donc conquise!
Moi, je bornai jadis mon entreprise,
A prévenir, du moins à suspendre les coups,
Que Philippe voulait lui porter parmi nous.

MIRABEAU.

Je ne te dois pas moins, Cicéron; ô grand homme!
Quel sort était le tien! Tu fus nommé par Rome,
Père de la patrie;[12] ah! qu'un aussi beau nom
Eût satisfait ma gloire et mon ambition!
J'eusse pour l'obtenir sacrifié ma vie,
Que trop tôt, je le sens, le destin m'a ravie.
Ton style pur, orné, savant et gracieux,
Rendit le mien plus doux et moins impétueux:[13]
Tes écrits pleins de force et de philosophie,
Soutinrent bien souvent mon cœur contre l'envie.
Longtemps irrésolu, flottant jusqu'à l'excès,
L'expérience enfin éclairait mes succès;
Je n'avais plus à craindre une indigne faiblesse,
Ni de la liberté la trop fougueuse ivresse,
Quand tout à coup, hélas! la mort, l'affreuse mort,
Pour prix de mes travaux, a terminé mon sort.

CICÉRON.

C'est ainsi que la tombe et s'ouvre et se referme,
Sans que de nos travaux nous atteignions le terme;
Heureux encor du moins quand on meurt comme toi!

---

played a key part in an uprising against Alexander the Great, the new king of Macedonia, though this too was ultimately unsuccessful.

[12] The honour of being called *pater patriae* (father of the fatherland) was conferred by the Roman Senate. It was awarded to Cicero for his part in the suppression of the Catiline conspiracy during his consulate in 63 BC.

[13] On revolutionary appropriation of antiquity in stylistic terms, see Peter Krause-Tastet, 'L'Antiquité exemplaire: imitation et émulation dans les discours révolutionnaires', in *Une expérience rhétorique*, ed. by Négrel and Sermain, pp. 55–64.

DÉMOSTHÈNE.

Tu fus bien plus heureux que Cicéron et moi;
Les vils supports du crime et de la tyrannie
Se chargèrent du droit de nous ôter la vie;
Il présenta sa gorge au fer des assassins:
Moi, je prévins le coup que m'apprêtaient leurs mains.[14]

CICÉRON.

Notre mort des humains souille et flétrit l'histoire;
Mais déploré par eux, ton trépas plein de gloire...

MIRABEAU.

Elle fut votre ouvrage: instruit par tous les deux,
C'est vos sages leçons qui m'ont rendu fameux.
Oui, de tous les pouvoirs, j'appris à votre école,
Que le plus fort était celui de la parole:
Qu'il fallait tour à tour, bouillants ou modérés,
Des esprits ou des cœurs nous saisir par degrés;
Et que, pour plaire mieux, le beau, même l'utile,
Empruntèrent toujours les ornements du style:
Par sa force invincible on se laisse emporter,
A sa douceur aimable on ne peut résister:
Ah! que la vérité, la justice est puissante,
Quand elle a pour organe une bouche éloquente![15]
Qui parle bien est roi: tout cède à ses accents,
Du haut de sa tribune, il dompte les tyrans:

---

[14] Demosthenes poisoned himself to avoid death at the hands of an enemy (Archias) who had followed him to a sanctuary, whilst Cicero, according to Plutarch, 'stretched his neck forth from the litter' on which he lay, towards the soldiers about to slay him, thereby indicating that he would not resist (Plutarch, *The Parallel Lives*, 11 vols, Loeb Classical Texts (London & Cambridge, MA: Heinemann and Harvard University Press, 1919), VII, 207).

[15] For contemporary comments on Mirabeau's oratory style, see Jean-François La Harpe, *Cours de littérature ancienne et moderne*, 3 vols (Paris: Didot Frères, 1811), III, 228–31, which includes the following: 'Ceux qui ont étudié les immortels orateurs de l'antiquité, ne retrouvent-ils pas ici le talent des Cicéron et des Démosthène, mais plus particulièrement la manière de ce dernier; cette accumulation graduée de moyens, de preuves, et d'effets; cet art d'insinuer d'abord dans l'esprit des auditeurs en captivant l'attention, de la redoubler par des suspensions ménagées, de la frapper par de violentes secousses? Mirabeau procède ici comme les grands maîtres; il fait briller d'abord la lumière du raisonnement; il subjugue la pensée; il fouille ensuit plus avant, et va remuer les passions secrètes jusqu'au fond de l'âme, l'intérêt, la crainte, l'espérance, la honte, l'amour-propre; il frappe partout; et quand il se sent enfin le plus fort, voyez alors comme il parle de haut; comme il domine, comme il mêle l'ironie à l'indignation, comme, en récapitulant tous les motifs, il porte les derniers coups!' (p. 230). Further comments by Rivarol, Duquesnoy, Madame de Staël, and Nisard, are cited in Desprat, *Mirabeau*, pp. 196 & 734–35.

Mais souvent l'orateur, qu'un zèle ardent inspire
Par la terreur glacé, se tait sous leur empire.

CICÉRON.

Où, si la liberté lui fait braver les maux,
Il en est le martyr.

MIRABEAU.

Quelquefois le héros.

On voit paraître à travers les arbres de l'enfoncement Voltaire, J. J. Rousseau et Mably.

DÉMOSTHÈNE.

Tu l'as prouvé.

CICÉRON.

La France admira ton courage.

DÉMOSTHÈNE.

Si par nous, Mirabeau, se forma ton langage,

Montrant Voltaire, J. J. Rousseau et Mably, qui s'avancent.

Voici ceux qui, plus grands, t'apprirent à penser.

CICÉRON.

Adieu donc; avec eux nous allons te laisser.

SCÈNE IV

MABLY, VOLTAIRE, MIRABEAU, J. J. ROUSSEAU.

VOLTAIRE.

Nous venons tous les trois apprendre de toi-même,
Un fait qui parmi nous cause une joie extrême:
Il est donc vrai qu'enfin le Français si léger,
De ses antiques fers à su se dégager?[16]

MIRABEAU.

Il en doit tout l'honneur à la philosophie.

---

[16] My punctuation.

VOLTAIRE.
Je l'avais bien prédit: oui; mais de bonne foi
Je ne m'attendais pas que cette prophétie
S'accomplirait sitôt.

J. J. ROUSSEAU.
J'en étais certain, moi.
Quand les tyrans du crime ont comblé la mesure,
Tout à coup on remonte aux lois de la nature.[17]

MABLY.
Puis calculant ensuite et les maux et le bien,
On en fait découler les droits du citoyen.

J. J. ROUSSEAU.
Ah! quand nous réclamions ces droits si raisonnables,
On nous faisait passer pour des sujets coupables,
Pour des séditieux.

VOLTAIRE.
Et souvent pour des fous.
Tout en rongeant leur frein, ils se moquaient de nous,
Ces bons Français.

J. J. ROUSSEAU.
Oui, mais cette folie
Que l'on nous supposait, eût-elle été punie,
Si l'on ne l'eut pas crainte? Haï! persécuté,
Que n'ai-je pas souffert, ô sainte vérité,
Lorsque ma bouche osa prononcer tes oracles?[18]

VOLTAIRE.
Ce n'est qu'après l'effet que l'on croit aux miracles.
J'ai souffert à mon tour; et toi, mon cher Mably!...

MABLY.
Ils m'avaient simplement condamné à l'oubli;
Mes écrits leur semblaient le rêve méprisable
D'un obscur insensé, moins que vous redoutable.[19]

---

[17] A reference to Rousseau's celebrated discussions of the state of nature in his *Discours sur l'origine et les fondements de l'inégalité parmi les hommes*, in *Œuvres complètes de Jean-Jacques Rousseau*, III, 108–223.
[18] My punctuation.
[19] Possibly a reference to attempts by authorities to suppress an enlarged version of

MIRABEAU.

Si vous fûtes tous trois méconnus, outragés,
Aujourd'hui, croyez-moi, vous êtes bien vengés.

VOLTAIRE.

Ainsi les préjugés, l'odieux fanatisme
Parmi vous maintenant ont fait place au civisme!
Le Ciel en soit loué! Moi, je leur ai longtemps
Fait la guerre; et parfois ce fut à mes dépens.
Il me souvient encore que, pour une vétille,
Le Régent m'envoya deux ans à la Bastille.[20]

MIRABEAU.

Elle s'est écroulée avec tous les abus.

VOLTAIRE.

Tant mieux.

MABLY.

Tant mieux sans doute.

J. J. ROUSSEAU.

Eh bien! N'en parlons plus.
Ecartons loin de nous ces images pénibles
Qui répugnent aux cœurs honnêtes et sensibles:
Egayons nos tableaux: voyons dans l'avenir
Le bonheur dont la France est digne de jouir.
Rapprochons l'heureux temps où la paix, la concorde
Doit enfin succéder aux moments de discorde,
Qu'ont dû produire, hélas! l'intérêt, la fierté,
Et l'orgueil, que peut-être on a trop irrité:
L'olivier à la main, le vainqueur moins sévère,
Dans le vaincu bientôt ne verra plus qu'un frère!
Désormais il plaindra ses torts et ses malheurs;
Et partout l'indulgence ira chercher les cœurs.
Tous de l'égalité, plus humains ou plus sages,
Sauront tranquillement goûter les avantages:
D'abord avec franchise ils se rapprocheront;
Puis sous les mêmes lois enfin se confondront:

---

his *Histoire de France* (first published in 1765), which was republished in 1789 to great acclaim and made a contribution to the early discussions of the Estates-General.

[20] A reference to his 1717 imprisonment for *La Henriade*: in fact, he only spent eleven months in the Bastille.

C'est du moins mon espoir: que votre cœur partage
Le bonheur qu'offre au mien cette riante image!

      MIRABEAU.

N'en doutons pas, Rousseau, ton vœu s'accomplira;
Du bien qui fait l'espoir de ton âme ravie,
Moi, j'ai la certitude: oui, la philosophie
A commencé l'ouvrage; elle l'achèvera.

      MABLY.

On doit tout en attendre.

      MIRABEAU.

     O grands hommes! c'est elle
Dont guidé par vos mains, le céleste flambeau,
Faisant partout briller sa lumière immortelle,
Répand sur l'univers un jour pur et nouveau,
Perçant de nos erreurs l'obscurité profonde,
Vos sublimes écrits ont éclairé le monde,
Et produit pour sa gloire, un si grand changement
Qui, dès longtemps prévu, n'a coûté qu'un moment.
En secret, cher Mably, l'homme instruit, raisonnable,
Savait rendre justice à ta plume estimable.
Avec plus d'art, Voltaire, et bien plus de succès,
Tu préparais de loin le destin des Français;
Ce peuple irréfléchi, de la scène idolâtre,[21]
Devint en t'écoutant philosophe au théâtre.
Souvent tu l'éclairais dans un conte amusant;
Ainsi le miel dérobe aux lèvres d'un enfant
Les dégouts d'un breuvage amer et salutaire.[22]
L'art d'instruire chez toi naquit de l'art de plaire:
Du ridicule enfin adroit dispensateur,
Ton habile crayon prêtait un air moqueur
A la raison sévère.[23] Et toi, profond génie,
Toi, dont tous les malheurs ont affligé la vie,
Cœur sensible et brûlant, ô sublime Rousseau!
La vérité guidait ton éloquent pinceau,
Les esprits courageux, et les âmes ardentes
Puisaient dans tes écrits des leçons bienfaisantes.

---

[21] A semi-colon in the original.
[22] The works praised here include 'philosophical' plays like *Mahomet* (1741) and Voltaire's many *contes*.
[23] On the balance between words and action in this passage, see Goodman, 'Between Celebrity and Glory?', pp. 7–8.

J. J. ROUSSEAU.
Ont-ils compris leur sens?

MIRABEAU.
Elles firent en eux
Naître au moins le désir de rendre l'homme heureux.
C'est par vous que la France est libre.

VOLTAIRE.
Ah, quelle gloire!

MABLY.
Comme on doit à présent bénir notre mémoire!

VOLTAIRE.
Soit mode, soit orgueil, ou soit timidité,
J'ai quelquefois des grands flatté la vanité;[24]
Ce fut bien malgré moi: si j'eusse cru l'orage
Aussi prêt d'éclater, j'eusse osé davantage.
Mais dis-moi, les Français éclairés, courageux,
Sentent-ils bien au moins ce que j'ai fait pour eux?

MIRABEAU.
En pourrais-tu douter? Ta cendre recueillie
Dans un temple au génie, au talent consacré,
Doit être déposée enfin par la patrie.[25]

VOLTAIRE.
Quel honneur!

MIRABEAU.
Les Français à ce tombeau sacré
La conduiront en pompe.

VOLTAIRE.
Ah! quel coup pour l'envie,
Si cet excès d'honneur prévu pendant ma vie!...

J. J. ROUSSEAU.
Eh! dis-moi, les Français m'aiment-ils à présent?

---

[24] Voltaire conducted long correspondences with Frederick the Great and Catherine the Great, and spent time at the court of the former from 1750 to 1753. He was also *Historiographe du Roi* from 1744 to 1750.
[25] The first reference in the text to the Panthéon.

MIRABEAU.

S'ils t'aiment! O Rousseau, leur cœur reconnaissant
Pour prix d'une vertu trop longtemps méconnue,
Dans le sein de Paris t'élève une statue.[26]

J. J. ROUSSEAU.

Ils m'aiment! O plaisir si longtemps désiré!
Si par moi leur bonheur fut aussi préparé,
De mes hardis travaux j'obtiens la récompense:
Ils m'aiment!... Ah! leur haine ou leur indifférence,
A tourmenté vingt ans mon esprit affligé:
Sans doute un monument par le peuple érigé,
De l'homme que n'est plus est le plus beau partage;
Mais que ce soit leur cœur qui garde mon image!
Savoir la France heureuse, être aimé des Français,
Voilà quels ont été mes plus ardents souhaits.[27]

MIRABEAU.

Je te reconnais bien au transport qui t'enflamme;
Etre aimé fut toujours le besoin de ton âme;
O mes guides chéris! C'est pour l'éternité,
Qu'en ce séjour de gloire et de félicité,
Un sort inévitable à présent nous rassemble,
Faisons le doux projet de la passer ensemble.

VOLTAIRE.

C'est bien: ne pouvant plus diriger leurs destins,
Viens rêver avec nous le bonheur des humains.

J. J. ROUSSEAU.

Oui, je sens que pour eux notre vive tendresse,
Malgré le temps, la mort, nous survivra sans cesse;

---

[26] A statue was produced for the transferal of Rousseau's remains to the Panthéon, and many more followed, including one placed in the Tuileries in 1797 (Jean-Gabriel Peletier, *Paris pendant l'année 1797*, 24 vols (London: Bayliss, 1797), XIII, 316). Prior to the creation of the Panthéon, an earlier proposal to erect a statue of Rousseau had been critiqued by Marat, who suggested it was a way of tricking the nation into believing his principles were being put into action (D. Higgins, 'Rousseau and the Pantheon. The Background and Implications of the Ceremony of 20 Vendémiaire Year III', *Modern Language Review*, 50, 3 (1955), 274–80).

[27] Rousseau's reputation as a somewhat misanthropic hermit might seem to contradict this statement, however this image of an individual desperate to be loved is in keeping with Lilti's examination of Rousseau's complex attitude towards celebrity, which he simultaneously sought and derided, whilst also convincing himself that he was universally hated (Lilti, 'The Writing of Paranoia', pp. 53–83).

Avec Platon, Socrate, en ces charmants bosquets,
Viens respirer un air toujours pur, toujours frais:
C'est là que notre esprit conçoit et crée un monde,
Qui se meut sans efforts dans une paix profonde;
Dont toute l'harmonie est dans l'égalité,
Et dont toute la force est dans la liberté.
Où, sans craindre aucun choc, tous les pouvoirs agissent,
Et quoique divisés, l'un l'autre s'affermissent,[28]
La bonté, la douceur, la persuasion
Y sont les fondements de la religion;
Entre tous les enfants, des biens l'égal partage.
Fait à l'ombre des mœurs fleurir le mariage;
Loin de leurs cœurs bannit l'orgueil ou la pitié,
Et parmi les parents rappelle l'amitié.
Le peuple, du fardeau s'étant chargé lui-même,
A payer les tributs goûte une joie extrême.
La terre qui n'est point asservie aux plus forts,
En tous lieux cultivée étale ses trésors,
Libre, offerte à chacun, la paisible industrie
Sans crainte, sans remords enrichit la patrie;[29]
Des arts récompensés l'empire se maintient;
On s'aime, on multiplie, on s'aide, on se soutient;
Tel est le monde heureux, enfants de ma pensée.

VOLTAIRE.
Notre société, douce et bien composée,
T'offre un rang parmi nous à ton mérite égal;
Et, pour la compléter, nous attendons Raynal:
Plus fortuné que nous, il a pu voir éclore
Les fruits qu'il a semés.[30]

J. J. ROUSSEAU.
Qu'il en jouisse encore
Et longtemps: c'est si doux.

---

[28] Montesquieu had set out a prototype division of powers, see above, p. 74, n. 78.
[29] With the abolition of feudalism in August 1789, in theory all land could now be cultivated freely, rather than by the 'plus forts'.
[30] The Abbé Raynal, one of the authors of the *Histoire philosophique des deux Indes* (1770) (Diderot was another), and sometime writer for the *Mercure de France*, would not die until 1796.

MABLY.
Eh mais, voici, je crois,
Le fameux Frédéric.

J. J. ROUSSEAU.
Je m'en vais.

MIRABEAU.
Ah! pourquoi?

J. J. ROUSSEAU.
J'admirais ses talents sans aimer sa personne;
Car il était despote.[31]

MIRABEAU.
Ici tout se pardonne.

J. J. ROUSSEAU.
Je lui pardonne aussi, mais à quoi bon nous voir?

MABLY.
Ce grand roi, comme nous, est ici sans pouvoir;
Le souvenir du bien qu'il a fait sur la terre,
Est tout ce qui lui reste.

J. J. ROUSSEAU.
Oui, s'il en a su faire.
Je m'en vais.

MABLY.
Je te suis.

VOLTAIRE.
Je me retire aussi.

MIRABEAU.
Voltaire, tu pourrais du moins rester ici;
Frédéric t'honorait, il te rendit justice.

---

[31] See comment in Rousseau's *Confessions* [1782], ed. by Jacques Voisine (Paris: Classiques Garnier, 2011), p. 699: 'Cet amour inné de la justice, qui dévora toujours mon cœur, joint à mon penchant secret pour la France, m'avait inspiré de l'aversion pour le Roi de Prusse qui me paraissait, par ses maximes et par sa conduite, fouler aux pieds tout respect pour la loi naturelle et pour tous les devoirs humains'.

VOLTAIRE.
Pas toujours, de tels rois sont sujets au caprice;[32]
Depuis que dans ces lieux me voilà descendu,
Auprès du bon Henri je suis fort assidu;
Frédéric est jaloux, c'est pourquoi je l'évite;
Tout grand que fut ce roi, l'autre a bien son mérite;
Il sut aussi combattre; eh! d'ailleurs la bonté
Sur tout le reste enfin l'a toujours emporté.

SCÈNE V

MIRABEAU, FRÉDÉRIC.

FRÉDÉRIC.
Nouvel hôte de l'Elysée,
Sur les récits que l'on m'a faits,
Je viens d'une ardeur empressée,
Te voir et t'admirer de près.
Si tous ces récits sont fidèles,
Tu vas me confirmer d'étonnantes nouvelles.

MIRABEAU.
Etonnantes sans doute.

FRÉDÉRIC.
On dit qu'en un moment.
Vous avez tout changé, lois et gouvernement;
Les Français, je le sais, vont très vite en affaires...
Mais celles-ci pourtant...

MIRABEAU.
Sont simples et très claires;
Depuis qu'on les expose enfin à tous les yeux,
Et qu'un voile diplomatique,
De son obscurité mystique,
Ne les dérobe plus aux regards curieux.

---

[32] Voltaire's friendship with Frederick suffered severely following his visit to the Potsdam court, and his anger is reflected in the work composed of a series of rewritten letters from the period, published by modern scholars under the title *Paméla* (G. Jonathan Mallinson, 'What's in a Name? Reflections on Voltaire's *Paméla*', *Eighteenth-Century Fiction*, 18, 2 (2005–06), 157–68).

FRÉDÉRIC.
Mais, entre nous, mon cher, cet utile mystère
En imposait fort bien à l'ignorant vulgaire.

MIRABEAU.
Oui, mais il n'est plus de saison;
La liberté d'écrire éclaire la raison.

FRÉDÉRIC.
Je ne m'étonne plus, la liberté d'écrire!...
C'est un droit que le peuple avait laissé prescrire.

MIRABEAU.
Il l'a repris.

FRÉDÉRIC.
La force...

MIRABEAU.
Oh! le peuple français
N'a pas conquis ce droit pour le perdre jamais,
Il est sa sauvegarde: il n'est point de puissance
Qui pût le lui ravir.[33]

FRÉDÉRIC.
Cependant la licence.

MIRABEAU.
Chaque jour on m'objecte à grands cris cet abus.[34]
Il est grand, j'en conviens: eh quoi! l'est-il donc plus
Que tous ceux dont l'obscure et lâche tyrannie
Enchaînait la pensée, outrageait le génie:
Un écrit dangereux chez un peuple éclairé,
Par un écrit plus sage au mépris est livré.

---

[33] In the 1789 *Déclaration des droits de l'homme et du citoyen*, the 'libre communication des pensées et des opinions' is the first freedom enshrined in law (article 11). See <http://www.elysee.fr/la-presidence/la-declaration-des-droits-de-l-homme-et-du-citoyen/> [accessed 15 July 2016].

[34] On the contemporary debate surrounding the implementation of this article, which continues: 'tout citoyen peut donc parler, écrire, imprimer librement, sauf à répondre de l'abus de cette liberté dans les cas déterminés par la loi', see Charles Walton, *Policing Public Opinion in the French Revolution: The Culture of Calumny and the Problem of Free Speech* (Oxford: Oxford University Press, 2009), esp. pp. 86–91.

FRÉDÉRIC.
Qu'on lise tous les miens! J'ai su pendant ma vie,
Rendre plus d'un hommage à la philosophie;[35]
Mais...

MIRABEAU.
Que tu devais donc mépriser tes sujets!

FRÉDÉRIC, *vivement.*
Eh, pourquoi?

MIRABEAU.
Pauvre peuple, hélas! tu l'éclairais:
Toi-même, sous ses yeux tu portais la lumière;
Il redoutait encor ton pouvoir arbitraire![36]

FRÉDÉRIC.
Je l'exerçai toujours pour son bien, son bonheur.

MIRABEAU.
Et ton ambition. Soyons vrais, ta valeur
Te fit chercher souvent les hasards de la guerre,
Au bonheur de ton peuple était-ce nécessaire?[37]

FRÉDÉRIC.
Soit; mais de philosophe aussi j'obtins le nom;
Et peu de rois l'ont eu.

---

[35] See Frederick's *Œuvres philosophiques* (Paris: Librairie Arthème Fayard, 1985).
[36] Mirabeau's 1786–87 *Histoire secrète de la cour de Berlin*, published without his consent, was condemned to be burned thanks to the supposedly scandalous revelations it contained regarding the Prussian Court (Joseph Mérilhou, 'Avant-propos', in Mirabeau, *Histoire secrète de la cour de Berlin* (Paris: Brissot-Thivars, 1825), pp. v–xxiv). However, its author denied taking a critical stance, describing the accusation that he had written a 'satyre contre l'immortel Frédéric II' as one of many 'horreurs qu'on a vomies contre moi' (*Lettre remise à Frédéric-Guillaume II, roi regnant de Prusse, le jour de son avènement au trône* (Berlin: [n.pub.], 1787)). In 1788 Mirabeau wrote a more official account, *De la monarchie prussienne sous Frédéric le Grand* (London: [n.pub.], 1788), which describes the monarch as 'l'homme le plus étonnant qui ait jamais porté un sceptre' (I, vi). For more on Mirabeau's views of Prussia, see Florian Schui, *Rebellious Prussians: Urban Political Culture under Frederick the Great and his Successors* (Oxford: Oxford University Press, 2013).
[37] Frederick's reign was characterized by a series of military campaigns, notably the Seven Years War, and is considered as the period during which Prussia became established as an important European power. See Dennis E. Showalter, *The Wars of Frederick the Great* (New York: Longman, 1996).

MIRABEAU.
La révolution,
A changé les esprits; à te parler sans feinte,
Sur ce point ta mémoire a souffert quelque atteinte.

FRÉDÉRIC.
Se pourrait-il? Après les soins que m'a coûté
Ma gloire, on aurait pu...

MIRABEAU.
Dire la vérité.
Au nom de conquérant c'était peu de prétendre,
Disent les nations, tu voulus nous apprendre,
Qu'on peut être à la fois politique, guerrier,
Monarque et philosophe: oh! c'est trop allier:
On obtient rarement, surtout ce dernier titre,
Lorsque du sort d'un peuple on fut le seul arbitre.
On admire ton règne, et tes exploits brillants;
Mais en rendant justice à tes rares talents,
Tranchons le mot; on dit que tu fus un despote.[38]

FRÉDÉRIC.
Et toi qu'étais-tu donc toi-même?[39]

---

[38] Tim Blanning records a speech made by the Prussian foreign minister shortly after the outbreak of the French Revolution, which complained that the French saw Frederick as despotic, when he was in fact 'free and moderate' (Blanning, *Frederick the Great: King of Prussia* (London: Allen Lane, 2015), p. 121) — this in contrast to his father's self-proclaimed desire to 'rule like a despot' (Blanning, p. 118). However, he had already been branded a tyrant in his lifetime, for example in Diderot's 1770 *Pages inédites contre un tyran* (ed. by Franco Venturi (Paris: GLM, 1937)), and even earlier, in 1741, we find Voltaire preferring to liken Frederick to conquering, destructive, monarchs (Titus) rather than those that had encouraged the flourishing of the arts and letters (Horace) (*Digital Correspondence of Voltaire*, ed. by Nicholas Cronk, <http://dx.doi.org/10.13051/ee:doc/voltfrVF0920039a1c> [accessed 15 July 2016], letter D2493). In a later *dialogue des morts*, by the turn-of-the-century author Charles-Hubert Millevoye (1782–1816), Voltaire and Frederick meet again, and the former conveys something of the even more overt, post-revolutionary distaste for Frederick's depostism that Gouges implies here: 'le bon Frédéric, philosophe et soldat, | Philosophiquement ordonnait le carnage, | Egorgeait, massacrait, et se croyait un sage, | Flairait son makoubac avec tranquillité, | Et, tout en criant feu, rêvait humanité!' (Millevoye, *Œuvres (Elégies, chants élégiaques, poèmes, poésies légères, chansons, dialogues, dizains et huitains, ballades, épigrammes)* (Paris: Michaud, [1823?]), p. 112). On Frederick's ambivalent posterity even in his own country, see Blanning, pp. 458–63.
[39] My punctuation. Mirabeau wrote an *Essai sur le despotisme* (London: [n.pub.], 1776). For more on his views on this matter, see Sante A. Viselli, 'Liberté, libertinage et despotisme chez Mirabeau', *L'Homme et la nature*, 8 (1989), 17–28.

MIRABEAU.
Un patriote,
Implacable ennemi du pouvoir absolu.

FRÉDÉRIC, *le fixant d'un air sombre.*
Brisons là; des humains le cœur m'est trop connu.
Mais à n'envisager ici que ton système,
Crois-tu donc qu'en faveur de ce pouvoir suprême
Que la raison a su tout à coup renverser,
Cette même raison n'ait rien à t'opposer?
Ecoute: la nature offre à qui la contemple,
Un spectacle imposant, peut-être un grand exemple,
Tout l'univers soumis à son autorité,
Reconnaît une seule et même volonté.
Jamais aucun pouvoir contre le sien ne lutte:
Elle forme à son gré les lois qu'elle exécute.
Crois-tu que les humains dans leur faible cerveau,
Puissent rien concevoir d'aussi grand, d'aussi beau,
Qu'un ordre si sublime, une marche si sûre?
Eh! peut-on s'égarer quand on suit la nature?
Ainsi, très fermement, je crois qu'un potentat,
Qui seul régit, gouverne un peuple, un grand Etat,
De la nature y peut maintenir l'harmonie,[40]
A quelques abus près, alors que son génie,
Avec justice, accroit ou borne son pouvoir,
Lorsqu'il connaît enfin ses droits et son devoir;
Et que du centre fixe, où vers lui tout doit tendre,
Jusqu'aux extrémités ses bras savent s'étendre.
Un roi lorsqu'il peut tout, n'espère et ne craint rien,
Tel que l'être suprême, il ne veut que le bien.[41]

---

[40] Although Frederick saw nature as providing for man, he also believed that a leader had to make the most of these offerings, writing to Voltaire in 1775: 'Il n'y a de vraies richesses que celles que la Terre produit. Améliorer ses terres, défricher des champs incultes, saigner les marais, c'est faire des Conquêtes sur la barbarie, et procurer de la subsistance à des colons qui, se trouvant en état de se marier, travaillent gaiement à perpétüer l'espèce, et augmentent le nombre des Citoyens laborieux'. (*Digital Correspondence of Voltaire*, <http://dx.doi.org/10.13051/ee:doc/voltfrVF1260332b1c> [accessed 15 July 2016], letter D19777, see also D19854.) In this correspondence, his focus is more on the sentiments expressed in the latter part of this speech, rather than on the praise of nature's order as set out in the earlier part. For more on the use of natural resources under Frederick, see David Blackbourn, '"Conquests from Barbarism": Taming Nature in Frederician Prussia', in *Nature in German History*, ed. by Christof Mauch (New York: Berghahn Books, 2004), pp. 10–30.

[41] Frederick's 1752 *Testament politique* (revised in 1768) set out the duties of a ruler for the benefit of his successor, including a section on the education of princes (*Politische*

MIRABEAU.
S'il était comme lui d'une essence parfaite,
J'en conviens; par malheur notre âme est très sujette
A l'erreur, aux écarts.[42] — Tes spéculations
Ont omis seulement toutes nos passions.
Eh! sois de bonne foi, quand on pourrait admettre,
Qu'un Roi n'en aurait pas, pourrait-on se promettre,
Qu'à son exemple aussi, messieurs les courtisans,
Par un droit de leur place en seraient tous exempts?[43]

FRÉDÉRIC.
Je n'en avais point.

MIRABEAU.
Soit; tu régnas sans ministres;[44]
Tu dérobas ton peuple à ces hommes sinistres;
Fort bien aussi ton règne est une exception:
Et s'il n'était souillé par trop d'ambition;
Si du malheureux Trenck,[45] de tant d'autres victimes,
Dont on sait les tourments, on connaissait les crimes,
Il serait un exemple imposant à citer:
Un peuple oserait-il encore se flatter
Qu'une suite de rois, tous égaux en mérite,
Des plus grands des mortels serait toujours l'élite?
Commettrait-il son sort à l'imbécillité,
Au doute, à la faiblesse, à la méchanceté?
De l'Etat, en courant des chances incertaines,

Correspondenz. Ergänzungsband: Die politischen Testamente Friedrichs des Grossen, ed. by G. B. Volz (Berlin: Reimar Hobbing, 1920), pp. 37–67).

[42] Cf. *De la monarchie prussienne*, in which Mirabeau notes that 'le plus grand des mortels est sujet à l'ignorance, et à des erreurs qui ne lui ôtent rien du mérite de la volonté' (I, vii).

[43] In his *Essai sur le despotisme* Mirabeau considers the role of the passions: 'Ne concluez pas de tout ceci que ce soit une contradiction d'admettre tout à la fois que l'homme est *naturellement bon*, et cependant *enclin au despotisme*: car la justice ou la bonté [...] consiste à donner un frein à ses passions, à les subordonner au bien général [...] mais elles ne consistent pas à ne point avoir de passions' (p. 23).

[44] Frederick delegated only reluctantly, preferring to take important decisions himself, and having ministers responsible only to him (Jean-Paul Bled, *Frédéric le Grand* (Paris: Fayard, 2004), p. 8).

[45] Freidrich von der Trenck, a Prussian officer whose cousin nearly captured Frederick the Great in 1744, and who from that point onwards led a life that included capture, imprisonment, and torture at the hands of Frederick's forces. He ended his life in Paris, where he had been sent by the Austrian court. Accused of being a spy, he was guillotined in 1794. See Friedrich von der Trenck, *Le Destin extraordinaire du baron de Trenck*, ed. by Richard Bolster (Paris: Pygmalion, 1986).

Devrait-il au hasard laisser flotter les rênes?
Non; tout condamne enfin le pouvoir absolu;
Partout il faut l'abattre.

FRÉDÉRIC.

Oh! qu'il soit abattu,
Peu m'importe à présent. — Mais de vos assemblées
Toutes ces passions sont sans doute exilées.
Autrement, qu'auriez-vous gagné? Rien.

MIRABEAU.

Les éclats,
Le tumulte, le bruit qu'y causent les débats,[46]
Feraient croire souvent qu'elles y sont le guide,
Dont aux décisions l'influence préside.[47]
Point du tout, Frédéric; et plus l'orage est fort,
Plus le vaisseau public atteint vite le port:
Alors d'un noble orgueil les âmes possédées,
Du choc des passions font jaillir les idées;
Les esprits, l'un par l'autre animés, irrités,
Pressent de toutes parts toutes les facultés.
Des passions enfin tout l'impur alliage,
Reste au fond du creuset, et la raison surnage.[48]

FRÉDÉRIC.

C'est bien dit.

MIRABEAU.

Et c'est vrai.

FRÉDÉRIC.

Ta révolution
A dû coûter du sang et bien des travaux?

---

[46] Reports in the *Moniteur* of debates in the Assemblée Nationale often note the 'applaudissements répétés' with which particularly impressive speeches were greeted.

[47] See the Introduction, pp. 40–41, on the shifting approach to emotion in the courtroom in the period.

[48] The relationship between reason and the passions, so often debated across the eighteenth century, continued to be so during and after the Revolution. See, for example, Adolphe Thiers, *Histoire de la révolution française*, 22nd edn, 10 vols (Wahlen: Brussels, 1844), II, 143, in which the raging passions of the people are presented as both inevitable, and beneficial to the revolutionary cause.

MIRABEAU.
Non.
La raison à tout fait.

FRÉDÉRIC.
C'est le mot; mais la chose,
Vous ne la dites pas: la véritable cause,
Qui peut seule produire un si grand changement,
Est facile à prévoir: c'est le défaut d'argent;
Quand un roi n'en a plus, il faut qu'il en demande;
C'est alors que son peuple à son tour le commande.[49]
Pour éviter ce coup, j'avais le plus grand soin
D'en réserver toujours, en cas d'un prompt besoin;
J'avais toujours sur pied une nombreuse armée,
De qui j'étais connu, par moi-même formée,
Qui m'aimait, me craignait, qui partageait mon or,
Et m'aidait à son tour à grossir mon trésor.[50]
Je voyais tout; partout mes lois savaient atteindre,
Et, toujours obéi, je n'avais rien à craindre.
Quel pouvoir m'eût jamais vaincu?

MIRABEAU.
L'opinion
Qui règne sur les rois, guide une nation,
Et lui fait rompre enfin ses indignes entraves:
Qui prouve à vos soldats qu'ils sont de vils esclaves;
Et qui, devant le peuple armé pour ses destins,
Fait tomber à l'instant les armes de leurs mains.[51]
De ces braves guerriers la désobéissance,
Juste, dans ce cas seul a préservé la France.

FRÉDÉRIC.
Le système est certain; eh! crois-tu qu'il tiendra?

MIRABEAU.
J'en suis sûr, oui, très sûr; la France périra,
Ou sera toujours libre.

---

[49] See above, p. 73, n. 72, on the financial disaster created by the Revolution.
[50] Again, on Frederick's policies see the *Testament politique*, in *Politische Correspondenz*, ed. by Volz, pp. 37–67.
[51] On the growing importance of public opinion in the period, see Farge, *Dire et mal dire*.

FRÉDÉRIC.
       Eh bien, à la bonne heure:
Puisse sa destinée en devenir meilleure!
Ne crois-tu pas aussi qu'un système si beau,
Qui séduit le Français, parce qu'il est nouveau,
Désormais s'étendra, tel qu'une épidémie,
Dans l'univers entier, comme dans ta patrie?

       MIRABEAU.
Je l'espère sans doute; oui, dans tout l'univers,
Des humains comme en France on brisera les fers.
En frémissant du joug, l'Europe nous contemple,
Et le succès l'invite à suivre notre exemple.[52]

    FRÉDÉRIC, *dédaigneusement et ironiquement.*
J'en serais peu surpris: oui, lorsque l'on verra
Régner la liberté, tout le monde en voudra;
Dût en être l'effet ridicule ou funeste!
Le peuple voit l'instant, sans s'occuper du reste.

       MIRABEAU.
Roi, respecte le peuple.

   FRÉDÉRIC, *après un mouvement de surprise, mêlé de fierté.*
       Il suffit; au revoir,
J'ai su ce que j'étais curieux de savoir.
    Il va presqu'au bout du théâtre, puis revient.
J'admire ton esprit, tes talents, ton audace;
Comme toi, Frédéric aurait fait à ta place;
A la mienne, jaloux de son autorité,
Comme moi, Mirabeau se serait comporté.
Adieu.
       Il sort.

---

[52] There was a strong sense among proponents of the Revolution that it could have a global influence. See for example the Daunou report on public education (18 October 1795), which ended: 'on ne peut se dissimuler qu'en France, au XVIIIe siècle, et sous l'empire des lumières, la paix entre les hommes éclairés ne soit le signal de la paix du monde', in *Réimpression de l'Ancien Moniteur*, ed. by Gallois, XXVI, 261. See also Germaine de Staël's *Corinne ou l'Italie* (Paris: Gallimard, 1985), p. 306: 'Cette révolution [française] qui, malgré la vieillesse du genre humain, prétendait à recommencer l'histoire du monde'.

SCÈNE VI

MIRABEAU, *seul*.
Ce roi, tout plein de son ancienne gloire,
Conserve encore ici l'orgueil de la victoire:
On peut tromper son siècle avec habileté:
On n'en impose pas à la postérité.

SCÈNE VII

BRUTUS, MIRABEAU.

BRUTUS.
J'ai longtemps attendu qu'une foule indiscrète,
A la fin te laissât seul dans cette retraite,
Pour me présenter à tes yeux.
Salut: je suis Brutus.

MIRABEAU.
O citoyen fameux!
Véritable héros! Premier Consul de Rome!
Qu'il m'est doux de te voir!

BRUTUS.
Et je vois donc un homme,
Par qui succède encore, deux mille ans après moi,
Au règne des tyrans le règne de la loi.[53]

MIRABEAU.
Oui, la loi désormais régnera seule en France.
Le peuple souverain pourra seul la former:
Les rois pourront dans leur prudence,
Pour un temps la suspendre, ou bien la confirmer:
Nous n'avons fait que réclamer
Des droits dont la raison a fondé la puissance.

---

[53] The revolutionaries took their inspiration, iconography, and institutions primarily from classical antiquity, following a range of different Greek and Roman models across the course of the Revolution, though Sellers argues they never succeeded in seeing any one model through to its conclusion (M. N. S. Sellers, 'Revolution, French', in *The Classical Tradition*, ed. by Anthony Grafton, Glenn W. Most and Salvatore Settis (London: Belknap Press, 2010), pp. 822–26.)

BRUTUS.

Quoi! vous avez un roi?

MIRABEAU.
Chéri de tous les cœurs.

BRUTUS.

Quoi! vous avez un roi!

MIRABEAU.
Comblé de biens, d'honneurs,
Digne de nos respects.

BRUTUS.
Quand sur les bords du Tibre,
Jadis un peuple esclave à ma voix devint libre,
Le premier sentiment dans les cœurs exalté,
Fut la haine des rois et de la royauté.
Rome n'en voulut plus.[54]

MIRABEAU.
Elle fit bien peut-être,
Et nous avons fait encor mieux.
Par un meurtre Tarquin se rendit votre maître;[55]
Vos aïeux n'avaient point fait choix de ses aïeux,
Lorsqu'en tes mains le poignard de Lucrèce,
Excita des Romains la rage et la douleur;
Lorsque ta voix terrible et vengeresse,
Dévouant les Tarquins à la publique horreur,
Et, de la liberté versant la sainte ivresse,
Du trône fit bannir cette indigne maison;[56]
Lorsque tu juras qu'aucun homme,
Tant que vivrait Brutus, ne régnerait dans Rome,[57]
Tous cédant au pouvoir sacré de la raison,

---

[54] Following the rape of Lucrecia by Sextus Tarquin, Brutus led a public call for the king (Sextus's father) to be condemned, which resulted in the abolition of the monarchy and the creation of the Roman republic. See Livy, *From the Founding of the City, Books I and II with an English Translation* (Cambridge, MA: Harvard University Press, 1919), pp. 209-11.
[55] Tarquin had his predecessor, Servius Tullius, assassinated.
[56] *Lex Iunia de Tarquiniis exilio multandis*: the condemnation of the Tarquins to exile.
[57] From Livy, *From the Founding of the City*, pp. 206-09: 'I call to witness that I will drive hence Lucius Tarquinius Superbus, together with his cursed wife and his whole brood, with fire and sword and every means in my power, and I will not suffer them or any one else to reign in Rome'.

Jurèrent comme toi, mais quelle différence,
Entre le sort de Rome et celui de la France.
Nous avions un monarque ami de ses sujets;
Revêtu dès longtemps, d'un pouvoir trop extrême,
Il a su s'éclairer sur leurs vrais intérêts;
Il s'en est sans efforts dépouillé de lui-même.
Un pouvoir bien plus juste à ses mains est remis,
Et tous les bons Français lui sont restés soumis.[58]

BRUTUS.

Je n'aime point les rois.

MIRABEAU.

          Est-ce assez d'une tête?
Pour agir il lui faut un bras.
Un mouvement que rien n'arrête,
Est nécessaire à de vastes états:
Et s'il faut même ici te parler sans rien feindre,
Un peuple qui connaît sa force et son devoir,
Affermissant d'un prince et réglant le pouvoir,
Peut tout espérer, et n'en a rien à craindre.

BRUTUS.

Ce langage nouveau me ravit, me surprend:
Unir par une heureuse et rare sympathie,
Les droits sacrés de l'homme avec la monarchie;
C'est sans doute un projet aussi noble que grand.
Mais...

MIRABEAU.

      Déjà le succès, Brutus le justifie.

BRUTUS.

Il se pourrait!...

MIRABEAU.

          Apprends comme la royauté
Peut s'unir sans péril avec la liberté.
La France a tout détruit, et ses bases nouvelles,
Chez les peuples anciens, n'ont point eu de modèles,
Le trône à tes regards si justement suspect,
La monarchie enfin présente un autre aspect,

---

[58] See the Introduction, pp. 1–3, on Mirabeau's status as a constitutional monarchist.

Et sous lequel jamais elle ne fut conçue.
Les rangs sont disparus; cette chaîne est rompue,
Dont les nombreux anneaux, formant un seul lien,
Descendaient du monarque au dernier citoyen.
Partout l'égalité rapprochant les extrêmes,
Le peuple est près du roi dans les nouveaux systèmes,
L'un est moins avili, l'autre moins dangereux,
Plus ils sont rapprochés, et plus ils sont heureux.

BRUTUS.

Quel Dieu vous inspira cette sublime idée?
J'en suis jaloux.

MIRABEAU.
Le ciel pour nous l'avait gardée.

BRUTUS.

Je n'eusse jamais cru que j'aimerais les rois.

MIRABEAU.

Ah! que tu chérirais le nôtre!

BRUTUS.
Je le crois.

Libre avec un monarque! — O France, quel ouvrage,
Qu'il est beau, qu'il est grand!

MIRABEAU.
Ah! que d'un tel suffrage,

Mon cœur.

BRUTUS, *avec enthousiasme*.
Viens que j'embrasse encore un citoyen!

Non, tu ne démens pas ta haute renommée:
Sois l'ami de Brutus. — Que mon âme est charmée
De connaître un génie, un cœur tel que le tien!

MIRABEAU.

Que d'un pareil honneur la mienne est orgueilleuse!

BRUTUS.

Je ne sais point flatter. Ami, tu méritais
D'être Romain.

MIRABEAU.
N'étais-je pas Français?

BRUTUS.
J'aime cette fierté simple et non fastueuse;
Je reconnais l'homme libre à ces traits:
Tu me fais chérir ta patrie.

MIRABEAU.
Ce n'est que la payer d'un trop juste retour;
Les applaudissements de la France attendrie,
Au théâtre souvent te prouvent son amour.[59]

BRUTUS.
Qui, je sais que Voltaire à ses yeux m'a su peindre
Tel que je fus.

MIRABEAU.
Il savait t'honorer.
Si comme père il t'a fait plaindre,
Comme un vrai citoyen il t'a fait admirer;[60]
Ton nom est à jamais célèbre: ah! si la France,
Par quelque effet de sa reconnaissance,
Rendait le mien illustre et cher à nos neveux...
C'est alors seulement que je serais heureux,
Mais à présent, hélas! se souvient-elle
De mes services, de mon zèle?...
Si quelqu'un arrivé dans ces lieux après moi...

BRUTUS.
Eh mais, je vois une ombre, que vers toi
Rousseau se hâte de conduire:
Sans doute elle pourra t'instruire...

---

[59] Voltaire's *Brutus* was revived as a revolutionary text in the Parisian theatres following the Revolution, thereby acquiring a meaning its creator had never intended. See Mark Darlow, *Staging the French Revolution: Cultural Politics and the Paris Opera, 1789–1794* (New York: Oxford University Press, 2012), pp. 152–54 & 214–15.

[60] Voltaire's play focuses on Brutus's condemnation to death of his two sons for having joined the conspiracy against Roman freedom, hence the characterization of him here as 'citoyen' over 'père'. Feilla argues — contrary to the traditional reading of him as a severe republican to counter the weak, soft-hearted monarch — that revolutionary performances made particular play of his suffering in this regard, highlighting the stoic response that was required of a good citizen in the face of personal pain (Feilla, *The Sentimental Theater of the French Revolution*, pp. 163–96).

SCÈNE VIII

Les précédents, J. J. ROUSSEAU, une OMBRE.

J. J. ROUSSEAU.

Tiens, regarde, c'est lui.

L'OMBRE.

Te voilà, Mirabeau.

MIRABEAU.

Délivre-moi d'un doute.

L'OMBRE.

Ah! que ton sort est beau!

MIRABEAU.

Que pense-t-on de moi?

L'OMBRE.

Que n'as-tu vu ta gloire!
Et[61] les honneurs rendus à ta mémoire.

MIRABEAU.

Se pourrait-il?...

BRUTUS, *à l'ombre.*

Ami, raconte-les moi tous.

MIRABEAU.

Ah! oui, le souvenir que nous laissons de nous,
Est ce qui chez les morts fait notre destinée.

L'OMBRE.

Que la tienne à ce prix doit être fortunée![62]
A peine de ta mort le bruit est répandu,
Soudain d'un peuple immense, inquiet, éperdu,
Une foule innombrable entoure ta demeure;
On se presse, on s'agite, on s'interroge, on pleure:

---

[61] The line begins with a lower case 'l' for 'les'. Since there are only nine syllables, the implication is that a word has been lost from the start of the line: I have chosen 'Et' as a possible fit.
[62] Cf. the following account to journal descriptions of Mirabeau's death, see the Introduction, p. 3.

De cet évènement on veut douter encor:
Des cris se font entendre, il est mort, il est mort...
A ces cris répétés succède un long silence,
D'une morne douleur véritable éloquence.
Le peuple semble aussi mort: les yeux sont baissés,
Les esprits suspendus, les cœurs saisis, glacés;
Mais la douleur éclate, on se mêle en tumulte;
Sans se voir ni s'entendre, on parle, on se consulte.
Le peuple ne fait trêve à ces cris, à ses pleurs,
Que pour te décerner des hommages flatteurs;
De sa douleur jaloux il ferme ses spectacles;[63]
Dans le temple où la loi prononce ses oracles,
Des meilleurs citoyens les vœux vont s'exprimer:
Il en est dont les cœurs vont jusqu'à réclamer
Qu'au Champ des Fédérés,[64] ta cendre si chérie,
Repose sous l'autel sacré de la patrie.[65]
Tristement on écoute, on délibère enfin:
Après avoir longtemps déploré ton destin,
D'une voix unanime on te déclare digne
De jouir le premier de cet honneur insigne,
D'être admis par l'Etat dans ces tombeaux sacrés,
Aux plus grands hommes seuls désormais consacrés.
Le temple le plus beau dont s'honore la France,
Devait être celui de sa reconnaissance:
Le zèle, l'amitié trouble un instant le deuil;
On dispute l'honneur de porter le cercueil
Qui renferme à présent un corps privé de vie,
Qu'animait autrefois le plus mâle génie.
Tour à tour en pleurant, des citoyens soldats,
Avec un saint respect le portent sur leurs bras:
Ah! que ne puis-je peindre une pompe funèbre
Qui doit, comme toi-même, être toujours célèbre.[66]

---

[63] All the Parisian theatres closed their doors out of respect for the orator.
[64] The Champ de Mars, where the Serment des Fédérés had taken place in July 1790.
[65] The Champ de Mars was one early proposal for a burial place for the orator, put forward by a deputation from the forty-eight sections of Paris; the Jacobins, on the other hand, suggested he might be buried in Saint-Denis, among the kings of France (Bonnet, *Naissance du Panthéon*, p. 266).
[66] The procession was the subject not only of the numerous accounts discussed in the Introduction, p. 3, but also several paintings and engravings, including the 1791 'Pompe funèbre du convoi de Mirabeau: aux grands hommes la nation reconnaissante: [estampe]' (Paris: Le Claire, 1791), <https://frda.stanford.edu/en/catalog/kj258tp7681> [accessed 1 March 2017].

Vois marcher à pas lents tous nos législateurs,
Qui suivent ton cercueil, les yeux mouillés de pleurs:
Vois tous les magistrats, les amis du civisme;
Tous ceux qu'unit entre eux le vrai patriotisme:
Les soldats vétérans, les ministres du roi,
Sa garde même. O triste et superbe convoi!
Vingt mille citoyens y font briller ces armes,
Que tu leur as su rendre, et qu'ils baignent de larmes:
Ils y sont par devoir, mais qui pourrait compter
Tous ceux que la douleur y fait seule assister?
De ces bons citoyens l'affluence innombrable
Prouve, hélas! une perte immense, irréparable:
Ils couvrent les chemins, les arbres et les toits,
Ils veulent tous te voir pour la dernière fois.
C'est ainsi, dans ce jour mémorable et funeste,
Que la terre honorait ce qui de toi lui reste:
Le lieu de ta demeure a déjà pris ton nom;[67]
Ta mort a dans le deuil plongé la nation,
Pour rappeler ta perte, on veut que chaque année,
On veut qu'un deuil nouveau marque cette journée;[68]
Aucun monarque enfin ne reçut tant d'honneurs;
Et chaque jour ta tombe est couverte de fleurs.

MIRABEAU.

Ah! c'est trop, mon attente est bien plus que remplie,
J'ai donc pu parvenir à l'immortalité:
Voilà ce que mon cœur a toujours souhaité:
O mes concitoyens! que n'ai-je une autre vie,
A pouvoir consacrer encore à la patrie.

J. J. ROUSSEAU.

Ah! tout ce qu'elle a fait...

BRUTUS.

Est juste et mérité.

---

[67] In fact, the house in which he lived and died, 46 rue de la Chaussée d'Antin, bears only a plaque to this effect. Though there is a rue Mirabeau, it is in the 16th arrondissement, and was not given its name until 1867. See also *Le Démosthène français*, p. 169.
[68] The Jacobin club instated an annual day of mourning for its members in memory of Mirabeau.

SCÈNE IX

Les précédents, VOLTAIRE, GUILLAUME TELL, FRANKLIN, NASSAU, CICÉRON, DÉMOSTHÈNE, et une multitude d'OMBRES.
Tous ces personnages entrent au bruit des fanfares.

VOLTAIRE.

Guillaume Tell, Franklin, Nassau, qui sur la terre
Ont su fonder l'égalité,[69]
Tous les amis du peuple et de la liberté
T'expriment par ma voix leur hommage sincère:
Jamais tribut plus doux ne peut être acquitté.
Leur admiration m'ordonne
De poser sur ton front cette simple couronne.
Le sang impunément versé par les guerriers,
Pour eux des écrivains la flatterie extrême,
Dont je fus prodigue moi-même,
Ont décrédité les lauriers:
Ce chêne à ton front respectable,
O défenseur du peuple, est bien plus convenable.[70]

Voltaire s'avance vers Mirabeau, et pose sur son front la couronne au bruit des fanfares.

CHŒUR.

Défenseur du peuple français!
Reçois le prix de ton génie,
Il fut un des plus grands bienfaits,
Dont le ciel ait jamais,
Honoré la patrie.
Défenseur etc.

Fin.

---

[69] Tell was a folk hero who helped defend Switzerland against Hapsburg rule, and is credited as one of the Rütli who carried out a heroic tyrannicide to this end. Sedaine and Grétry's *opéra-comique*, *Guillaume Tell*, was very popular from 1791, being included with Voltaire's *Brutus* on a list of titles prescribed for regular performance (Darlow, *Staging the French Revolution*, p. 152). William of Nassau was another name for William of Orange or William the Silent, Prince of Orange from 1544 to 1584. He was the leader of the Dutch revolt against the Hapsburgs, the story of which is told in the Dutch national anthem *Het Wilhelmus*.

[70] The revolutionary symbol of the Liberty Tree, frequently an oak, was not officially adopted in France until 1792, however it can be found in a variety of sources much earlier than that. See J. David Harden, 'Liberty Caps and Liberty Trees', *Past & Present*, 146 (1995), 66–102.

Mirabeau aux enfers, ou La Contre-révolution du Tartare

Tragi-comédie nouvelle, en deux actes et en prose; par un Patriote Aristocrate.

Felix qui potuit rerum cognoscere causas! VIRG.[1]

Prix douze sous.

Au Tartare,

De l'Imprimerie de Pluton et de toute sa Cour.

Et se trouve sur la terre,

Chez Sans-Peur, 1791.

---

[1] Virgil, *Georgics* (29 BC), II, l. 490, literally translated as: 'Fortunate was he who was able to know the causes of things'.

A MON AMI

Mon cher ami,

Puisque le mot révolution est dans toutes les bouches, puisqu'on veut faire des révolutions par tout pays; parlons aussi de contre-révolution. En voici une singulière que je présente, forgée sur du papier,[2] mais qui cependant, *a son vouloir dire*; j'aurais dû la dédier à la nation; mais une nation qui est aveugle, sourde et imbécile, peut-elle voir, entendre et sentir? Lis donc, pour me faire plaisir, ce petit ouvrage; s'il a le don de t'amuser, sois persuadé que je n'en resterai pas là. Je vais écrire à force, faire naître sous ma plume des milliers de révolutions, faire voyager mon héros dans tous les pays du monde. Il a, dit-on, réformé la terre; il a voulu réformer les enfers. Eh bien! Qui m'empêchera de la transporter dans le ciel? Oui, mon cher ami, tu n'as qu'à dire un mot, qu'à remuer le doigt, et je ferai une révolution; dis-moi seulement où tu voudras que je la place, le lieu de la scène; je suis prêt à le mettre où il te plaira, excepté dans mon cœur.

---

[2] This comment seems to indicate that this pamphlet play was never intended to be performed, only read.

PERSONNAGES

MIRABEAU.
CARON.
VOLTAIRE.
CROMWELL.
RAVAILLAC.[3]
UN INCONNU.
PLUTON.
ALECTON.
MERCURE.
TURENNE.
CONDÉ.
TROUPE DE HÉROS.
PERSONNAGES MUETS.
VILLARS.
TROUPE DE SCÉLÉRATS.

---

[3] François Ravaillac (1578–1610), assassin of Henri IV.

ACTE I

SCÈNE I

MIRABEAU, *seul, assis sur un rocher au bord de l'Achéron.*
Que m'a servi le décret qui me déclarait impassible et invulnérable?[4] La Parque aristocrate en a-t-elle été moins prompte à trancher le fil de ma vie, et à me précipiter moi et ma gloire dans la nuit du tombeau? Ah! sans doute, elle a voulu m'éviter de plus grands crimes, et peut-être même la juste punition de ceux que j'avais déjà commis; car enfin, il n'est plus temps de dissimuler: il faut avouer que, toute ma vie, j'ai été un grand scélérat; voyons, parlons franchement, faisons notre confession: j'ai pillé, volé, violé, j'ai voulu ravir le jour à ceux qui me l'avaient donné;[5] j'ai rendu mon frère odieux à sa patrie;[6] j'ai cherché mille moyens pour le sacrifier à ma haine et à mon ambition; j'ai abusé de la confiance et de la crédulité de mes concitoyens; je me suis associé à une troupe de brigands comme moi, pour sucer ma patrie, sous prétexte de vouloir l'affranchir; j'ai détrôné mon roi, je l'ai mis aux fers; je me suis enrichi aux dépens des malheureux; j'ai foulé le faible, opprimé la vertu; j'ai sauvé le criminel, et perdu l'innocent; je suis mort enfin comme j'avais vécu, au milieu du crime et de la débauche, laissant à un peuple imbécile, mon cadavre, des pleurs, des écharpes, et huit millions.[7]

---

[4] This does not appear to refer to a specific comment made about Mirabeau in his lifetime; however, on the image of him as superhuman, see W. R. H. Trowbridge, *Mirabeau the Demi-God* (London: T. Fisher Unwin, 1907).

[5] Mirabeau's relationship with his parents was not straightforward: he was involved in a plot to help his mother separate from his father and retain her dowry following his infidelity (Luttrell, *Mirabeau*, p. 37), and he was later the subject of an accusation that he was planning to kill his father, which he vehemently denied (p. 48). On the other hand, he wrote a pamphlet against his mother and in favour of his father in 1781 (Desprat, *Mirabeau*, p. 197).

[6] Probably a reference to Mirabeau's writings regarding the Association of the Order of Cincinnati: a group formed by American officers to perpetuate the memory of the War of Independence, whose membership was to be hereditary, and for which Mirabeau's brother had been selected by George Washington. Asked by Franklin to write a pamphlet on the subject, Mirabeau attacked the order as representative of the worst kind of undemocratic privilege, in his *Considérations sur l'ordre de Cincinnatus* (London: J. Johnson, 1785), a near translation of an English pamphlet that had appeared the previous year, attributed to 'Aedanus Burke, esq.'. He termed it 'un établissement qui doit avant peu miner la chose publique, la Liberté, la Patrie; ravir aux classes moyennes et inférieures toute influence, toute considération; les vouer au mépris le moins déguisé; les réduire à la nullité la plus complète, et tout au plus au triste privilège de murmurer quand il ne sera plus tems de remédier au mal' (p. 3), and suggested it would become 'une noblesse civile, et une Aristocratie d'autant plus dangereuse, qu'étant héréditaire, elle s'accroîtra sans cesse par le tems, et se fortifiera même par les préjugés qu'elle fera naître' (p. 10).

[7] It is unclear what these 'huit millions' refer to: the *Orgie et testament de Mirabeau* ([n.p.]: [n.pub.], 1791), pp. 23–29, reproduces what it claims is his will, however it appears to be a

Pleurez, pauvres Français, Mirabeau pleure aussi; mais c'est de ne plus vous gruger. Lorsque vous aviez la bonhomie de croire que tous mes vœux étaient de vous voir libres et contents, lorsque vous étiez assez fous pour croire que j'oubliais le soin de ma fortune pour ne songer qu'à votre bonheur; c'était alors précisément que j'entassais vos richesses dans mes coffres; c'était alors que je variais mes plaisirs et que je m'abandonnais à tous les désordres d'une vie sensuelle et délicieuse; lorsque je faisais passer des décrets extravagants et souvent même dangereux pour moi, vous faisiez la sottise de croire que je n'ambitionnais que les applaudissements des galeries, et la réputation de grand orateur; détrompez-vous, apprenez que je recevais sous main des sommes considérables, et que, pour faire une motion, il me fallait au moins cent mille francs, sans quoi mon éloquence était sans force, ma mémoire chancelante, mon style lourd et pesant.[8]

Et vous, ci-devant nobles et ci-devant clergé, ah! ne maudissez pas la mémoire de Mirabeau; soyez persuadés qu'il eût embrassé votre cause, si votre parti eût été le plus fort; mais le pauvre diable avait le défaut de la plupart de ses camarades, c'était d'être poltron et d'aimer la vie; pardonnez-lui le mal qu'il vous a fait, en faveur de sa bonne volonté (*à part*); mais j'aperçois Caron; changeons de langage, et faisons-nous valoir...[9]

Quoique la France jouisse en ce moment d'une liberté qu'elle doit à mes travaux et à mes soins, j'emporte le regret de n'avoir pu terminer, au gré de mes désirs, le sort d'une nation si chère à mon cœur.[10]

---

parody, including such legacies as 'une grammaire française à M. Sedaine [...] et autres poëtes nationaux' and 'à M. Barnave, mon chat, à condition qu'il portera mon deuil pendant huit jours, en couleur rouge'. There is no reference made to the real legacies listed by Desprat (unfortunately unreferenced): 20,000 livres to his mistress Yet-Lie, 20,000 to his son, and payments to his servants and secretaries (*Mirabeau*, pp. 739-40).

[8] The charge of venality was widespread, but there is little evidence for it (Luttrell, *Mirabeau*, p. 110). Lafayette had been in part responsible for spreading the rumour, but in his old age he modified his view: 'Mirabeau n'était pas inaccessible à l'argent, mais pour aucune somme, il n'aurait soutenu une opinion qui eût détruit la liberté et déshonoré son esprit' (Gilbert du Motier, marquis de Lafayette, *Mémoires, correspondance et manuscrits du général Lafayette*, 6 vols (Brussels: Société belge de librairie, 1837-38), I, 293). Luttrell suggests the sums given to Mirabeau by Louis XVI in his latter years were considered by the former as payment for his political services, whilst the latter believed the orator's loyalty had to be bought (*Mirabeau*, p. 208).

[9] The implication that Mirabeau was two-faced or hypocritical was the charge laid on him after his death. However, Luttrell suggests that though we can see him as having led a double life, 'he did not act a double role', but was instead consistent in his aims (*Mirabeau*, p. 218).

[10] Mirabeau's feigned regret here parodies the 'past conditional praise' in the other texts, see the Introduction, p. 26.

SCÈNE II

CARON, MIRABEAU.

CARON.

Maintenant tu dois tout oublier pour ne penser qu'à toi-même; hé! qui es-tu pour te vanter d'avoir rendu libre une nation?

MIRABEAU.

Je suis le sauveur de la France; cet homme célèbre, dont l'éloquence sublime et victorieuse a terrassé les plus grands orateurs de ce siècle; je suis celui que les Français appelleront à jamais le restaurateur de leur liberté, l'ennemi du despotisme et de la superstition; je suis ce Mirabeau, le protecteur de la philosophie, et l'objet des regrets de tout l'univers; je suis...

CARON.

Un scélérat.

MIRABEAU.

Comment! Un scélérat!

CARON.

Oh! je te connais, je te connais.

MIRABEAU.

Pour un grand homme, sans doute.

CARON.

Tais-toi, malheureux! Crois-tu haranguer un imbécile? Vas, tu n'es pas ici à la tribune, et, si tu en valais la peine, je te prouverais encore mieux que l'abbé Maury, que tu n'es qu'un vil discoureur.[11] Hâte-toi cependant de sauter dans cette barque, je vais te conduire en un lieu où tu pourras à ton aise faire l'apologie de tes vertus.

MIRABEAU.

Où veux-tu me conduire?

CARON.

Tu le sauras bientôt.

---

[11] Maury and Mirabeau were well-known rivals in the debating chamber: in just one example, during a discussion regarding national debt in January 1790, Maury attacked Mirabeau as one of 'ces hommes à qui la nature a refusé toute espèce de courage', at which Mirabeau attempted to have him expelled from the session (*Réimpression de l'Ancien Moniteur*, ed. by Gallois, III, 211).

MIRABEAU.
Ignores-tu que je suis un étranger, et qu'à ce titre, tu dois me traiter avec moins d'insolence?

CARON.
Ce royaume n'est composé que d'étrangers que nous traitons chacun selon son mérite.

MIRABEAU.
C'est-à-dire, que je ne mérite, moi, que des injures et des grossièretés. Ah! dis plutôt que les habitants de ce bas monde sont incapables de parler poliment à un galant homme; d'ailleurs que peut-on attendre d'un vieux radoteur comme toi, d'un nautonier décrépit? Dis-moi, quel âge as-tu?

CARON.
Les dieux seuls peuvent savoir mon âge; un faible mortel doit l'ignorer.

MIRABEAU.
A voir ta barbe sale et dégoûtante, ton visage livide et crasseux, ton front ridé, tes bras décharnés, tes veines desséchées, je ne croirais pas m'éloigner beaucoup de ton âge, si je te donnais six-cents ans; au reste, voyons si tu auras la force de conduire cette barque. (*Il saute dans la barque.*)

CARON.
Tu seras bientôt à l'autre bord, et tu paraîtras demain devant les juges redoutables.[12]

MIRABEAU.
Je n'ai rien à craindre; ma vie a été la vie d'un dieu, et ma mort celle d'un héros.[13]

CARON.
Ici, tout change de face, et celui qui a passé pour un grand homme sur la terre, n'est souvent ici qu'un grand criminel.[14] Jette les yeux sur le rivage où nous allons aborder, il est peuplé de ces prétendus héros dont tu crois augmenter le nombre. En vain ont-ils joui d'un nom fameux ou d'une réputation illustre parmi les hommes; les dieux irrités les ont traités avec la dernière rigueur. Cette ombre que tu vois à droite se rouler sur le sable, c'est Cromwell, homme

---

[12] See the Introduction, p. 12, for more on the sub-genre of *dialogues des morts* in which the afterlife acts as a tribunal.
[13] The image of Mirabeau as a god has its own afterlife; see Trowbridge, *Mirabeau the Demi-God*.
[14] Cf. Mercier's ideas regarding the changeability of judgments of genius: 'il faut le tribunal ou l'assemblage de plusieurs siècles pour juger à cet égard l'homme de génie' (Mercier, *Le Nouveau Paris*, p. 870.)

célèbre par ses forfaits plutôt que par ses vertus;[15] continuellement livré à un ver rongeur qui le dévore; il ne peut supporter son supplice. Ceux qui l'environnent, sont les lâches complices de ses crimes. Minos les a condamnés à outrager, sans cesse, celui qu'ils ont flatté si bassement pendant leur vie. Cet autre qui semble rêver à ses côtés, et dont l'air sombre et farouche annonce un chagrin mortel, c'est Ravaillac. Ce monstre exécrable, croyant s'immortaliser et servir les dieux et la patrie par un crime inouï, porta la fureur jusqu'à tremper ses mains dans le sang du meilleur des rois. Son crime, toujours présent à sa mémoire, est devenu son supplice.[16] Crains les dieux, Mirabeau, tu as besoin plus que tout autre de fléchir leur colère.

MIRABEAU.

Mais quel est ce vieillard qui, les yeux égarés et la bouche écumante, semble vomir le blasphème et l'imprécation; sa figure ne m'est pas inconnue?[17]

CARON.

Cet homme est un philosophe de ta nation, poète orgueilleux, écrivain obscène; il se joua dans ses ouvrages des dieux et des hommes; mais il a senti trop tôt pour lui le pouvoir des premiers; les juges redoutables l'ont condamné à se servir lui-même de bourreau: sa rage est extrême, le désespoir est sur son visage; l'indignation est dans ses yeux: furieux de se voir privé de la récompense destinée aux grands hommes, après leur mort, il se meurtrit la tête, il se frappe la poitrine, il accuse le ciel d'injustice et de tyrannie.

MIRABEAU.

Dis-moi son nom, je suis impatient de le savoir.

CARON.

Cet homme est Voltaire.

MIRABEAU.

Ciel! Que m'as-tu dit, le grand Voltaire!

CARON.

Ici, nous ne connaissons pour grand que celui qui a été vertueux.

---

[15] Edward Hyde, Earl of Clarendon, famously wrote of Cromwell: 'he will be look'd upon by posterity as a brave wicked man' (*History of the Rebellion and Civil Wars in England*, 8 vols (Oxford: Clarendon Press, 1826), VII, 301).
[16] The manner in which the punishment fits the crime is reminiscent of Dante's similar tactic in the *Divine Comedy*.
[17] My punctuation.

MIRABEAU.
Quoi! l'idole de ma nation, la gloire de la littérature française, le philosophe de Ferney; Voltaire, cet homme immortel, n'est pas aux Champs-Elysées!

CARON.
Oh! n'y va pas qui veut.

MIRABEAU.
Que ne m'est-il permis de le voir, de l'entretenir un moment?[18]

CARON.
Tu pourras lui parler à ton aise; je vais te mettre à bord.

MIRABEAU.
Je suis persuadé qu'il aura un plaisir extrême de me voir; d'ailleurs j'ai été de tout temps son ami intime, et son disciple le plus zélé.[19]

CARON.
Comment peut-on se faire une gloire d'avoir été l'ami d'un scélérat?[20]

MIRABEAU.
Si tu voyais les honneurs que la France lui prépare, tu rougirais de le traiter de la sorte.

CARON.
Si tes imbéciles de Français pouvaient connaître l'état présent de celui qu'ils veulent honorer, ils auraient honte, sans doute, de vouloir éterniser la mémoire d'un homme que les dieux ont couvert d'ignominie.

MIRABEAU.
N'importe, il n'en est pas moins un grand homme.

CARON.
Vil et méprisable mortel, cesse d'irriter les dieux par tes discours téméraires, tu ne sauras que trop tôt qu'il faut les respecter. Apprends que leurs jugements sont justes, et qu'ici le crime a toujours été puni, et la vertu récompensée; toi-même tu seras un exemple terrible de ce que j'avance. Vas, sors de ma barque, descends sur le rivage, et souviens-toi de Caron.

Foudroyé par ces paroles, Mirabeau descend sur le rivage.

---

[18] My punctuation.
[19] It is highly unlikely that Voltaire and Mirabeau ever met, for Mirabeau was aged just twenty-five at the time of Voltaire's death, and had yet to make a mark in literary or political Paris; hence this and the later 'revois' (p. 146) are not intended to be taken literally.
[20] My punctuation.

SCÈNE III

MIRABEAU, *seul.*

Je m'étais toujours figuré que ce qu'on disait des dieux et de leur puissance n'était qu'un songe, une chimère; mais je ne vois, hélas! que trop qu'il existe des êtres supérieurs aux autres êtres; je sens que la vertu n'est pas faite pour habiter avec le vice, et qu'il doit y avoir des récompenses, ainsi que des châtiments...[21] Mais que dis-je?[22] Il n'est plus en mon pouvoir d'aimer les dieux, et de songer à les fléchir; pensée cruelle! Situation horrible! Il ne m'est plus permis de les fléchir...! Eh bien...! Osons les braver. La mort m'a-t-elle fait perdre mon génie, mes ressources? Ne suis-je plus Mirabeau? Ne suis-je plus cet homme intrépide que les dangers les plus évidents n'ont jamais intimidé? Allons, suivons l'ardeur de notre courage; essayons ce que peut un mortel au-delà du tombeau... le désespoir doit ranimer mon courage; mes crimes passés doivent me rendre plus entreprenant et plus hardi...; qui sait même si ces dieux sont aussi redoutables qu'on se l'imagine? Qui sait si leur puissance surpasse, égale même celle d'un simple mortel? Ah! peut-être en imposent-ils au genre humain par cet appareil de grandeur qui les environne, par ce brillant éclat, ces prestiges enchanteurs, qui sait...? Mais j'aperçois Voltaire qui s'avance; allons au-devant de lui, les conseils de ce grand homme me seront d'un grand secours dans l'entreprise que je médite.

SCÈNE IV

VOLTAIRE, MIRABEAU.

VOLTAIRE.

O mon ami, le plus fidèle et le plus zélé de mes disciples! Quel hasard, ou plutôt quelle fatalité t'amène en ces lieux? Les dieux cruels veulent-ils donner quelque relâche à mes tourments? Veulent-ils adoucir mes maux? Hélas! Il me semble qu'ils diminuent, à mesure que tu t'approches.

MIRABEAU.

O mon maître! En quel état vous revois-je! Est-il possible que les dieux vous aient frustré d'une récompense due à vos talents et à vos vertus? Est-il possible que le grand Voltaire ne soit pas aux Champs-Elysées? O crime! ô injustice!

---

[21] Mirabeau makes his atheism clear in the *Lettres écrites du Donjon de Vincennes* (1777–78), ed. by Beatrice Didier (Arles: Actes Sud, 1998), for example writing to his father of the 'Dieu auquel vous croyez' (p. 404).
[22] My punctuation.

VOLTAIRE.
Il n'est que trop vrai que les dieux, jaloux de ma gloire, les dieux barbares ont voulu se venger d'un mortel qui avait été leur rival sur la terre,[23] et qu'ils m'ont accablé sous le poids de leur fureur; mais il est pour moi un doux motif de consolation: je te revois, et j'oublie en ce moment toutes leurs injustices, pour m'entretenir avec mon ami. Dis-moi quelle est la situation présente de la France? Est-elle toujours aussi florissante? Y protège-t-on toujours les sciences et les arts...? Mais, j'aperçois Cromwell; il y a longtemps que je suis étroitement lié avec lui; donnons-lui le temps de nous joindre, et puis tu commenceras ton récit.

MIRABEAU.
Quel est cet autre qui l'entretient avec tant de chaleur? Il paraît en colère.

VOLTAIRE.
C'est la seconde fois que je le vois; j'ignore son nom, mais il est à présumer qu'il a été un grand scélérat. Les dieux l'ont condamné à rendre continuellement justice à la vérité, et à faire à tout le monde l'aveu de ses crimes. Apologiste forcé de la vertu qu'il n'a jamais pratiquée, il se déchaîne sans cesse contre les vices des hommes. Dans une conversation que j'ai eue avec lui, il vint à me parler d'une révolution arrivée en France depuis deux ans: 'que de crimes! que de forfaits! que de meurtres,' me dit-il, 'que d'injustices autorisées, soutenues, ordonnées par une multitude de tyrans novateurs qui ravagent ce malheureux empire'! Il me quitta là-dessus d'un air triste et mélancolique, et je ne l'ai pas revu depuis.

MIRABEAU.
Il me tarde de m'entretenir avec cet homme. Quoi! il a eu l'audace d'appeler tyrans, des hommes restaurateurs de la liberté des hommes qui, pour affranchir leur patrie, ont mille fois prodigué leurs vies et leurs fortunes? Ah! je vais lui faire voir toute la noirceur de son procédé.

SCÈNE V

L'INCONNU, CROMWELL, les précédents.

VOLTAIRE, *à Cromwell en lui montrant Mirabeau.*
Mon ami, voici un grand homme de plus arrivé parmi nous.

---

[23] In his 1738 *Voltairomanie*, Desfontaines described Voltaire as 'ivre d'orgueil', and this charge of hubris is echoed here (*La Voltairomanie, ou lettre d'un jeune avocat en forme de mémoire en réponse au libelle de sieur de Voltaire, intitulé le Préservatif* ([n.p.]: [n.pub.], 1738), p. 6).

CROMWELL.

Plus nous serons nombreux, moins nous nous apercevrons de l'injustice des dieux.

L'INCONNU.

Les dieux sont justes; il n'appartient pas à de faibles mortels de vouloir sonder leurs décrets. Ils doivent les respecter, s'y soumettre et se taire.

VOLTAIRE.

Le silence ne sied qu'à des âmes viles et rampantes; celui qui ne se sent pas coupable, peut et doit se plaindre des injustices qu'on lui fait.

MIRABEAU.

J'ai fait le bonheur d'une nation; j'ai combattu, terrassé ses ennemis; j'ai travaillé nuit et jour pour mes concitoyens; et je souffrirais sans me plaindre que l'on me traitât comme un criminel! Ah! loin de moi une telle bassesse; je serais indigne du nom de Mirabeau.

L'INCONNU, *d'un air épouvanté.*

Qu'ai-je entendu? Grands dieux...! Te voilà donc, tyran de ma patrie... je n'ose répéter ton nom; il me glace d'effroi...!

MIRABEAU.

Qui es-tu, pour m'outrager ainsi?

L'INCONNU.

N'importe qui je suis, je suis homme, et tout homme doit être saisi d'horreur à la vue d'un monstre.

MIRABEAU, *furieux.*

Ah! si tu avais eu l'audace de me parler de la sorte... ta témérité t'aurait coûté cher.

L'INCONNU.

Ton règne est passé, malheureux, et tes vengeances ne sont plus à redouter. Crois-moi, cesse de te glorifier de tes forfaits; nous sommes ici quatre scélérats, et le moins coupable de tous, sera celui qui reconnaîtra ses crimes, et qui en fera l'aveu.

VOLTAIRE.

Il t'est permis de vouloir grossir la troupe infâme des criminels; mais, ne t'avise pas de nous mettre du nombre.

L'INCONNU.

Je n'ai rien avancé que je ne puisse prouver clairement, et s'il vous reste tant soit peu de bonne foi, j'ose croire que vous en conviendrez avec moi.

MIRABEAU.

Tu m'as traité avec le dernier mépris; tu as osé soutenir devant Voltaire que mes compagnons et moi n'étions que les tyrans destructeurs de la France; parle, explique-toi, donne-nous des preuves certaines; mais garde-toi surtout de t'écarter de la vérité.

CROMWELL.

Commence donc ton récit, vil imposteur.

L'INCONNU.

Je désire passer pour un imposteur, si je ne vous force tous trois de rendre hommage à la vérité.

CROMWELL.

J'ai eu occasion de m'entretenir depuis peu de cette révolution avec un Français; mais il m'en a fait le plus grand éloge.

L'INCONNU.

Cet homme était, sans doute, du nombre de ceux que les états généraux paient pour mentir, ou peut-être un clubiste enragé.[24]

CROMWELL.

Précisément, il m'a dit être d'un club fort bien composé.

L'INCONNU.

En scélérats, sans doute!

VOLTAIRE.

Toutes ces discussions sont hors de saison; parlons donc de cette révolution célèbre: a-t-elle été aussi orageuse, que celle d'Angleterre sous Cromwell?

L'INCONNU.

Quel parallèle! C'est vouloir comparer le bœuf au ciron, le cèdre à l'hysope. La révolution de France surpasse en cruautés, en meurtres, en barbaries celle d'Angleterre, comme la taille d'un géant surpasse celle d'un nain. Au reste, je ne suis pas dans le cas de vous tromper, je dois la connaître plus que tout autre; car j'ai été clubiste, maire, président de districts, officier de garde nationale,

---

[24] Mirabeau was a Jacobin: the Inconnu presumes any supporter of Mirabeau may well be a 'clubiste' in the same vein, or a member of one of the many other political groupings that sprang up in 1790 (Desprat, *Mirabeau*, p. 609).

municipal, en un mot enragé. En voulez-vous davantage? Eh bien! Apprenez que j'ai suivi et soutenu la révolution depuis le commencement jusqu'à la fin; que je la connais, comme un avare connaît la clef de son trésor; apprenez que j'ai été dans les confidences et les intrigues de l'Assemblée Nationale; que j'ai été chargé de soulever le peuple contre la noblesse et le clergé.[25]

CROMWELL.

Souvent on se voit forcé d'avoir recours à de pareils expédients, pour faire le bonheur d'un empire.

L'INCONNU.

Est-ce faire le bonheur d'un empire, que de le remplir de tumulte, de dissensions et de meurtres? Est-ce faire le bonheur d'un empire, que d'animer le peuple contre les riches; que de l'exciter à incendier leurs maisons, à ravager leurs biens; à les assassiner avec leurs femmes et leurs enfants? Est-ce faire le bonheur d'un empire, que de ruiner les pauvres et les riches par mille décrets injustes, et de forcer les grands à s'exiler eux-mêmes loin de leurs foyers, pour que les petits manquent de pain, faute de travail? Répondez tous: est-ce là le bonheur, la liberté, les droits de l'homme?

VOLTAIRE.

Quoi! la France serait en proie à tous ces maux?

MIRABEAU.

Ces malheurs ont été nécessaires pour affermir la constitution.

L'INCONNU.

Tais-toi, malheureux, le silence et la honte doivent être ton partage. Rappelle-toi les forfaits on plutôt les horreurs qui signalèrent l'ouverture des états généraux; je veux parler de la journée du 6 octobre, où le monstre d'Orléans, à la tête d'une populace vendue, voulut tremper ses mains dans le sang de son roi.[26] Te souvient-il de ton déguisement, de celui des Noailles, des Lameth, des

---

[25] The figure of an individual once intimately involved in the Revolution now critiquing it reflects the continual shifts in loyalties that meant individuals and parties were considered revolutionary or anti-revolutionary depending on the precise moment (James Roberts, *The Counter-Revolution in France 1787–1830* (London: Macmillan, 1990), p. 1).
[26] On 6 October 1789 the royals returned to Paris from Versailles, following a public march the previous day. The king and his family were confined to the Tuileries, marking a significant step in the Revolution, as the centre of political power shifted definitively to Paris. When Mirabeau informed Mounier (then president of the Assemblée Nationale) that the march was happening, the latter assumed he had prior knowledge of it. Later investigations continued to assume he and Orléans were to blame, in line with the accusations L'Inconnu makes here. They were eventually cleared (Luttrell, pp. 164–66).

d'Aiguillon et des Foucault?[27] Te souvient-il, lorsque, courant de rangs en rangs, tu distribuais l'or à pleines mains, tu ranimais la faiblesse des uns, tu réchauffais le courage des autres, tu les excitais tous au meurtre et au carnage?[28] Hélas! C'en était fait du roi, de son fils, de son épouse et de toute la famille royale, si, malgré sa fureur, le peuple toujours sensible n'eût été attendri par les larmes et les prières d'un monarque malheureux. J'ai vu son cœur sensible percé des traits aigus de la douleur; je l'ai vu trembler pour son épouse chérie, et vous supplier à grands cris, d'épargner celle que vous lui aviez donnée pour compagne. Son palais était jonché de morts, ses gardes étaient égorgés, le sang ruisselait de toutes parts. Les cris des mourants, ceux des assassins vinrent jusqu'aux oreilles du monarque: 'Mes amis,' s'écriait-il, 'épargnez mon épouse, épargnez mon fils, et je ferai tout ce qu'il vous plaira. Qu'exigez-vous? Parlez: votre roi, ou plutôt votre esclave, est prêt à vous obéir...'[29] 'Descends, et suis-nous,' s'écrient mille voix barbares, 'tu as échappé à la mort, mais tu n'échapperas pas aux chaînes et aux ignominies...' A ces mots, celui qui était endormi s'éveille... 'Que faites-vous?' s'écrie-t-il. 'Arrêtez, ingrats; pressons notre bon monarque, qu'il nous suive au milieu de nos foyers, qu'il habite parmi ses enfants; il y sera plus content, il y sera plus heureux'.

C'en est fait, Orléans l'emporte; mais sa victoire est imparfaite: Louis est dans les fers; mais Louis existe encore, et le trône n'est pas vacant. (à Mirabeau) Tu trembles, malheureux, tu frémis: eh bien! Voilà les crimes dont tu fus le complice.

MIRABEAU.

J'avoue que la constitution a quelques taches; mais...

VOLTAIRE.

A-t-on jamais vu des horreurs et des atrocités pareilles?

---

[27] A widespread accusation against the revolutionaries was that men had disguised themselves as women to move among the crowds and sow discord, as well as potentially reducing their own likelihood of becoming targets (Jean Nicolas, *La Rébellion française* (Paris: Folio Histoire Gallimard, 2008), pp. 403–07).

[28] My punctuation.

[29] The abject tone attributed to the king here is reminiscent of other pamphlets published following the flight to Varennes (June 1791), suggesting this pamphlet may have been published later in 1791 than the other texts given here (see Julia Douthwaite, *The Frankenstein of 1790 and Other Lost Chapters from Revolutionary France* (Chicago: University of Chicago Press, 2012), pp. 98–152). However, a very similar phrase appears in another pamphlet play, purporting to be published in 1790: 'Tremblant pour son épouse, et son fils et sa fille, | [il] se reconnut esclave au sein de ses sujets!' (Anon., *Théroigne et Populus, ou le triomphe de la démocratie* (London [Paris]: [n.pub.], 1790), p. 55). If the publication date of this second text is correct, then the image of the king reduced to slavery may have been current earlier than Douthwaite suggests.

L'INCONNU.

Ce n'est pas tout, notre malheureux monarque fut conduit à Paris au milieu des outrages les plus sanglants. Détenu depuis deux ans dans cette vaste prison, il ne peut s'en éloigner sans être escorté par une multitude de satellites vendus à la révolution. Ses frères, ses parents les plus chers, ont été proscrits; du peu d'amis qui lui restaient, les uns l'ont trahi par ambition, les autres l'ont abandonné par lâcheté. Isolé dans son château, privé de toute consolation, délaissé de tout le monde, on le fait agir contre son autorité, contre sa conscience; on lui fait sanctionner, le pistolet sur la gorge, des décrets injustes et barbares. Voilà la situation du petit-fils de Henri IV; voilà celle de tous les vrais Français.

VOLTAIRE.

Dieux vengeurs!

L'INCONNU.

Arrêtez, ce ne sont pas là tous leurs forfaits. Combien de massacres et de dissensions ont désolé les provinces! Combien de millions distribués aux troupes de ligne pour les engager à se révolter contre leurs chefs, à les maltraiter, à les assassiner![30] C'est au nom de la patrie et de la liberté qu'ils ont versé le sang innocent. Abusant de l'ignorance et de la crédulité d'un peuple fou, ils ont fait passer pour vertu, les crimes les plus inouïs. 'Allez', ont-ils dit au peuple, 'ô vous qui avez été trop longtemps esclave; élevez sur les ruines du despotisme les trophées de votre liberté, que l'édifice de votre constitution soit cimenté du sang des rebelles; frappez, semez partout le carnage et la mort. Vous avez des lois qui vous défendent de tuer vos concitoyens; eh bien! Vos législateurs vous l'ordonnent. Vous avez une religion, secouez cette nouvelle entrave; ne reconnaissez d'autres dieux que vos bienfaiteurs, vous serez libre, vous serez heureux'. Ils ignorent, les insensés, qu'aussitôt que le peuple manquera de victimes, il tournera sa fureur contre ceux qui l'ont allumée; ils ignorent que de si grands maux ne peuvent durer longtemps, et que le glaive redoutable est déjà sur leurs têtes; ils ignorent que le sang des gardes du corps, celui des Foulon, des Launai, des Berthier, des Favras,[31] et celui de tous les vrais Français, indignement massacrés, crie vengeance au ciel, et que bientôt le ciel fera gronder son tonnerre... O illusion! ô prestige! Français! Que faites-vous? C'en

---

[30] On revolutionary action in the provinces, see Noelle Plack, 'Challenges in the Countryside', in *The Oxford Handbook of the French Revolution*, ed. by Andress, pp. 346–61, and A. Ado, *Paysans en révolution: terre, pouvoir et jacquerie, 1789-94* (Paris: Bibliothèque d'histoire révolutionnaire, 1996).

[31] Foulon de Doué was Controller of the Finances after Necker, Bernard-René de Launay was the governor of the Bastille in July 1789, Louis Bénigne François Bertier de Sauvigny was an intendant of Paris, and the marquis de Favras was an aristocratic supporter of Louis XVI. All lost their lives following the storming of the Bastille; the first three in violent public executions, or lynchings, the latter following a term of imprisonment.

est fait, vous êtes perdus, si vous n'ouvrez les yeux à la lumière. Malheureux! On vous vole, on vous accable, on vous dévore, et vous ne voulez pas voir; vous caressez des monstres, vous flattez des tyrans dont vous êtes les maîtres. Oh! mes amis, je vous en conjure, arrêtez, je vais déchirer le voile horrible qui vous dérobe la vérité. Mais, je m'égare... il ne m'est plus permis de leur parler,[32] de les convaincre. Infortuné que je suis! J'ai contribué moi-même à les plonger dans l'erreur; cette idée cruelle fera sans cesse mon supplice et mon désespoir. (*à Mirabeau*) Et toi, malheureux, oseras-tu me contredire? Porteras-tu la bassesse et l'infamie jusqu'à nier ces forfaits?[33] Ah! je le vois; ton orgueil refuse un hommage éclatant à la vérité; mais ton silence prouve assez que tu te sens coupable: mon seul regret est de ne pouvoir dire aux Français que leur nouveau joug est mille fois plus dur et plus pénible que celui qu'ils ont secoué; qu'à une obéissance paisible, ils ont préféré la tyrannie; qu'à la place d'un roi, ils ont couronné cent despotes; que cette fameuse liberté, dont ils trouvent la jouissance si douce, n'est qu'une licence effrénée qui causera leur perte; que le prétendu bonheur après lequel ils courent avec tant d'avidité, n'est qu'une chimère, un vain fantôme qui s'évanouira au moment où ils croiront le saisir et le presser. Adieu, messieurs les philosophes, les beaux esprits, voilà quelle est ma philosophie; raisonnez à votre aise. Je vous quitte, prêt à vous rejoindre quand il vous plaira.

SCÈNE VI

CROMWELL, VOLTAIRE, MIRABEAU.

CROMWELL.
En vérité, cet homme en sait plus que nous.

VOLTAIRE.
Ma foi, je n'ai su que lui répondre.

MIRABEAU.
Il n'est plus temps de dissimuler, je vous l'avoue, la France est perdue, si quelque coup d'éclat ne vient la sauver. De tout ce que cet homme a raconté, il n'y a pas un seul mot qui ne soit vrai.

---

[32] My punctuation.
[33] My punctuation.

CROMWELL.

Et moi n'ai-je pas commis presque toutes ces horreurs dans ma patrie? L'Angleterre ne fut-elle pas sous mon gouvernement le théâtre d'une révolution sanglante et cruelle? N'ai-je pas fait monter mon roi sur un échafaud?

MIRABEAU.

La mort a voulu m'éviter un nouveau crime, si j'eusse vécu trois mois de plus, j'aurais précipité le mien dans un cachot, ou je l'eusse fait assassiner.[34]

VOLTAIRE.

Quoi! Louis XVI, le petit-fils de Henri IV, eût eu le même sort que son aïeul! (*à Mirabeau*) Ah! voilà ton compagnon qui s'avance, le fameux, l'illustre Ravaillac.

MIRABEAU.

Quoi, ce monstre?

VOLTAIRE, *à Mirabeau, à Cromwell, à Ravaillac*.

Donnez-vous la main tous les trois, votre mérite est égal, vos exploits sont les mêmes, vous devez être inséparables.

SCÈNE VII

RAVAILLAC, et les précédents.

RAVAILLAC.

Te voilà, Cromwell, je te cherchais.

CROMWELL.

A quelle occasion ?

RAVAILLAC.

Pour t'apprendre une nouvelle: n'as-tu pas aperçu l'ombre d'un Français nouvellement débarqué?

CROMWELL, *faisant signe à Mirabeau*.

Oui, et je me suis même entretenu avec lui.

---

[34] It would be another two years before Louis XVI was guillotined. This reference (along with the concluding 'ode') suggests the play cannot have been written after this event, and also implies ignorance on the author's part of Mirabeau's collaboration with the king, suggesting the accusation of treachery and deception is general rather than specific.

RAVAILLAC.

Les Français qui habitent les Champs-Elysées viennent d'envoyer une députation à Pluton pour lui faire le récit des maux qu'il a faits à leur patrie, et pour l'engager à traiter ce scélérat avec la plus grande rigueur. Parmi les envoyés était le grand et trop malheureux Henri, Turenne, Condé, Villars, Fénelon, de Favras.[35] Henri s'est plaint de ce que son empire était en proie à une troupe de brigands; il a prié Pluton de faire cesser les ravages qui le désolent, et de délivrer Louis XVI, son petit-fils; Turenne, Condé, Villars, ont fait un tableau touchant des injustices qu'on y commet; ils ont accusé la France d'ingratitude, en ce qu'elle a indignement proscrit leurs descendants, sans aucun égard aux services qu'ils ont rendus à l'Etat. De Favras a, dit-on, arraché des larmes à tout le monde; notre noir monarque n'a pu, sans être touché, entendre le récit de sa mort malheureuse; attendri sur son infortune, il a juré par le Styx de le venger de ses bourreaux. Fénelon s'est plaint de ce que les novateurs voulaient proscrire la religion de leurs pères; les temples, dit-il, sont déserts, les autels sont renversés, les ministres persécutés; on entasse sacrilèges sur sacrilèges, plus d'encens, plus de victimes, et bientôt plus de Dieu.[36] A ces mots, Pluton n'a pu retenir sa fureur: le front ridé, les yeux étincelants, la bouche écumante, trois fois il a levé son sceptre de fer, trois fois il en a frappé la terre. 'Oui,' dit-il, 'vous serez vengés: allez et ne craignez rien, votre patrie sera bientôt délivrée des monstres qui la ravagent; les injustices cesseront; ceux qui sont exilés reviendront dans leurs foyers; le sang innocent ne sera plus versé; la religion sera rétablie, dans toute sa splendeur, et l'encens fumera sur vos autels; j'en jure par moi-même. Quant au monstre arrivé dans mes états, je vais le livrer aux furies. Allez,' a-t-il dit à la cruelle Alecton, 'saisissez-vous de lui, et que les tourments les plus affreux soient la récompense de ses crimes'. (*à Cromwell*) Je venais pour te dire cette nouvelle.

MIRABEAU.

Qu'ai-je entendu, grands dieux! Où fuir, où me cacher?

RAVAILLAC.

Quoi! tu es ce scélérat, tu es Mirabeau! (*à Voltaire et à Cromwell*) Eloignons-nous: nos tourments sont assez grands, un trop long entretien avec ce malheureux pourrait nous coûter cher; les dieux nous feraient peut-être partager son supplice.

---

[35] All members or supporters of the aristocracy.
[36] Attacks on the church by the Revolution included the nationalization of church property (debated in October 1789) and the civil constitution of the clergy: Mirabeau was particularly in favour of the former.

VOLTAIRE.

Eloignons-nous.

MIRABEAU.

Quoi! vous m'abandonnez, mes amis, au moment où j'ai le plus besoin de vous, au moment où vos conseils et vos secours me sont plus que jamais nécessaires! Oh! Voltaire, toi, surtout, prends pitié de ma situation, dis-moi par quel moyen je peux fléchir ce dieu barbare?

VOLTAIRE.

Les dieux se sont expliqués; ton arrêt est prononcé; c'est irrévocable: leurs pouvoirs sont sans bornes, et tu n'es qu'un atome. Te soumettre et te taire, voilà les seuls conseils que j'aie à te donner.

RAVAILLAC.

Allons, retirons-nous au plus vite.

SCÈNE VIII

MIRABEAU, *seul*.

Non; il n'en sera pas ainsi: et puisqu'on ne me laisse que le désespoir pour partage, je saurai faire usage de ce désespoir... Que font tous ces malheureux qui, dans ce sombre royaume, gémissent sous les poids de l'injustice et de la tyrannie? Que feraient-ils, si une main bienfaisante leur faisait entrevoir une lueur de liberté? Ah! sans doute, ils seraient prêts à tout entreprendre pour se délivrer des maux qu'ils souffrent... d'ailleurs que peuvent-ils perdre...? Que peut-on leur faire de plus...? Qu'ai-je à craindre moi-même...? Osons tout... S'il m'était possible de faire encore aux enfers une révolution, et de traiter ce nouveau monarque comme celui des Français...! Allons, Mirabeau, du courage; il en faut dans une circonstance aussi critique...; mais à quoi bon réfléchir? Allons haranguer ces malheureux, et courir avec eux à la liberté, pour éviter l'esclavage.

ACTE II

SCÈNE I

ALECTON, PLUTON.

ALECTON.

Frère du grand Jupiter, hâte-toi de descendre de ton trône et de saisir tes armes. Ce Français, arrivé depuis peu dans tes états, y a mis le désordre et la division. Il a soulevé, gagné, mis dans ses intérêts, tous les scélérats qui habitent le Tartare; il marche à leur tête; et, si tu ne t'empresses de mettre ordre aux progrès de ce téméraire, ton empire est bouleversé, et tu cours toi-même les plus grands dangers. Le nombre des rebelles grossit à chaque instant, et le moindre retard ajoute à leur puissance.

PLUTON.

Que m'apprends-tu, ma fille, et quelle nouvelle vient frapper mes oreilles! Quoi! cet infâme brigand, après avoir mis le désordre sur la terre, vient encore le porter aux enfers: non; il n'en sera pas ainsi, je saurai rabattre son audace ou plutôt sa frénésie, et je lui prouverai qu'il n'a pas affaire à un roi imbécile.[37] Vas, cours aux Champs-Elysées, choisi quelques-uns des héros les plus fameux, et marche contre les rebelles. Quoiqu'ils soient en grand nombre, je te jure qu'ils seront vaincus. Si j'avais affaire à des ennemis plus redoutables et plus dignes de moi, je saisirais mes armes, et j'irais moi-même me mesurer avec eux; mais je croirais m'avilir, si une horde de scélérats jetait jusqu'à ce point l'épouvante dans mon âme. Vas, marche; ils tremblent déjà à ton approche; tu les verras se dissiper comme la fumée; mais écoute attentivement l'ordre précis que je vais te donner: j'exige qu'après leur défaite, tu conduises, aux pieds de mon trône, l'audacieux mortel qui a causé cette révolte. Peut-être veut-il me détrôner, comme il a fait du roi de France; peut-être pense-t-il aussi faire une révolution dans mes états. Ah! j'appesantirai sur lui ce sceptre de fer, et je lui prouverai que je suis roi et que je veux l'être. Vas, cours, je te promets la victoire.

SCÈNE II

PLUTON, MERCURE.

PLUTON.

Te voilà, fils de Jupiter, quelle nouvelle?

---

[37] A surprising implication here: that Louis XVI was precisely 'imbécile', for having allowed the Revolution to take place.

MERCURE.

Je suis ici par l'ordre du maître des dieux. 'Mercure,' m'a-t-il dit, 'vas trouver mon frère, dis-lui que le nombre de ses sujets va prodigieusement s'augmenter. Les Français courent à leur perte; une guerre civile les menace, et l'injustice et la tyrannie sont toujours parmi eux.[38] Assez et trop longtemps le crime a fait gémir la vertu; les cris des malheureux sont montés jusqu'à mon trône, et leur infortune m'a touché. Je les délivrerai, oui, j'en jure par le Styx, je les délivrerai; mais il en coûtera du sang à la France. Le sang d'un citoyen sera versé par un citoyen; le fils égorgera son père, le père son fils, le frère, son frère. Ces maux sont grands, mais il sont nécessaires; malheur à ceux qui les auront fait naître'.

PLUTON.

Dis à mon frère que je connais les Français. Il en est arrivé un dans mon empire, qui m'a donné une idée de leur caractère. L'audacieux est venu porter en ces lieux l'insurrection et la révolte. Vas, Mercure, dis à mon frère qu'aussitôt que j'aurai puni ce rebelle, j'agrandirai mes cachots, et préparerai des récompenses et des châtiments de toute espèce.

MERCURE.

Si je doutais de votre puissance, je vous offrirais mon bras pour réduire les factieux qui veulent troubler la paix de votre empire; mais ce serait faire outrage à votre valeur.

PLUTON.

Personne n'ignore que ce sceptre fait trembler les enfers, et que ce bras a terrassé des géants; mais je croirais me dégrader que d'employer de grands moyens contre une troupe de scélérats qui ne sont pas même dignes de mon courroux.

MERCURE.

Je vais monter vers l'Olympe, et raconter aux immortels[39] l'événement singulier arrivé dans vos états; cela ne peut manquer de les amuser.

---

[38] This bloody vision seems to predict the Terror, which would lead to thousands of deaths between the autumn of 1793 and the summer of 1794. It seems unlikely that the play was written this late, given the references to the king's possible death (see above, p. 154).
[39] The members of the Académie Française had been known by this title for some decades: the reference to the true 'immortels' of Olympus might be a calculated attack on the intellectuals who deign to paint themselves as terrestrial 'gods'.

SCÈNE III

ALECTON, PLUTON.

ALECTON.
Le mortel audacieux qui a osé braver votre puissance, et porter dans vos états le trouble et la dissension, va être conduit aux pieds de votre trône.

PLUTON.
Fais-moi le récit de ce fameux combat.

ALECTON.
Je suis allée aux Champs-Elysées pour demander quelques secours aux héros qui les habitent, et je leur ai raconté les malheurs qui nous menaçaient; au nom de Mirabeau, mille guerriers français se sont levés, et ont demandé à combattre le tyran de leur patrie. J'en ai pris quelques-uns avec moi, et nous avons marché contre les rebelles. A notre approche, le courage leur a manqué; ils ont fait de grands cris; mais voilà toute leur résistance. Nous avons saisi, suivant vos ordres, celui qui les commandait; et nous vous l'amenons pour recevoir son jugement. Le voici.

SCÈNE IV

Les précédents, TURENNE, CONDÉ, MIRABEAU.

CONDÉ, *à Pluton en lui montrant Mirabeau.*
Voilà l'ennemi des dieux et des hommes; voilà l'oppresseur de nos parents et de notre patrie; voilà le plus grand scélérat que la France ait enfanté: nous demandons vengeance.

TROUPE DE HÉROS.
Vengeance! Vengeance!

MIRABEAU, *à part, n'osant lever les yeux.*
Ciel barbare, en quel état suis-je réduit!

PLUTON.
Tu croyais donc, malheureux, faire de mon empire le théâtre d'une révolution sanglante et tyrannique? Ah! tu n'es pas ici en France, et tu sauras qu'il existe des dieux vengeurs, et que le crime a toujours été puni et la vertu récompensée. Ce n'est plus le moment de fléchir les dieux; le temps des vengeances est arrivé... Que ne puis-je transporter ici pour un moment tous tes compagnons en scélératesse, ton supplice serait pour eux un exemple terrible... Furies, sortez

de vos lugubres demeures, emparez-vous de cet homme; que les tourments les plus affreux soient la digne récompense de ses forfaits! Vengez sur ce monstre les dieux qu'il a blasphémés, un empire qu'il a ravagé, un roi malheureux qu'il a chargé de chaînes.

TROUPE DE HÉROS.

Hélas! Que ne pouvons-nous délivrer notre bon roi, le petit-fils du grand Henri!

PLUTON.

Consolez-vous, mes amis, vos descendants le feront pour vous; ils le feront même, s'il le faut, au péril de leur vie.

TROUPE DE HÉROS.

Grands Dieux! Délivrez le bon Louis,
Qu'il soit libre, qu'il soit libre!
Vive Louis XVI,
Vive le roi,
Vive le roi.

Fin du second et dernier acte.

ODE AU ROI

Prince, plus grand encore au milieu des revers,
O Louis! O mon roi! Ton peuple t'abandonne;
Fallait-il que le ciel, en te donnant un trône,
Te préparât des fers?[40]

Hélas! Si près de toi le destin m'eût fait naître,
Avec quelque pouvoir, une fortune, un rang,
J'en atteste le ciel, j'eusse versé mon sang
Pour délivrer mon maître.

Mais, puisque je ne puis adoucir tes malheurs,
Rendre un père aux Français, un monarque à la France,
Permets qu'à tes soupirs, malgré mon impuissance,
Je mêle quelques pleurs.

Elle a donc disparu cette foule importune,
Que sont-ils devenus ces nombreux courtisans
Qui venaient à tes pieds, faibles, vils et rampants,
Adorer ta fortune!
Il en est, tu le sais, loin de respecter
Les bienfaits dont jadis les combla ta tendresse
Sont les plus acharnés, au jour de ta détresse,
A te persécuter.

Aveugle dans son choix, extrême dans son crime,
L'ingrat n'épargne rien. Hélas! Dans sa fureur
Trop souvent on le vit choisir son bienfaiteur
Pour première victime.

---

[40] My punctuation.

APPENDIX

A. *Le Démosthène français, ou L'Arrivée de Mirabeau aux Champs-Elysées*

Drame en un acte et en prose

PERSONNAGES

MIRABEAU.
SOCRATE.
J. J. ROUSSEAU.
FRANKLIN.
CICÉRON.
DÉMOSTHÈNE.
VOLTAIRE.
BRUTUS.
GUILLAUME TELL.

L'action se passe dans un bosquet des Champs-Elysées.

APPENDIX

SCÈNE I

J. J. ROUSSEAU, FRANKLIN.

J. J. ROUSSEAU.

Cessez, mon cher Franklin, de me reprocher d'avoir conservé dans ce séjour d'une paix éternelle le souvenir des injustices et des perfidies dont je fus l'objet, et la victime pendant ma vie. Vous n'avez pas contre vos contemporains les mêmes plaintes à former, et vos services ne furent pas payés par la plus noire ingratitude, ni vos jours empoisonnés du venin de la calomnie. Lorsque nous habitions la terre, nos ouvrages et nos discours respiraient le bonheur et l'instruction du genre humain. J'ai posé, j'ose le dire, dans mon contrat social les premières bases de la constitution dont la France sent déjà les heureux effets. Vous avez affranchi votre patrie du joug qu'une tyrannique métropole lui voulait imposer: mais notre sort fut bien différent. Vous avez été témoin de la reconnaissance qui vous était si légitimement due, vous avez vu vos compatriotes vous accueillir avec les transports de la plus vive allégresse, vous montrer à leurs enfants, vous nommer le fondateur de leur indépendance et présenter votre buste à la vénération publique. Et moi, persécuté par des prêtres fanatiques, proscrit par des magistrats vendus au despotisme, trahi par des gens de lettres qui sous le voile de l'amitié cachaient leurs perfides desseins, j'ai vu, depuis la première époque de ma malheureuse célébrité, presque tous mes instants remplis d'amertume; je le soutiens, mon ami; à quelques exceptions près, le bonheur n'est là-haut que le partage des méchants.

FRANKLIN.

Bannissez, encore une fois, ces tristes réflexions, elles ont trop souvent altéré la paix de vos jours: votre génie aurait dû vous élever au-dessus de ces désagréments qu'ont éprouvé dans tous les temps les hommes d'un mérite aussi rare que le vôtre. Vous vouliez réformer des abus, détruire des préjugés que tant d'hommes, alors puissants, avaient le plus grand intérêt à perpétuer; il était naturel qu'ils fissent une ligue contre le philosophe qui avait la noble hardiesse de publier des vérités destructives de leurs droits usurpés. Consolez-vous de vos malheurs passés en voyant que l'Assemblée Nationale de France honore votre mémoire d'un culte presque égal à celui qu'on rendait dans les temps héroïques à ces bienfaiteurs du genre humain qui avaient civilisé les peuples, ou qui avaient purgé la terre des monstres et des brigands. Votre veuve a reçu son douaire des mains de l'auguste Sénat d'une grande nation devenue libre enfin, et digne de l'être à jamais. Ces représentants d'un peuple généreux et sensible, ont daigné me décerner l'hommage le plus distingué qui puisse suivre au tombeau les mânes d'un étranger. Le Démosthène de la France, cet homme illustre, dont les vastes connaissances, l'éloquence foudroyante, les répliques inattendues, énergiques, victorieuses pulvérisent les sophismes des ennemis du bien[1] public, Mirabeau, lorsque la nouvelle de votre trépas fut connue, proposa, vous le savez, à ses collègues de prendre les couleurs funèbres. Un consentement unanime sanctionna sa proposition et tous les Français véritablement enflammés du saint enthousiasme de la liberté se firent un honneur de suivre cet exemple. Mon cher Rousseau, puisque les lois immuables et nécessaires de la nature ordonnent que la matière soit détruite, pour se reproduire sous d'autres modifications, la seule récompense qu'il soit permis au sage d'ambitionner, est de voir son nom parvenir glorieusement aux races futures, et prononcé sans cesse accompagné d'éloges et d'attendrissement.

J. J. ROUSSEAU.

Croyez que les souvenirs qui m'affligent ne m'empêchent pas d'être sensible aux honneurs que le Sénat français a daigné rendre à ma mémoire, et surtout à sa générosité envers la compagne fidèle de mes jours et de mes infortunes. Mais dussiez-vous m'accuser de nourrir cette humeur chagrine qui fit sur la terre une partie de mes malheurs, je ne puis vous dissimuler une crainte qui me poursuit et que je repousse en vain depuis quelque temps. J'aimai la France, elle m'est devenue encore plus chère depuis l'époque de sa liberté; je tremble qu'elle ne soit privée bientôt de l'homme célèbre auquel nous avons, vous et moi, de si grandes obligations. Les ombres qui arrivent ici de la terre à chaque instant nous instruisent des travaux immenses de sa plume féconde et sublime. Le Cabinet, les Comités, la Tribune, la Présidence remplissent tous les moments de cet intrépide, de cet infatigable défenseur des droits et des vrais intérêts de sa patrie. Il accorde, à regret, quelques heures de sommeil à ses organes épuisés; comment pourrait-il soutenir encore longtemps des efforts que je crois excéder de beaucoup les forces humaines? Ah! mon ami, sa perte serait une calamité publique.

FRANKLIN.

Vous avez raison; si le malheur que vous redoutez arrivait, ce ne serait pas seulement la France, mais l'Europe, mais l'univers qui devraient être plongés dans le deuil. Ne croyez pas cependant que je craigne pour la constitution française si Mirabeau lui manquait. Nous savons qu'il lui resterait encore de fermes soutiens, d'illustres défenseurs; elle ne peut plus être renversée, et l'ancien ordre des choses qui désolait ce beau royaume est pour jamais anéanti. Les faibles tentatives des mécontents viendront se briser contre la volonté de vingt-cinq millions d'hommes libres, et contre la force si invincible de plus de trois millions de citoyens soldats, et de soldats citoyens, armés pour une si belle cause, et prêts à verser leur sang pour la faire triompher. Mais l'histoire

---

[1] There is a hole here in the manuscript, so 'bien' is a best guess, confirmed by the Dutch translation.

de cette révolution, unique dans les annales du monde, son origine, ses progrès, les effets heureux qui la suivront, une telle histoire écrite par Mirabeau peut devenir le code des nations. Celles mêmes de l'orient avilies sous un despotisme dont la source se perd dans la nuit des temps, peuvent à la voix de ce législateur se réveiller de leur honteuse léthargie, secouer leurs chaînes, les briser, et sentir enfin la dignité de leur être. Oui, je regarde Mirabeau comme destiné à devenir le destructeur des tyrans. On m'a fait l'honneur de dire que je leur avais arraché leur sceptre, mais ma victoire ne fut que locale, et le triomphe de Mirabeau serait universel. Ecartez le funeste pressentiment d'une perte aussi peu réparable, et quittez l'habitude de tout envisager sous un aspect sinistre.

J. J. ROUSSEAU.

Il est vrai que la connaissance du cœur des hommes que j'avais acquise à mes dépens me rendait sur la terre sombre et méfiant, mais aujourd'hui mon amour pour le genre humain me fait appréhender le trépas d'un de ses plus zélés protecteurs.[2] Voici Socrate; il paraît absorbé dans de tristes réflexions.

SCÈNE II

J. J. ROUSSEAU, SOCRATE, FRANKLIN.

FRANKLIN.

Sage Socrate, qui peut altérer la sérénité dont votre âme jouit si constamment?

SOCRATE.

Lorsque je vivais on a prétendu qu'un démon familier m'avertissait des événements futurs; cette fable, dont je me moquais intérieurement, ne pouvait obtenir quelque crédit qu'auprès de l'ignorant vulgaire, toujours amis du merveilleux. Il est cependant certain que mes longues méditations m'avaient donné une prévoyance qui pouvait, dans quelques conjonctures, ressembler à une espèce de divination. Maintenant mon esprit dépouillé depuis tant de siècles de son enveloppe matérielle, s'élance encore dans l'avenir, et la connaissance que nous avons des grands changements opérés en France me fait craindre la chute prochaine de quelques-unes des principales colonnes du superbe édifice de la régénération de ce beau royaume.

FRANKLIN.

Notre ami Jean-Jacques a de semblables terreurs, elles sont même chez lui moins vagues, il va jusqu'à désigner la colonne que la main du temps s'apprête à renverser.

---

[2] There are holes in the manuscript here: 'aujourd'hui' and 'appréhender' are best guesses based on what is visible, and the Dutch translation confirms the sense.

SOCRATE.
Et quelle est donc cette colonne?

FRANKLIN.
Une des plus fermes: le fameux orateur, dont vous avez admiré si souvent avec nous le génie et les rares talents.

SOCRATE.
Les terreurs de Rousseau ne sont peut-être que trop bien fondées; il y a des Anitus dans tous des pays, et l'on ne porte pas impunément le flambeau sur leur charlatanisme: j'en suis la preuve.

J. J. ROUSSEAU.
Je conviens avec vous que les Anitus français feraient, s'ils en avaient le pouvoir, condamner au dernier supplice ceux qui les ont contraints de restituer à la nation des biens usurpés sur la crédulité dans des temps d'ignorance, et qui ne servaient qu'à l'entretien d'un luxe scandaleux. Mais, mon cher Socrate, le temps de la ciguë est passé.

SOCRATE.
Oui, le temps de la ciguë juridique, mais non pas celui des vengeances secrètes.

J. J. ROUSSEAU.
Vous savez que je n'ai jamais eu la réputation d'apologiste du cœur humain; j'ai peut-être même porté trop loin, à cet égard, mes préventions défavorables, mais je ne crois point aux forfaits gratuits, et c'en serait un de se défaire par des voies détournées des soutiens de la constitution française. Les auteurs d'un crime aussi détestable n'en recueilleraient aucun fruit; ils ne pourraient pas faire périr toute la nation. J'ai dit à Franklin le sujet de mes justes craintes: Mirabeau veut maîtriser la nature par un travail excessif, cette lutte est trop inégale, il succombera.

SOCRATE.
Qu'il vive encore longtemps, le monde en a besoin. En se livrant à des travaux immodérés il trahit, sans le vouloir, la cause du genre humain. Mais comment contenir la fougue impérieuse du génie? On se laisse entraîner par son enthousiasme irrésistible, et loin de pouvoir fournir la carrière, on se trouve arrêté au milieu de sa course. J'aperçois Cicéron et Démosthène qui viennent nous joindre à pas précipités.

SCÈNE III

J. J. ROUSSEAU, SOCRATE, CICÉRON, DÉMOSTHÈNE, FRANKLIN.

DÉMOSTHÈNE.

Nous vous apportons de tristes nouvelles: tout ce que l'Elysée renferme de vrais philosophes, d'amis de l'humanité, d'admirateurs du génie et de l'éloquence s'occupe avec le plus vif intérêt de la révolution qui a régénéré la France, et de l'homme célèbre qui a posé la première pierre de l'impérissable monument de la liberté de son pays. Nous en parlions Cicéron et moi, lorsqu'on est venu nous apprendre que cet orateur qui dans la capitale de sa patrie déploie des talents supérieurs à ceux qui m'ont valu quelque célébrité est attaqué d'un mal terrible, et qu'Esculape lui-même tenterait en vain de guérir. Les ombres de ses compatriotes de qui nous tenons ce récit fatal en sont plus affligées que du trépas qui les plonge dans ces sombres demeures. Elles nous ont dit que jour et nuit une foule de citoyens de toutes les classes remplit la rue et assiège la porte de la maison qu'habite l'illustre malade. Plusieurs y passent des heures entières, flottant entre l'espoir et la crainte, et attendant avec la plus vive impatience l'écrit qui doit leur annoncer l'état de celui auquel les destins de la France semblent être attachés. Cet écrit, multiplié par le secours de la presse, passe de main en main, circule dans toute la ville, et devient l'article le plus intéressant des papiers publics; on se l'arrache, on le lit en tremblant, on le relit encore, et l'on y cherche quelque aliment à l'espérance.

FRANKLIN.

Et le malade est-il informé de l'intérêt général qu'inspire sa déplorable situation?

CICÉRON.

Il ne l'ignore pas, et malgré le silence que s'imposent les nombreux citoyens rassemblés devant sa maison, les questions de ceux qui surviennent, les réponses qu'ils reçoivent quoique faites à voix basse, causent un bruit confus, qui parvenu à ses oreilles lui en fait demander la cause. On la lui apprend: 'Qu'il est doux', répond-il, 'de mourir au milieu d'un peuple aussi sensible, aussi digne d'être aimé'.

J. J. ROUSSEAU.

Je voudrais bien savoir quelle conduite tiennent dans cette circonstance ses rivaux et ses ennemis.

CICÉRON.

Ses rivaux, s'ils méritent ce titre, s'ils ont de vrais talents, doivent partager la douleur publique: si la jalousie ouvre leur cœur à d'autres sentiments ils ne sont pas dignes de leur réputation. Quant à ses ennemis, on nous a dit qu'ils cachaient leur barbare joie, et qu'ils faisaient prudemment de ne pas la manifester.

SOCRATE.

Voilà donc mes pressentiments accomplis, et les craintes de Rousseau justifiées. L'impitoyable Destin prive les mortels des travaux de ce grand homme, il l'enlève dans un temps où l'âge et l'expérience lui auraient donné les moyens de mettre en œuvre les matériaux qu'il avait amassés avec tant de peines, et dont il aurait composé des ouvrages immortels. (*Il avance sur le bord de la scène.*) Ô toi, dont je fus l'adorateur et le premier martyr, quand le monde entier était encore plongé dans les ténèbres d'un culte absurde, qui déshonorait ton essence ineffable, Être Suprême qui tiens dans ta main les destinées humaines, si tes décrets peuvent encore être suspendus, ordonne à la nature d'opérer un phénomène, un prodige; commande à la mort de respecter les jours de celui qui peut devenir le libérateur du globe terrestre. Entends nos vœux, exauce-les; ce sont ceux que t'adresse en ce jour de douleur la France alarmée, et que t'adresserait l'univers s'il pouvait savoir de quelle perte il est menacé. (*Il tend les bras vers le ciel, les autres acteurs l'imitent.*)

SCÈNE IV

J. J. ROUSSEAU, SOCRATE, VOLTAIRE, CICÉRON, DÉMOSTHÈNE, FRANKLIN.

VOLTAIRE.

Cessez de faire des vœux inutiles, cessez de nourrir une espérance, hélas! trop vaine. Mirabeau n'est plus.

Après un court silence.

FRANKLIN.

Quoi, cher Voltaire, c'en est donc fait?

VOLTAIRE.

Oui, la Parque cruelle a tranché le fil de ses jours lorsque les lois ordinaires de la nature lui promettaient encore de longues années. Les secours de l'art, donnés par les mains de l'amitié, n'ont pu triompher des atteintes d'une maladie, qui dès les premiers instants n'a laissé aucun espoir de guérison. Sages, qui m'écoutez, vous honorez de vos regrets mon illustre compatriote, les succès qu'il obtint pendant sa vie furent l'objet de vos suffrages; mais vous l'admirerez au récit de ses derniers moments. C'est sur son lit funèbre, c'est au milieu des douleurs cruelles dont son corps était la proie qu'il a déployé toute la majesté de son âme; c'est là qu'il s'est montré véritablement grand. Si la violence des tourments lui arrache quelques plaintes, il les réprime aussitôt, pour se livrer, presque sans relâche, aux soins de consoler parents, amis, domestiques, qui tous semblent attendre pour eux-mêmes le coup fatal prêt à tomber sur une tête si chère. Toujours enflammé de l'amour de sa patrie, Mirabeau s'informe du sujet sur lequel ses collègues délibèrent, et, voulant mourir homme public, il prie un de ses intimes amis de lire en son nom à la tribune un travail qu'il avait préparé sur la même matière. Enfin sa nature succombe, et lui refuse l'usage de la parole; il sent approcher son heure suprême, et rassemblant le peu de forces qui lui reste, il expire après avoir tracé ce mot sublime: *Dormir*.

SOCRATE.

Ah! qu'un tel héroïsme doit ajouter au sentiment douloureux qu'éprouvent ses concitoyens!

VOLTAIRE.

Ils l'ont fait éclater de la manière la plus honorable pour eux, et pour la mémoire de celui qui en est l'objet. A peine la nouvelle de son trépas est certaine que le peuple rassemblé dans sa rue, en change le nom, et lui impose celui de Mirabeau. Ensuite, on s'écrie de toutes parts: 'Point de spectacles aujourd'hui, le libérateur de la France n'est plus'. On demande, on obtient sans peine la cessation de tout plaisir public dans un jour de deuil universel.

J. J. ROUSSEAU.

Combien de despotes n'ont reçu après leur mort que des honneurs dictés par l'étiquette! Ceux qu'on rend aux mânes de Mirabeau partent du cœur: quelle différence! Et quelle leçon pour ceux qui se disent les maîtres de la terre!

CICÉRON.

Ces marques de consternation générale me rappellent l'usage de Rome antique lorsque le feu sacré s'éteignait dans le Temple de Vesta. Le peuple de Paris fait une perte égale, sa douleur doit éclater par les mêmes témoignages.

FRANKLIN.

L'ombre de Mirabeau ne doit pas tarder à paraître dans ce séjour fortuné; allons la recevoir.

VOLTAIRE.

Brutus et Guillaume Tell l'attendent; ils ont pensé avec raison qu'elle devait être introduite ici par les fondateurs de la liberté romaine, et de l'helvétique. Mais les voici tous trois.

SCÈNE V, ET DERNIÈRE.

J. J. ROUSSEAU, SOCRATE, CICÉRON, BRUTUS, MIRABEAU, GUILLAUME TELL, DÉMOSTHÈNE, VOLTAIRE, FRANKLIN.

BRUTUS.

Ombres heureuses, recevez parmi vous celle d'un mortel qui ne vous fut inférieur en aucun genre: il fut souvent l'objet de nos entretiens, nous nous plaisions au récit de ses nombreux succès, nous applaudissions surtout à ses triomphes sur le despotisme. Je ne chassai de Rome que les tyrans couronnés, je ne pus y détruire l'aristocratie sénatoriale. Mirabeau plus heureux a délivré sa patrie de cent mille spoliateurs titrés qui dévoraient sa substance, et dont l'orgueil et le luxe insultaient à la misère publique.

GUILLAUME TELL.

La flèche qui décochée par ma main, et perçant le cœur d'un tyran subalterne, devint le signal de la liberté dont mon pays jouit encore, n'eut pas des effets plus prompts et plus sûrs que les traits qui partaient de ta bouche éloquente. Je frappai le féroce Gesler, avec lui le pouvoir arbitraire expira; et toi, tonnant du haut de la Tribune tu précipitas dans le néant l'altière féodalité, la fiscalité rapace, l'inquisition ministérielle, et tous les monstres qui depuis treize siècles infestaient ta patrie.

MIRABEAU.

Modérez ces éloges; je suis encore trop près de la faiblesse humaine, je craindrais de sentir se réveiller en moi des sentiments de vanité, dont on ne peut se garantir sur la terre, mais que l'âme dégagée de ses liens ne doit plus éprouver. Si j'eus quelques talents, si mon trépas excite les regrets de mes compatriotes, si j'ai bien mérité de mon pays, c'est à vous qui m'environnez que je dois tout, je suis votre ouvrage. Oui; je puisai dans les écrits de Rousseau, les principes lumineux du droit imprescriptible des nations; c'est dans ceux de Voltaire que je trouvai les maximes de tolérance, la haine du fanatisme. Démosthène et Cicéron me formèrent à l'éloquence; Franklin me rendit législateur; vous, Brutus et Tell, vous m'avez enhardi par votre exemple à renverser la tyrannie; Socrate enfin fut mon modèle à ma dernière heure. Vous voyez que si chacun de vous me reprenait ce qu'il m'a prêté, mon mérite personnel, réduit à sa juste valeur, perdrait beaucoup de son prix.

SOCRATE.

En applaudissant à votre modestie, nous conservons pour vos talents la juste admiration qu'ils nous ont inspirée, et nous plaignons les hommes d'en être sitôt privés.

MIRABEAU.

S'ils ont, comme vous le prétendez, fait une perte en moi, c'est à l'ardeur immodérée que j'avais de leur être utile qu'ils doivent l'imputer, et voilà le seul regret qui me suit au tombeau. J'ai désiré, je l'avoue, que la mort s'éloignât de moi pour quelque temps, qu'elle me donnât celui de mettre la dernière main à des ouvrages que je croyais nécessaires au complément de notre constitution. Mes vœux ont été superflus; mais je laisse après moi des collègues qui me remplaceront avec succès; vous connaissez leurs talents, et leur civisme éprouvé, ne craignez rien pour ma patrie, elle est libre, et le sera jusqu'au bouleversement total du globe.

FRANKLIN.

Voltaire nous a dit quelle douleur vos concitoyens ont fait éclater en apprenant que vous leur étiez enlevé pour jamais.

MIRABEAU.

Ah! le souvenir de tant d'affection, d'une reconnaissance si vive, si générale, si tendrement exprimée vivra éternellement dans mon âme. Vous ne savez pas encore de quels honneurs extraordinaires mes services ont été récompensés. Oh! France, oh! patrie adorée, pourquoi mes restes inanimés ne peuvent-ils pas s'élever, une seule fois au moins, du fond de ma tombe, et t'exprimer toute ma gratitude!

VOLTAIRE.

Vous ne nous refuserez pas, sans doute, le récit des justes tributs payés à vos mânes.

MIRABEAU.

Vous l'ordonnez, je dois obéir. Apprenez donc que mes collègues réunis, en apprenant que j'avais cessé d'exister décidèrent par acclamation de venir, en corps, à mes obsèques, au même instant les Sections, le Département de la Capitale vinrent demander qu'il me fût rendu des honneurs funèbres d'un genre inusité jusqu'alors pour un simple citoyen. L'enthousiasme s'empare de tous les esprits, et, puisqu'il ne m'est pas permis de vous cacher une vérité trop glorieuse pour moi, je suis unanimement déclaré *grand homme*. On décrète qu'à ce titre je serai inhumé dans cette superbe basilique, chef d'œuvre de Soufflot, le même décret la destine à recevoir dans la suite les cendres des hommes célèbres de la nation. Vous y serez placé, Voltaire, vos mânes seront vengés de l'affront qu'ils reçurent du fanatisme, qui ne vous pardonna par les coups mortels que vous lui aviez portés tant de fois et avec des succès si marqués. Vos cendres, Jean-Jacques Rousseau, obtiendront aussi cette distinction honorable; vous n'êtes point étranger à la France, elle vous doit les premiers éléments de sa nouvelle constitution, elle vous met au rang de ses législateurs. Puisse sa juste reconnaissance vous faire oublier les injustices de vos contemporains!

J. J. ROUSSEAU.

Je n'en conserve plus aucun souvenir, l'espoir dont vous me flattez l'efface entièrement, et je crois que vous n'êtes pas plus affecté de la haine que vos talents et votre patriotisme ont allumée, sans doute, contre vous dans le cœur de quelques-uns de mes compatriotes.

MIRABEAU.

Mes ennemis ne peuvent être que ceux du bien public; leurs vaines clameurs seront étouffées par la voix générale qui s'élève en ma faveur. S'ils sont connus,[3] la nation en fera justice par le mépris. Je ne garde aucun ressentiment contre mes calomniateurs, j'en triomphai toujours pendant ma vie, et mon trépas suivi des regrets de mes collègues, de mes braves frères d'armes, du peuple immense de la capitale, ajoute encore à ce triomphe. Parmi les honneurs rendus à ma mémoire il en est un surtout que je ne dois point passer sous silence; il part d'une société que je chéris, et dont je me fais gloire d'être un des premiers fondateurs. Tous les membres qui la composent ont résolu de porter mon deuil pendant huit jours, et de la prendre périodiquement à chaque anniversaire de mon trépas. Ils ont plus fait encore, et ne mettant point de bornes à leur amitié, ils ont invité ce sculpteur célèbre dont le ciseau savant fait respirer le marbre, à s'occuper de mon buste, au bas duquel sera gravée ma réponse du 23 juin 89. Réponse qui fit sentir pour la première fois au despotisme que la volonté du peuple ne connaît point de maître et qui lui annonça une chute prochaine totale, irrévocable, réponse qui électrisa, j'ose le dire, toutes les âmes, et dont la séance et le serment à jamais mémorables du jeu de paume, la prise de la Bastille, la conquête enfin de la liberté furent les suites heureuses. Mais c'est assez, c'est trop sans doute parler de moi, de mes succès, des honneurs dont je suis comblé. Conduisez-moi vers ces sages qui ne sont point avec vous: je suis impatient de faire connaissance avec Solon, Lycurgue, Pythagore, Platon, Numa, avec tous les génies de la Grèce et de Rome, dont les leçons et les écrits furent consacrés au bonheur et à l'instruction du genre humain.

VOLTAIRE.

Un moment, Mirabeau: c'est à moi de faire ici les honneurs de notre patrie commune; elle t'en décernera sans doute qui égaleront sa reconnaissance aux services éminents que tu lui rendis, et l'exemple de la capitale trouvera des imitateurs dans toute la France. Tu sais que, peu de temps avant ma mort, à ce théâtre où tant de fois mes productions avaient obtenu le suffrage de mes concitoyens, je reçus cette couronne, récompense flatteuse de mes longs

---

[3] My punctuation.

travaux. Quel que soit le prix que j'y attache, je te la cède avec joie, accepte-la de ma main, elle ornera plus dignement la tête du législateur qui régénéra son pays, que celle du poète qui le charma quelquefois. (*Il s'avance vers Mirabeau qui par un geste annonce sa répugnance.*) ... ne me refuse pas, et sois certain que j'aurai faveur[4] de tous les bons Français. (*Il lui pose la couronne sur la tête et s'écrie*) Gloire, gloire immortelle à Mirabeau, premier grand homme de la France devenue libre!

Tous les acteurs se groupent autour de Mirabeau, mettent la main à la couronne et la toile tombe.

---

[4] This word is obscured in the manuscript, and there is no discernable article preceding it either. The Dutch edition suggests something equivalent to 'support' or 'justification'; this is a best guess based on the remaining visible elements.

B. *Le Panthéon français, ou La Désertion des Champs-Elysées*

Pièce en un acte, et en prose.

PERSONNAGES

LE GÉNIE DE LA FRANCE.
LA GLOIRE.
LA RENOMMÉE.
MIRABEAU.
ROUSSEAU.
VOLTAIRE.
L'ABBÉ DE ST PIERRE.
DESCARTES.
DÉSILLES.
FRANKLIN.
PLUTON, DIEU DES ENFERS.

La scène est aux Champs-Elysées.

ACTE I

SCÈNE I

ROUSSEAU, *seul*.

Sous ces berceaux riants, séjour paisible de l'innocence, j'oublie les jours tumultueux de mes adversités. Je n'ai vécu qu'après ma mort. Battu par la tempête, trahi, persécuté, j'ai trouvé ici-bas le port après l'orage: tel est le partage déplorable de l'humanité. Il n'est de durable sur la terre que l'infortune, et les chagrins. Tant que nous existons, tout conspire contre notre bonheur; la haine, l'envie et surtout l'ingratitude, le plus cruel fléau des cœurs bienfaisants. Hélas, plus que tout autre, je l'éprouvais longtemps; mais je me suis vengé, j'ai fait du bien à mes persécuteurs. Méditons à loisir; mais qui s'avance ici, ah... c'est un autre moi-même, un ami tendre; disons mieux c'est un frère; car quel autre nom donner au naïf abbé de St Pierre, à cet homme vertueux, à ce touchant écrivain, à ce prétendu fou dont les ouvrages rendraient les mortels trop heureux, s'ils étaient assez sages pour en profiter.

SCÈNE II

L'ABBÉ DE ST PIERRE, un livre à la main, sans voir Rousseau, ROUSSEAU.

L'ABBÉ DE ST PIERRE.

Que ce livre me plait! Qu'il est sublime, et consolant! C'est un gage authentique de la félicité des hommes. L'auteur, par un accord nouveau, y sait allier la vertu avec la politique. Oui, je n'en puis douter; ses immortels bienfaits remplissant l'espérance dont mon âme se repait en vain depuis si longtemps, ramèneront la paix dans le monde entier, et en banniront pour jamais la discorde, et la guerre.

ROUSSEAU, *à part*.

Il ne m'aperçoit pas; entièrement plongé dans ses chimères, tout autre objet semble être devenu invisible à ses yeux. (*Il s'approche et d'un ton demi-railleur.*) En bien! Mon cher abbé de St Pierre, votre espoir est-il enfin réalisé? La paix universelle est-elle conclue?

L'ABBÉ DE ST PIERRE, *d'un ton imposant.*

Cessez de plaisanter, Rousseau; l'instant est arrivé où les efforts intrépides de la liberté, renversant les projets inhumains des tyrans, vont de tous les mortels faire un peuple de frères. Ce n'est qu'à l'orgueil qu'il faut imputer ces fléaux, ces combats dont la terre a si longtemps été le théâtre. L'égalité terminant enfin tous ces débats, fera fleurir les charmes d'une éternelle paix. Je dois en convenir cependant, une si belle révolution ne sera pas l'ouvrage de mes faibles écrits; non,[5] c'est l'auguste partage d'un rival plus heureux. Mais je n'en doute plus, et (*montrant le livre qu'il tient à la main*) voici mon garant.

ROUSSEAU.

St Pierre, expliquez-moi ce mystère.

L'ABBÉ DE ST PIERRE.

Rien n'est si vrai, vous dis-je; les siècles sont accomplis, les mortels sont tout à fait changés, la nuit des préjugés a fui devant le flambeau de la raison, et c'est la philosophie qui a opéré ce prodige.

ROUSSEAU.

Succès inespéré! Ah! Rousseau n'en est pas jaloux. Je rends grâce au ciel au contraire, lui dont la main propice pour le bien de l'humanité produisit un écrivain plus éloquent, et plus heureux que nous. Mais de grâce, contentez mon impatience; quel est ce livre?

L'ABBÉ DE ST PIERRE.

Le *Contrat social*... qui peut l'emporter sur Rousseau dans l'art de faire du bien aux hommes?[6]

ROUSSEAU.

Vous me flattez, St Pierre, vous vous flattez vous-même, si vous croyez que de cet ouvrage puisse naître jamais le changement miraculeux dont vous vous applaudissez déjà?

L'ABBÉ DE ST PIERRE.

Moi vous flatter! Rousseau ne me connaît-il pas encore? Ne peut-on, sans vous flatter, admirer votre génie? Ah! si perçant la profondeur de nos tombeaux, les cris d'un peuple entier peuvent jamais retentir au fond de votre âme, Rousseau, vous l'entendrez célébrer vos talents, et vos bienfaits; et la voix de la reconnaissance vous sera peut-être moins suspecte que celle de l'amitié...

---

[5] My punctuation.
[6] My punctuation.

ROUSSEAU.

J'ai peine à comprendre vos discours. Comment êtes-vous instruit de tous ces grands événements, tandis que je les ignore moi-même?

L'ABBÉ DE ST PIERRE.

C'est qu'il ne s'est trouvé parmi nous personne d'assez hardi pour vous apprendre votre propre gloire. Vous avez conservé dans les Champs-Elysées cette sombre défiance qui fit le malheur de votre vie sur la terre. Tout ce qui vous environne vous est suspect. Deux hommes dont les noms sont gravés en caractères ineffaçables dans le temple de l'immortalité, deux hommes également chers aux Français, le libérateur de l'Amérique, le héros de Nancy, Franklin et Désilles, nous ont appris en venant sur ces bords la régénération de l'empire français, et la part que vous y aviez eue. S'ils avaient osé vous en parler à vous même, comment leur auriez-vous répondu, puisque vous accusez St Pierre lui-même de flatterie... Mais j'aperçois le jeune Désilles... quelle tristesse est peinte sur son front!...

SCÈNE III

Les précédents, DÉSILLES.

L'ABBÉ DE ST PIERRE.

Brave Désilles, quel est le sombre chagrin où vous paraissez plongé?... Quel malheur imprévu...?

DÉSILLES.

Puis-je être dans la joie lorsque ma patrie est en deuil...?

ROUSSEAU.

La France est en deuil... ? Et qui pleure-t-elle donc?

L'ABBÉ DE ST PIERRE.

Quoi! la France...

DÉSILLES.

Hélas, il n'est que trop vrai. Cet homme célèbre dont l'illustre Franklin, et moi nous avons si souvent vanté les talents, cet homme dont la voix éloquente fit entendre à ses semblables le langage de la raison et de la liberté, dont l'âme seule était aussi grande que le génie; cet homme enfin qui, aux yeux de l'Europe étonnée, éclairait ses collègues, terrassait d'une main victorieuse tous les abus, et élevait sur leurs débris l'édifice de la Constitution française, Mirabeau n'est plus. Son ombre est descendue sur ces bords; Franklin, Voltaire et Descartes ont volé à sa rencontre; je l'ai vue moi-même. Enlevé à la fleur de son âge, il ne pleurait que sur sa triste patrie. S'il accuse la mort, ce n'est que parce qu'elle lui a enlevé le plaisir d'achever son ouvrage; 'j'aurais voulu vivre encore un an', nous disait-il; 'mes yeux se seraient fermés sans regret aux premiers rayons de l'aurore du bonheur qui doit briller sur la France'. Un spectacle si attendrissant ne peut pas être indifférent à deux hommes tels que vous. Venez le partager, suivez mes pas, volons au-devant de lui... Il nous a prévenus, le voilà qui s'avance... ah! St Pierre, ah... Rousseau. Si les Champs-Elysées pouvaient s'ouvrir aux yeux de la France; si elle voyait Franklin, Rousseau, St Pierre, Descartes, et Voltaire composant le cortège de Mirabeau, combien elle serait glorieuse d'avoir produit des hommes tels que vous.

SCÈNE IV

Les précédents, DESCARTES, VOLTAIRE, MIRABEAU.

MIRABEAU.
Ah! mes vrais amis, comment vous peindre les sensations que j'éprouve... les Champs-Elysées habités par tant d'ombres illustres ne sont plus à mes yeux que le temple du génie. Qu'il m'est doux d'y être admiré. Mes derniers regards ont vu les Français témoigner les inquiétudes les plus vives et les plus tendres sur mon sort, et quand la mort m'enlève à leur amour, c'est pour me jeter dans vos bras, que peut-il manquer à ma gloire?...

FRANKLIN.
Rien sans doute, mon ami, vous avez assez vécu pour votre gloire, mais trop peu pour votre pays.

MIRABEAU.
Voilà tous mes regrets. Plus heureux que moi, vous avez commencé et affermi votre ouvrage. Vous avez vu la fuite des tyrans, et la liberté de vos concitoyens, et lorsqu'après une vieillesse aussi douce que glorieuse la mort a tranché le fil de vos jours, elle vous a ravi aux hommages plutôt qu'aux besoins de votre patrie. Mais dans ce moment critique où la France flottant entre la liberté, et l'esclavage, a pour ainsi dire, encore un pied dans les fers, elle avait besoin de moi pour porter le dernier coup à la tyrannie, et dégager la liberté des entraves que ses ennemis lui opposent. C'est un témoignage que je puis me rendre sans un fol orgueil. J'en appelle à la France entière.

ROUSSEAU.

Que vous êtes heureux d'avoir vécu dans un temps où la tyrannie ne pouvait pas enlever à l'homme le plus beau droit qu'il eut reçu de l'Etre Suprême, celui de penser, et d'écrire librement.

MIRABEAU.

Si les hommes ont conquis sur les tyrans le libre usage de leur raison, c'est à vos maîtres écrits, Voltaire, et Rousseau, qu'ils en sont redevables.

ROUSSEAU.

C'est une gloire que nous avons payée bien cher.

VOLTAIRE.

C'est un rosier que nous avons planté; il n'a jamais produit pour nous que des épines, vous en avez recueilli les fleurs.

DESCARTES.

Ces fleurs entre ses mains ont produit des fruits bien précieux, la liberté, et la tolérance.

VOLTAIRE.

Le voilà donc arrivé ce changement que j'avais prescrit, et qui n'était aux yeux de mes concitoyens qu'un vain songe. Où sont les temps où pour me soustraire à la fureur de mes ennemis, je fus obligé d'abandonner la capitale, et de me retirer à Ferney?[7]

MIRABEAU.

Quelque cruels qu'ils fussent, vous devez vous les rappeler avec plaisir; Voltaire tranquille, et honoré à Paris n'aurait point eu la gloire de rendre habitable un pays jusqu'alors désert, et inculte.

SCÈNE V

Les précédents, le GÉNIE DE LA FRANCE.

MIRABEAU.

Que vois-je? Le Génie de la France en ces lieux?...

LE GÉNIE.

Il a dû y descendre sur vos pas... afin de vous en arracher, et de vous rendre, vous, et toutes ces ombres illustres à votre pays dont vous fîtes la gloire...

---

[7] My punctuation.

VOLTAIRE.

Quel est ce discours que nous pouvons comprendre?....

LE GÉNIE.

Je viens au nom des Français vous redemander au dieu des enfers. Il est sans doute glorieux d'habiter les Champs-Elysées, mais il est bien plus glorieux de les abandonner quand la patrie reconnaissante vous offre un séjour plus honorable encore... c'est désormais au sein de la capitale que doivent reposer vos ombres augustes. Revenez avec moi sur la terre...

ROUSSEAU.

Qui! Moi, retourner sur la terre. Croyez-vous donc que j'aie oublié les persécutions dont je fus si longtemps la victime?[8] Les hommages vains et tardifs des hommes ne sauraient séduire le malheureux auteur d'*Emile*. C'est aux Champs-Elysées qu'habitent[9] la paix et la tranquillité; voilà ma véritable patrie; mes vœux les plus ardents sont de n'en jamais sortir.

LE GÉNIE.

Ah! Rousseau, si les mortels furent longtemps injustes envers vous, vous l'êtes aujourd'hui envers eux. Oubliez-vous donc l'heureuse révolution qui s'est faite dans les esprits? Autant Rousseau devait être haï et persécuté des hommes abrutis par le despotisme, et l'esclavage, autant il est chéri, et honoré, des hommes libres, et réinsérés dans tous leurs droits. Venez, ce chef-d'œuvre de l'architecture, ce monument que l'orgueil d'un roi consacra à une humble bergère, s'ouvre pour vous recevoir. Cet édifice trop somptueux pour des saints et pour des monarques est à peine digne de vous, et le temple de la patronne de Paris va devenir le Panthéon des bienfaiteurs de la France.

VOLTAIRE.

Quoi, des hommes dont l'envie, et la superstition ont proscrit les cendres même, trouveront ici un asile, dans un temple sacré?

LE GÉNIE.

La France vous le jure par ma voix, et vous doutez encore? Venez, vous dis-je; cet asile vous est destiné autant pour expier le crime de la superstition, que pour reconnaître vos bienfaits. C'est pour cette même raison que Molière, cet homme à qui la Grèce eut élevé des autels, et à qui la France, avilie par des prêtres, refusa un tombeau, y sera placé à vos côtés.

---

[8] My punctuation.
[9] Singular in the original.

MIRABEAU.

Nouvellement descendu sur ces bords, j'ai une confiance pleine et entière dans vos discours. Témoin de la révolution, ce n'est point à moi à douter de ses effets. Je sais quels transports peuvent exciter dans le cœur d'un Français un juste enthousiasme, et la reconnaissance. Mais après avoir créé la liberté en France, nous sommes nous-mêmes esclaves dans ces lieux; nous dépendons du dieu des Enfers; croyez-vous qu'il nous rende à vos vœux?

LE GÉNIE.

J'ai déjà fait connaître à Pluton le but de mon voyage, et le désir de la France; avant de me répondre, il a voulu consulter Minos, Eaque, et Rhadamante. J'ignore encore quelle sera sa décision... Mais je ne puis croire qu'il soit assez injuste pour fermer l'oreille aux prières d'un peuple entier.

FRANKLIN.

Pluton est roi; et en cette qualité il renoncera sans doute difficilement au plaisir de nous retenir ici dans l'esclavage.

LE GÉNIE.

Il est bien plus beau pour un roi cependant de voir autour de lui des hommes libres que des esclaves. Le plus noble privilège de la royauté est peut-être de pouvoir affranchir d'un seul mot une nation entière. Mais ne le jugeons pas sans l'entendre. Je le vois qui s'avance... que va-t-il nous annoncer?

SCÈNE VI

Les précédents, PLUTON.

PLUTON.

Génie de la nation française, et vous ombres illustres que votre patrie redemande. Aujourd'hui, écoutez-moi; je sais les honneurs que l'on vous destine, vous en méritez sans doute de plus grands encore, et c'est avec le plus vif regret que je me vois forcé d'y mettre des obstacles. Mais je ne puis sanctionner le désir du peuple français, je ne crains point de vous expliquer les motifs de mon refus; si je vous estimais moins, je ne vous retiendrais pas. Je suis fier de vous compter au rang de mes sujets. Roi des Champs-Elysées, je n'envie plus le sort de Jupiter, et de Neptune; je viens oublier au milieu de vous l'affligeant tableau des crimes que je suis obligé de punir dans le noir tartare. L'image des vertus ne reviendrait donc plus reposer agréablement ma vue fatiguée du spectacle des coupables, si je vous rendais tous à vos concitoyens...

LE GÉNIE.

Je sens que je vais affliger l'ombre d'un jeune héros, mais interprète de la France, je dois remplir fidèlement ses intentions. Je ne les redemande pas tous; il en est un ici qui n'est pas destiné pour me suivre. Quoi qu'il doive tout attendre de la reconnaissance de son pays, il est seul excepté d'un si grand honneur: si la présence du jeune Désilles suffit à votre bonheur, vous n'avez rien perdu; et les vœux de la France pourront s'accomplir...

DÉSILLES.

Juste ciel! Qu'entends-je! O ma patrie, si je suis indigne des honneurs que tu m'as rendus, je n'ai pas non plus mérité cet outrage! Quoi,[10] tandis que tu réclames ceux que tu nommes tes bienfaiteurs, je languirai seul ici, dans un éternel exil...

MIRABEAU.

Par quel événement vous trouvez-vous ici tout à la fois l'interprète de la reconnaissance, et de l'ingratitude française? Le brave Désilles pouvait-il vous donner une preuve plus forte de son amour pour sa patrie qu'en s'immolant pour elle? Est-ce ainsi que vous payez le sang répandu, non seulement pour vous défendre, mais encore pour épargner celui des Français?[11]

LE GÉNIE.

La France compte un grand nombre de citoyens qui, ainsi que le jeune Désilles, n'ont point balancé à sacrifier leur vie pour cimenter sa liberté. Le Panthéon ne serait point assez vaste pour contenir leurs restes précieux...

MIRABEAU.

Malheur à ces âmes froides et insensibles qui osent ainsi calculer les services. Depuis quand les Français se plaignent-ils d'avoir produit un trop grand nombre de héros? Si un seul Panthéon ne suffit pas, érigez-en dix; que, dis-je, que chaque famille ait elle-même son Panthéon, et puisse-t-elle y compter plusieurs enfants qui soient morts aussi glorieusement que lui; que chaque famille ait un Désilles, et la France sera invincible. Consolez-vous, jeune héros; vous avez partagé notre zèle pour le bonheur de la France, vous partagerez nos honneurs et nos récompenses; votre mort seule, votre dévouement a autant servi la patrie que notre éloquence, et nos talents. Qu'eussiez-vous fait un jour si la mort jalouse d'une si belle action, ne vous eût arrêté dans la carrière dès votre premier pas?

---

[10] My punctuation.
[11] My punctuation.

VOLTAIRE.

Oui, Désilles, oui nous partageons tous les sentiments de Mirabeau, et nous jurons ici de ne jamais habiter le Panthéon, si l'accès en est fermé plus longtemps à votre ombre magnanime.

PLUTON.

Vous le voyez, la France semble déjà méconnaître les services de l'intrépide Désilles; qui sait si elle ne méconnaîtra point un jour les vôtres. Prévenez son ingratitude; vous jouirez ici de tous les honneurs qui sont dus à la vertu, et aux talents; courez dans les eaux du Léthé perdre la mémoire de la France et de ses habitants.

DÉSILLES.

Ah! Pluton, toutes les eaux du Léthé ne suffiraient pas pour éteindre dans le cœur d'un Français le souvenir de sa patrie.

LE GÉNIE.

Vous l'entendez, Dieu des Enfers; c'est un Français, et un Français qui serait outragé par ses concitoyens, qui vous tient ce langage. Ces ombres fameuses auraient sans cesse devant les yeux l'image des honneurs qui leur étaient destinés, et cette idée empoisonnerait le bonheur que vous leur promettez. La paix, la liberté dont elles jouiraient ici ne seraient plus pour elles qu'un indigne esclavage, et loin d'être leur bienfaiteur, vous deviendriez leur tyran... Cédez donc à mes instances, que Désilles vienne sur leurs pas honorer le Panthéon: j'ouvrirai les yeux des Français sur ses services, et ils s'efforceront de réparer par leur empressement à l'y recevoir l'affront qu'ils lui ont fait en lui en fermant l'entrée...

PLUTON.

Toutes vos instances sont inutiles; la France entière descendrait vainement sur ces bords pour les en arracher, vous ne les avez point entièrement perdus, ils vivent encore au milieu de vous dans leurs ouvrages; et leur génie que les coups de la mort ne sauraient altérer, vous guidera toujours dans la carrière de bonheur que vous voulez vous tracer. Sans réclamer les grands hommes que le trépas soumet à mon empire, contentez-vous d'honorer ceux qui vivent encore au milieu de vous. Que les Barnave, les Pétion, les Robespierre remplacent à vos yeux Mirabeau, et ceux que vous pleurez; que dis-je, dans leurs successeurs vous pouvez les honorer encore; c'est du moins la seule partie qui vous reste; car je le déclare, rien ne saurait les soustraire à mon autorité; je les ai priés, comme un père, de ne point abandonner ces lieux; si mes prières ne suffisent pas, je l'exige, et l'ordonne comme un maître.

LE GÉNIE.

Quel sera la douleur des Français! Il n'est donc plus d'espoir de succès; et je vais apprendre à ma patrie et ta cruauté, et l'inutilité de mon voyage... Mais que vois-je... quelle est cette brillante divinité? Vient-elle me prêter son secours, est-ce une protectrice que le ciel m'envoie?...

SCÈNE VII

Les précédents, la GLOIRE, descendant sur son char... elle est précédée de la RENOMMÉE.

LA GLOIRE.

Je suis la Gloire... (*montrant les ombres*) et voici mes enfants. Reconnais-moi, Pluton; c'est à moi seule qu'il appartient de briser les fers qui les retiennent ici; moi seul ai le droit de les arracher à ton empire; je rends les hommes immortels comme les dieux. En rejetant les prières d'un peuple que je protège, qui fut toujours mon plus fidèle adorateur, tu m'as forcé de faire usage de mon autorité. Ombres augustes, retournez dans votre patrie... (*s'adressant à la Renommée*) Et toi, ma compagne fidèle, brillante Renommée, dont ces illustres mortels ont fatigué tant de fois pendant leur vie les ailes et la voix, vole aux extrémités de l'univers; publie partout, et leurs bienfaits, et la reconnaissance de leurs concitoyens... (*La Renommée montée sur un cheval ailé traverse le théâtre.*)

PLUTON.

Puissante divinité que tous les hommes adorent, je n'ai jamais méconnu ton empire, je sais que de l'homme le plus vil par sa naissance, tu peux faire un demi-dieu; je sais que par tes bienfaits, les noms de ces grands hommes ne périront point; mais leurs ombres sont en ma puissance, et dès qu'ils sont morts...

LA GLOIRE.

Eux... morts! Non, jamais, ils ont toujours vécu dans les cœurs des Français, et dans mon temple; cessez donc de réclamer plus longtemps des droits que tu n'as jamais eus, et souviens-toi que c'est s'abuser grossièrement que de compter mes favoris au rang des morts. L'immortalité est la moindre récompense de mes vrais adorateurs.

MIRABEAU.

Vous ne vous trompez point Déesse, en nous appelant vos vrais adorateurs, je parle ici au nom des ombres qui nous entourent, et je ne crains pas d'en être désavoué; nous voyons devant nous ce qui fit sans cesse nos plus chères délices, le Génie de la France, et vous. Voilà les deux divinités auxquelles nos cœurs ont sacrifié pendant notre vie, et qu'ils aiment même dans le tombeau.

PLUTON.

Partez, donc, ombres généreuses, puisqu'une divinité plus puissante que moi l'ordonne; je ne vous retiens plus; je suis obligé d'en convenir; votre sort est plus heureux que le mien; je vous perds à jamais, et vous, au milieu des Français, vous retrouverez toujours les Champs-Elysées...

LA GLOIRE.

Je veux guider vos pas. Mirabeau, Descartes, Franklin, Rousseau, Voltaire, et Désilles...

DÉSILLES.

Déesse chère à mon cœur, les Français me rejetteront peut-être...

LA GLOIRE.

Un héros doit-il conserver le moindre ressentiment? Défenseur de vos frères, favori de la Gloire, peut-on craindre un affront avec de pareils titres? Si la mort vous a frappé dans votre plus beau moment, c'est qu'après un si grand exploit, il ne vous restait plus rien à faire. Venez sans crainte; je veux encore vous associer deux ombres dignes de vous, Fénelon, et Molière. Le vertueux auteur du Télémaque a droit de partager vos honneurs, et la reconnaissance des Français. Quel plus grand service en effet peut-on rendre à un peuple que de lui former des rois citoyens; c'est ce que Fénelon a entrepris et exécuté avec courage sous un altier despote. Allons sans plus tarder, trouver ces deux ombres, qu'elles reviennent en France avec nous, et hâtez-vous d'entrer au Panthéon sur les pas de la patrie reconnaissante et de la gloire.

Fin du Panthéon.

C. Dossier: Jean-Baptiste Pujoulx, *Mirabeau à son lit de mort*

Dossier of reports in contemporary journals: original spelling and punctuation have been retained.

1. *Réimpression de l'Ancien Moniteur*, 24 May 1791, VIII, 470 (reprinted in *Chronique de Paris*, 1791, I, 574).

Si la pièce que l'on représente aujourd'hui au théâtre de Monsieur, sous le titre de *Mirabeau à son lit de mort*, ne s'écartait pas de la marche ordinaire des ouvrages dramatiques, j'attendrais en silence le jugement du public: mais, en voulant rendre un hommage pur à la mémoire du grand homme que la France vient de perdre, j'ai pu me méprendre sur l'effet théâtral, et il m'est important de prévenir les spectateurs sur l'objet et le but de cette tentative.

En rassemblant toutes les circonstances de la mort de Mirabeau, j'ai vu que ses derniers moments ont été aussi imposants que le cours de sa vie politique a été glorieux, et j'ai pensé que le tableau le plus vrai de sa mort serait sa plus belle apothéose. Rempli de cette idée, j'ai consulté ses amis, et, recueillant avec respect ses dernières paroles, je les ai placées dans un cadre simple et vrai: ainsi cette pièce est en grande partie l'ouvrage de Mirabeau lui-même: son rôle en entier est de lui: ce sont littéralement ses expressions, et j'ai même rétabli dans leur pureté plusieurs traits cités diversement dans les journaux.

Le titre de l'ouvrage annonce que Mirabeau est dans son lit: j'ai osé en effet l'y représenter avec son costume exact, et environné des personnes qui ont été les témoins de sa mort; enfin, je n'ai employé que les moyens dramatiques qui naissent du sujet; et, pour m'exprimer franchement, j'ai mieux aimé risquer une chute en sacrifiant tout à la vérité, que de courir après un succès en mettant plus de mouvement dans un tableau qui n'aurait plus le mérite de l'exactitude.

Des lettres anonymes me menacent d'une cabale puissante; tant pis pour moi et peut-être pour l'art en général. Je le répète, j'ai fait cet ouvrage en société avec Mirabeau: une chute ne saurait m'humilier, et un succès ne saurait ajouter à la satisfaction que j'ai trouvée dans le motif qui me l'a dicté.

— L'Auteur de Mirabeau à son lit de mort

2. *Réimpression de l'Ancien Moniteur*, 27 May 1791, VIII, 498.

Ce n'est point une tragédie, ni une comédie, ni même un drame, mais c'est un morceau bien neuf au théâtre que *Mirabeau à son lit de mort*. Quel tableau, en effet, plus extraordinaire que celui d'un homme véritablement nu dans un lit, partagé entre les angoisses de l'agonie et les grands intérêts de l'Etat;

d'un homme que tout le monde a connu, et qu'on voyait hier causant avec des hommes également connus et qu'on voit tous les jours; que d'entendre sur la scène des noms que l'on entend à toute heure dans la société! Parmi toutes les choses extraordinaires que l'on doit à la révolution, celle-là n'est pas des moins singulières. Certes il fallait un grand talent pour faire passer tout ce que ce rapprochement a de bizarre; il en fallait pour sauver ces détails d'un sentiment d'horreur s'ils étaient trop vrais, et du ridicule s'ils manquaient de vérité.

Le grand succès de l'ouvrage prouve donc que l'auteur est capable de grandes choses. Ce n'est pas que le sentiment qu'on éprouve à la représentation de cette pièce ne soit pénible, douloureux; mais on ne peut nier que l'âme n'en soit agrandie. Tout l'intérêt qu'a inspiré, surtout dans ses derniers moments, le grand homme d'Etat qu'on y célèbre, est conservé avec beaucoup d'adresse, et se répand sur tout le drame comme l'auteur l'a répandu sur le héros. Une nouvelle preuve d'un talent très-distingué dans cet ouvrage est la scène où M. Combes, égaré par le désespoir que lui cause l'état de Mirabeau, prend pour lui M. Cabanis, et forme son projet de se donner la mort, projet indiqué seulement, et que l'auteur a eu la grande adresse de ne pas articuler. M. Devigny a rendu cette scène avec beaucoup de chaleur, de vérité, de force; il a prouvé qu'il peut prétendre à de grands succès quand il sera placé avantageusement.

Cette pièce, qui a produit dans l'âme des spectateurs une impression profonde, a été fort applaudie. On a demandé l'auteur; un acteur a nommé M. Pujoulx.

3. *Almanach des spectacles*, 1792, p. 247.

Théâtre de la rue Feydeau
Mirabeau à son lit de mort
Com. en un acte et en prose, de M. Pujoulx, le 24 Mai. Les derniers moments de Mirabeau sont fidèlement retracés.

4. *Journal de Paris*, 26 May 1791, p. 588.

Théâtre de Monsieur
C'est une conception bien hardie que celle d'avoir présenté *Mirabeau à son lit de mort*, environné de ses Médecins, de ses Amis, des douleurs d'une longue agonie, & de ce grand courage qui l'aide à les supporter. L'effet de cette pièce est terrible. Le sentiment qu'elle excite n'est pas sans doute celui que l'on vient ordinairement chercher au théâtre: peut-être n'aimeroit-on pas à l'y éprouver souvent; mais le genre une fois excusé, on doit beaucoup d'éloges à la manière dont il est traité par l'auteur. Il a enchaîné avec beaucoup d'adresse tous les mots que cet homme célèbre a laissé échapper les derniers jours de sa vie & qu'on a

recueillis avec une sorte de religion. Il a bien conservé le caractère connu des personnes qui l'ont approché dans ses derniers momens. Mais il paroît un peu extraordinaire de voir représenter sur un théâtre des personnes vivantes, bien connues, & que l'on rencontre tous les jours dans la société, comme M. Cabanis, M. de la Marck, M. l'évêque d'Autun, &c. On a rendu jusqu'aux cris du Peuple qu'on entend de la rue demander des nouvelles de Mirabeau, & qui sont peut-être pour le Spectateur ce qu'il y a de plus déchirant.

L'Auteur n'a pas oublié le désespoir de M. Combs qui l'a entraîné au point d'attenter à sa vie. Il a peint son délire avec la plus grande énergie, augmentée encore par la manière dont l'Acteur, M. de Vigny, l'a rendu. Cette scène toucheroit encore davantage si elle étoit moins prolongée. La pièce a eu le plus grand succès, & elle est de nature à n'en avoir pas un équivoque. On a demandé l'Auteur qui n'a pas voulu paroître; on a nommé M. Pujoulx, auteur du *Couvent*, que l'on joue au même théâtre, et de quelques autres pièces qui ont réussi au théâtre Italien.

5. La Harpe, *Correspondance littéraire*, VI, 109–11.

Mais ce qui a fourni à tous les théâtres, c'est la mort de *Mirabeau*. J'ai vu deux pièces sur ce sujet, l'une aux Italiens, *Mirabeau aux Champs-Elysées*; l'autre au théâtre de Monsieur, *Mirabeau à ses derniers moments*.[12] C'est une drôle de chose que ces pièces là! Qu'on s'imagine, dans la dernière, Mirabeau, dans son lit, entouré successivement du son médecin *Cabanis*, du docteur *Petit*, du secrétaire *de Comps* [sic], de son ami *Frochot*; joignez-y les visites de M. *de la Marck* et de l'évêque d'Autun, et le peuple assemblé sous les fenêtres, demandant et recevant des nouvelles du mourant, et le mourant qui répète toutes les paroles que Mirabeau a réellement dites pendant les trois jours qu'a duré sa maladie; enfin, tout ce que le rapport imprimé par Cabanis a appris à tout le monde; et c'est-là qu'on appelle aujourd'hui une *pièce*; il est vrai qu'on n'a pas vu la seringue de la chaise-percée; on les suppose dans la ruelle, au fond du théâtre.

    Il est des objets que l'art judicieux
    Doit offrir à l'oreille et reculer des yeux. (Boileau)

C'est ainsi que nous observons l'*Art poétique*.

[The review continues with a discussion of *L'Ombre de Mirabeau*.]

6. *Mercure universel*, 25 May 1791, V, 398–99.

Jusqu'ici la mort d'un homme *immortel*, avoit donné naissance à deux pièces

---

[12] The index points out that this in fact refers to Pujoulx's *Mirabeau à son lit de mort*.

assez périssables, dont nous avons rendu compte dans le temps. Quelques critiques s'attendoient à voir la troisième, donnée hier à ce théatre, sous le titre de *Mirabeau à son lit de mort*, trouver *le mort* dans le lit même du malade. Mais l'auteur, M. Pujol, avoit prévenu le public par une lettre insérée dans plusieurs journaux, et nous rapporterons ici ses propres expressions.

> En rassemblant, dit-il, toutes les circonstances de la mort de Mirabeau, j'ai vu que ses derniers momens ont été aussi imposans, que le cours de sa vie politique a été glorieux, et j'ai pensé que le tableau le plus vrai de sa mort seroit sa plus belle apothéose.

Rempli de cette idée, M. Pujol a recueilli avec respect les dernières paroles de ce grand homme, et les a placées dans un cadre simple et vrai. Nous ne reviendrons pas sur des détails précieux connus de tout le monde, il nous suffira de dire qu'on les retrouve très exactement suivis dans cet ouvrage, et que Mirabeau y reçoit les soins consolateurs de MM. Cabanis, Petit, et les témoignages touchans d'une vive amitié de MM. le Marck et l'évêque d'Autun. L'égarement de M. Combs son secrétaire y est fort bien rendu par M. Devigny qui a mis beaucoup de vérité dans le délire. M. Dalinval chargé du role imposant de Mirabeau, s'il n'a pas toujours parlé comme le Démosthène françois, a du moins mis cette énergie d'expression, et cette force de sentiment qui caracterisoient ce grand personnage. Le public a paru satisfait, et a demandé l'auteur que nous avons déjà fait connoître. Nous pensons que s'il faisoit quelques sacrifices, et resserroit l'ensemble, l'impression seroit plus forte, la sensation plus durable. Au reste, il a montré que si l'on mettoit des actions en récit; on pouvoit bien aussi mettre des récits en action, et peut-être a-t-il ouvert une route nouvelle aux auteurs dramatiques.

Sans vouloir ici rien préjuger sur le jugement de la postérité, nous pensons que *Mirabeau*, (auquel nous rendons d'ailleurs un juste tribut d'éloges pour ses grands talens) n'a pas encore, au milieu de l'engouement général été jugé sainement; qu'un petit nombre de gens impartiaux a fixé à sa juste mesure l'opinion qu'on doit avoir de ce beau génie, et qu'enfin une correspondance secrete mise au jour, apprendra seule à apprécier cet homme extraordinaire, en descendant dans tous les replis d'une ame inaccessible, et en éclairant tous les détours cachés d'un politique aussi habile que savant.

7. *L'Année littéraire*, 1791, VI, 35.

Mirabeau à son lit de mort, fait historique, en un acte, en prose, par M. Pujouls, administrateur de ce théâtre, et auteur du *Couvent*.

Cette pièce a été donnée pour la première fois, le mardi 24, et a eu du succès, elle fait honneur à la sensibilité de M. Pujouls. Par une lettre insérée dans quelques papiers publics et distribuée au théâtre le jour de la première représentation, il prévient les spectateurs qu'ils ne doivent pas s'attendre à trouver une pièce tissue d'après les règles et les principes du théâtre, qu'il n'a cherché qu'à être vrai, et à faire partager au public les mouvemens de sensibilité que lui ont occasionnés les derniers momens de Mirabeau. Ce sont principalement les paroles de cet homme célèbre qu'il s'est attaché à recueillir, et à faire rendre avec le ton de vérité le plus convenable à la crise du malade. Mirabeau paroît sur son lit: il est entouré de Cabanis, Faucherot, la Mark [sic], l'évêque d'Autun et Petit; il parle à chacun d'eux d'après les sentimens d'estime et d'amitié qu'il leur avoit voués. Il est fâcheux que M. Pujouls ait été mal instruit sur beaucoup de *paroles mémorables* échappées à Mirabeau, et recueillies par ses amis, et même par quelques papiers publics, où on les retrouve avec plus d'énergie qu'on ne leur en a donné sur la scène. On a remarqué cependant celle-ci: *l'air et le soleil, voilà ce qui fait vivre, mais il faut encore des amis pour faire aimer la vie*. La pièce se passe toute entière en regrets. De la part des amis de Mirabeau, sur sa mort certaine et trop prochaine; et en expressions de courage, de force et de mépris de la mort, de la part du malade, qui succombe enfin, et amène par sa fin celle de la pièce, après laquelle on soupiroit un peu, malgré des applaudissemens multipliés. Par égard pour l'intention de M. Pujouls, je me garderai de critiquer cette pièce, qui conviendroit mieux sur un théâtre particulier que sur un théâtre public: je crois d'ailleurs, devoir le prévenir qu'il doit peu compter sur la continuité du succès de pareils ouvrages. Le premier moribond, tant soit peu célèbre, qu'on voudra mettre en scène comme celui-là, le fera disparoître et oublier. Je dois les plus grands éloges à l'acteur qui a joué le rôle de M. Comps [sic], secrétaire de M. Mirabeau. Il a paru un instant sur le théâtre, dans un état pénible pour les spectateurs, qui ne pouvoient s'empêcher néanmoins d'applaudir l'art avec lequel il a su peindre son désespoir, l'aliénation de son esprit, le désordre en un mot de toutes ses facultés, même de tous ses sens.

8. *Journal de Normandie*, 20 June 1791, p. 816.

Hier on a donné, avec le plus grand succès, *Mirabeau à son lit de mort*, piece en un acte de M Pujoulx.

La longue et douloureuse agonie de ce grand homme, étendu sur son lit, et mourant au sein de ses amis et au milieu des gémissements du peuple, est une conception hardie, dont le succès annonce une grande révolution dans nos idées. Tous les personnages sont vivants; c'est M. Cabanis, médecin & ami du mourant, MM. Fraichot, la Mare [sic] et l'ancien évêque d'Autun, députés à l'assemblée nationale. C'est M. Coms [sic], secrétaire de Mirabeau, et enfin M. Petit, célèbre médecin, appelé en consultation.

Pour couper la monotonie de cette longue scene de douleur, où Mirabeau est constamment sur le théâtre, et lutte avec la souffrance et la mort, l'auteur a su ménager adroitement des intervalles de relâche au malade, pendant lesquels, les rideaux de son lit fermés, lui ont permis d'amener quelques scenes secondaires. Celle du désespoir de Coms, supérieurement rendue par M. Chapizot fils, est d'un effet déchirant; celle de l'évêque d'Autun, auquel Mirabeau remet son beau discours sur les testaments, pour le lire à l'assemblée nationale, repose un peu l'ame de l'auditeur, dans laquelle il fait succéder l'attendrissement à la terreur. Rien n'étoit plus difficile que d'exprimer, dans une attitude aussi genante, le stoicisme courageux de Mirabeau, cette fermeté d'ame qui triomphe des ombres de la mort pour répandre encore autour d'elle des flots de lumiere; enfin, le noble et sublime enthousiasme du héros, toutes les fois qu'il prononce les noms de patrie, de liberté et de constitution. M. Berard s'en est acquitté à la satisfaction générale. M. Grenier, chargé du role de M. Cabanis, M. ***, de celui de M. Fraichot, et M. Leber, de celui de M. la Mare, ont très-bien rendu les tendres soins de l'amitié, et son intéressante douleur. La dernière scène, où MM. Cabanis et la Mare annoncent au peuple que Mirabeau se meurt, qu'il est mort, et où le peuple répond à chaque mot par des gémissements, est de l'effet le plus attendrissant. Il ne sera jamais rendu à Mirabeau un plus digne hommage que celui des pleurs que ce moment fait répandre. La piece est terminée par un tableau déchirant et d'un effet aussi neuf que pittoresque. M. Cabanis est tombé sur les bras de son ami, dont il vient de recevoir le dernier soupir. M. la Mare reste immobile et muet, penché sur la fenêtre, d'où il a annoncé au peuple l'instant fatal, & un morceau d'harmonie sourd et lugubre se fait entendre, pendant qu'un moment & un tombeau prenne la place de la chambre du mort; mais le spectateur ne se retire pas sans quelque soulagement, en liant au-dessus du tombeau ces mots touchants, décrétés par l'assemblée national: aux grands hommes la patrie reconnaissante.

9. *Journal de Normandie*, 24 June 1791, p. 850.

J'ai lu, mon bon ami, avec l'intérêt que vous savez inspirer, l'extrait que vous donnâtes lundi de *Mirabeau à son lit de mort*. Ma façon de penser sur cette piece se rapporte entièrement à la vôtre, si vous me permettez d'en excepter ce que vous dites du rôle de l'évêque d'Autun: je le trouve insignifiant & manquant absolument de noblesse. L'auteur auroit pu s'en servir pour augmenter et varier l'intérêt; & il y a à mon gré de la mal-adresse à lui de n'en avoir pas tiré une plus grande partie. Il m'a semblé, non qu'il *reposoit l'ame de l'auditeur*, mais qu'il refroidissoit la scene, parce que le spectateur, qui attendoit davantage du personnage, voit avec déplaisir son espérance trompée.

Vous avez senti comme moi, comme le public, le grand effet que produit le tableau qui termine la piece. L'harmonie plaintive et douce qui se fait entendre semble introduire l'ombre de Mirabeau dans l'Elysée; tandis que le rideau, qui tombe lentement, adoucit les regrets de sa perte, en offrant les hommes de la patrie reconnoissante, qui accorde l'immortalité aux grands hommes qui l'ont servie. Cette idée est noble, importante, et du nombre de celles qui laissent de longues traces dans l'ame des spectateurs. Vous ne serez donc pas fâché d'apprendre, mon bon ami, que cette idée, qui a reçu l'approbation générale, n'appartient point à l'auteur, & ne tient point à sa pièce; elle est due à M. Bérard, qui, secondé par le machiniste, l'a fait exécuter. Vous trouverez peut-être juste de lui en restituer le mérite, & le public verroit probablement, avec sensibilité, dans votre prochain numéro, à qui il doit le plaisir qu'il a éprouvé.

The play was also performed in Bordeaux, on 22 and 25 July, according to Courteault, *La Révolution et les théâtres à Bordeaux*, p. 90.

BIBLIOGRAPHY

PRIMARY SOURCES

ADHÉMAR, GABRIELLE-PAULINE D', *Ma reine infortunée: souvenirs de la comtesse d'Adhémar, dame du palais de Marie-Antoinette* (Paris: Plon, 2006)
ANON., *Mirabeau aux enfers, ou La Contre-révolution du tartare* ([n.p.]: De l'imprimerie de Pluton et de toute sa cour, chez Sans Peur, 1791)
ANON., *Orgie et testament de Mirabeau* ([n.p.]: [n.pub.], 1791)
ANON., *Théroigne et Populus, ou le triomphe de la démocratie* (London [Paris]: [n.pub.], 1790)
ANON., *Trahison découverte du comte de Mirabeau* ([n.p.]: Imprimerie de Marat, [1790])
BOILEAU, NICOLAS, *Les Héros du roman* [1664], in *Œuvres complètes*, ed. by Françoise Escal (Paris: Gallimard, 1966), pp. 441–89
CABANIS, PIERRE-JEAN-GEORGES, *Journal de la maladie de Mirabeau* [1791], ed. by Carmela Ferrandes (Bari: Adriatica Editrice, 1996)
Catalogue des livres de la bibliothèque de feu M. Mirabeau l'aîné (Paris: Rozet, 1791)
CIZOS-DUPLESSIS, FRANÇOIS, *Projet pour l'établissement d'un nouveau théâtre, sous le nom de Fêtes nationales* (Paris: Cailleau, 1789)
CONDORCET, MARIE JEAN ANTOINE NICOLAS DE CARITAT, MARQUIS DE, *Vie de Voltaire*, in *Œuvres complètes de Voltaire*, ed. by Louis Moland, 50 vols (Paris: Garnier, 1877–85), I, 187–292
COUPÉ, JEAN-MARIE-LOUIS, *Les Soirées littéraires, ou Mélanges de traductions nouvelles des plus beaux morceaux de l'antiquité, de pièces instructives et amusantes, françaises et étrangères*, 10 vols (Paris: Honnert, 1795–99)
Déclaration des droits de l'homme et du citoyen, <http://www.elysee.fr/la-presidence/la-declaration-des-droits-de-l-homme-et-du-citoyen/> [accessed 15 July 2016]
DEJAURE, JEAN-ELIE, *L'Ombre de Mirabeau* (Paris: Cailleau, 1791)
DEMOSTHENES, *Œuvres complètes de Démosthène et d'Eschine*, trans. by Abbé Auger (Paris: Lacombe, 1777)
DESFONTAINES, PIERRE-FRANÇOIS GUYOT, *Voltairomanie, ou lettre d'un jeune avocat en forme de mémoire en réponse au libelle de sieur de Voltaire, intitulé le Préservatif* ([n.p.]: [n.pub.], 1738)
DESHOULIÈRES, ANTOINETTE DU LIGIER DE LA GARDE, 'Au R. P. Bouhours, sur son Livre de l'Art de bien penser sur les ouvrages d'esprit, 1687', in *Œuvres de Madame et de Mademoiselle Deshoulières* (Paris: chez les libraires associés, 1764), p. 207
DIDEROT, DENIS, 'Lettres à Falconet', in *Œuvres complètes*, ed. by Assézat and Tourneux, 20 vols (Paris: Garnier, 1875–77), XVIII, 79–336
—— *Pages inédites contre un tyran* [1770], ed. by Franco Venturi (Paris: GLM, 1937)
DIDEROT, DENIS, JEAN LE ROND D'ALEMBERT, and others, *Encyclopédie, ou dictionnaire raisonné des sciences, des arts et des métiers*, 28 vols (Geneva: Briasson, 1754–72)

FÉNELON, FRANÇOIS DE SALIGNAC DE LA MOTHE, *Dialogues des morts, composés pour l'éducation d'un prince* [1712], in *Œuvres*, ed. by Jacques Le Brun, 2 vols (Paris: Gallimard, 1983), I, 277–510

FONTENELLE, BERNARD DE BOVIER DE, *Nouveaux dialogues des morts* [1683], in *Œuvres complètes*, ed. by Alain Niderst, 9 vols (Paris: Fayard, 1989–2001), I, 47–211

FRANKLIN, BENJAMIN, 'Speech to the Constitutional Convention' (17 September 1787), in James Madison, *Journal of the Federal Convention*, ed. by E. H. Scott (Chicago: Albert, 1893), pp. 741–42

—— *Mémoires de la vie privée de Benjamin Franklin écrits par lui-même et adressés à son fils*, trans. by Gibelin (Paris: Buisson, 1791)

FREDERICK II, KING OF PRUSSIA, *Œuvres philosophiques* (Paris: Librairie Arthème Fayard, 1985)

FURETIÈRE, ANTOINE, *Dictionnaire universel*, ed. by Jean-Baptiste Brutel de la Rivière, 4 vols (The Hague: Husson, Johnson, Swart, 1727)

GALLOIS, LÉONARD, ed., *Réimpression de l'Ancien Moniteur*, 32 vols (Paris: Bureau Central, 1840–45)

GOLDONI, CARLO, *Mémoires*, in *Tutte le opere*, ed. by Giuseppe Ortolani, 14 vols (Milan: Mondadori, 1935), I

GOUGES, OLYMPE DE, *Le Bon sens français, ou L'Apologie des vrais nobles* (Paris: [n.pub.], 1792)

—— *Le Bonheur primitif de l'homme, ou Les Rêveries patriotiques* (Paris: Royer, 1789)

—— *Correspondance de la Cour: compte moral rendu et dernier mot à mes chers amis par Olympe Degouges* [sic] *à la Convention nationale et au peuple, sur une dénonciation faite contre son civisme, aux Jacobins, par le sieur Bourdon* (Geneva: Buisson, 1786)

—— *Le Couvent, ou Les Vœux forcés*, in *Théâtre politique*, ed. by Gisela Thiele-Knobloch, 2 vols (Paris: Indigo and Côté-femmes, 2007), I, 33–88

—— *Déclaration des droits de la femme et de la citoyenne*, in *Ecrits politiques*, ed. by Olivier Blanc, 2 vols (Paris: Indigo and Côté-femmes, 2014), II, 204–15

—— *Discours de l'aveugle aux Français* (Paris: [n.pub.], 1789)

—— *L'Entrée de Dumouriez à Bruxelles*, in *Théâtre politique*, ed. by Gisela Thiele-Knobloch, 2 vols (Paris: Indigo and Côté-femmes, 2007), I, 131–244

—— *L'Esclavage des noirs, ou l'heureux naufrage* (Paris: Duchesne, 1792)

—— *L'Esprit français, ou Problème à résoudre sur le labyrinthe des divers complots* (Paris: Duchesne, 1792)

—— *La France sauvée, ou le tyran détrôné*, in *Théâtre politique*, ed. by Gisela Thiele-Knobloch, 2 vols (Paris: Indigo and Côté-femmes, 2007), II, 183–209

—— *Lettre à Monseigneur le duc d'Orleans, premier prince du sang* ([n.p.]: [n.pub.], [1789])

—— *Le Mariage inattendu de Chérubin*, in *Œuvres de Madame de Gouges*, 2 vols (Paris: Cailleau, 1788), II

—— *Mémoire de Madame de Valmont contre l'ingratitude et la cruauté de la famille des Flaucourt avec la sienne dont les sieurs Flaucourt ont reçu tant de services*, in *Œuvres de Madame de Gouges*, 2 vols (Paris: Cailleau, 1788), I, 9–138

—— 'Mémoire pour Mme de Gouges contre la Comédie-Française', in *Les Comédiens demasqués, ou Madame De Gouges ruinée par la Comédie Française pour se faire jouer* (Paris: [n.pub.], 1790)
—— *Mirabeau aux Champs-Elysées* (Paris: Garnéry, 1791)
—— *Mirabeau aux Champs-Elysées*, ed. by Pièrre Laguenière and Muriel Usandiviras-Mili (Ontario: Université Laurentienne, 1989)
—— *Mirabeau aux Champs-Elysées*, in *Œuvres complètes*, ed. by Félix Castan, 4 vols (Montauban: Cocagne, 1993), I, 247–60
—— *Mirabeau aux Champs-Elysées*, in *Théâtre politique*, ed. by Gisela Thièle-Knobloch, 2 vols (Paris: Indigo and Côté-femmes, 2007), I, 89–130
—— *Molière chez Ninon*, ed. by Céline Griéhard (Paris: Fièvre, 2014), <http://www.theatre-classique.fr/pages/pdf/gouges_moliereninon.pdf> [accessed 15 July 2016]
—— *Molière chez Ninon, ou le siècle des grands hommes* [1787] (Paris: Cailleau, 1788)
—— *Molière chez Ninon, ou le siècle des grands hommes* [1787], in *Œuvres complètes*, ed. by Félix Castan, 4 vols (Montauban: Cocagne, 1993), I, 143–91
—— *Œuvres de Madame de Gouges*, 2 vols (Paris: Cailleau, 1788)
—— *Œuvres de la citoyenne de Gouges dédiées à Philippe* (Paris: Jay, 1793)
—— *Œuvres*, ed. by Bénoîte Groult (Paris: Mercure de France, 1986)
—— *Le Philosophe corrigé*, in *Œuvres de Madame de Gouges*, 2 vols (Paris: Cailleau, 1788), II
—— *Préface pour les dames*, in *Œuvres de Madame de Gouges*, 2 vols (Paris: Cailleau, 1788), I, 1–8
—— *Le Prince philosophe, conte oriental*, 2 vols (Paris: Indigo and Côté-femmes, 1995)
—— *Projet de la caisse patriotique*, in *Ecrits politiques*, ed. by Olivier Blanc, 2 vols (Paris: Indigo and Côté-femmes, 2014), I, 37–45
—— *Séance Royale-Motion de Monseigneur le Duc d'Orléans, ou les Songes patriotiques dédiées à Monseigneur le Duc d'Orléans par Madame de Gouges* ([n.p.]: [n.pub.], 1789)
—— *Testament politique d'Olympe de Gouges* ([n.p.]: [n.pub.], [n.d])
—— *Le Tombeau de Mirabeau* ([n.p.]: [n.pub.], 1791)
—— *Zamore et Mirza* (Paris: Cailleau, 1788)
HORACE, *Odes and Epodes*, trans. by Niall Rudd, Loeb Classical Library (Cambridge, MA: Harvard University Press, 2004)
JEAN-BERNARD, *Histoire anecdoctique de la Révolution française*, Les Lundis Révolutionnaires (Paris: Georges Maurice, 1790)
KLAIRWAL, CHARLES, *De Fransche Demosthenes, of Mirabeau in de Eliseesche velden: toneelspel, in een bedrijf en in ondicht*, trans. by Gerrit Paape (Dunkirk: Bij van Schelle and comp., 1791)
L'HÉRITIER DE VILLANDON, MARIE-JEANNE, 'Le Triomphe de Mme Deshoulières', in *Œuvres meslees contenant l'innocente tromperie, l'avare puny, les enchantemens de l'eloquence, les avantures de Finette* (Paris: Guignard, 1696), pp. 402–24
LA FONTAINE, JEAN DE, 'Les Grenouilles qui demandent un roi', in *Œuvres*, ed. by André Versaille (Paris: Editions Complexe, 1995), pp. 537–39

LA HARPE, JEAN-FRANÇOIS, *Correspondance littéraire adressée à son altesse impériale M. le grand-duc*, 6 vols (Paris: Migneret, 1807)
—— *Cours de littérature ancienne et moderne*, 3 vols (Paris: Didot Frères, 1811)
LAFAYETTE, GILBERT DU MOTIER, MARQUIS DE, *Mémoires, correspondance et manuscrits du général Lafayette*, 6 vols (Brussels: Société belge de librairie, 1837–38)
LESUR, CHARLES-LOUIS, *L'Apothéose de Beaurepaire* (Paris: Toubon, 1792)
LIVY, *From the Founding of the City, Books I and II with an English Translation* (Cambridge, MA: Harvard University Press, 1919)
LUCIAN, *Dialogues of the Dead* [2 AD], in *Lucian*, trans. by M. D. MacLeod, Loeb Classical Library, 8 vols (Cambridge, MA: Harvard University Press, 1961–79), VII, 1–175
MADIVAL, J., E. LAURENT, and others, eds, *Archives parlementaires de 1789 à 1860: recueil complet des débats législatifs & politiques des Chambres françaises*, 101 vols (Paris: Librairie administrative de P. Dupont, 1862–)
MERCIER, LOUIS-SÉBASTIEN, *Le Nouveau Paris* [1797], ed. by Jean-Claude Bonnet (Paris: Mercure de France, 1994)
MILLEVOYE, CHARLES-HUBERT, *Œuvres (Elégies, chants élégiaques, poèmes, poésies légères, chansons, dialogues, dizains et huitains, ballades, épigrammes)* (Paris: Michaud, [1823?])
MIRABEAU, HONORÉ GABRIEL RIQUETI, COMTE DE, *Considérations sur l'ordre de Cincinnatus* (London: J. Johnson, 1785)
—— *De la monarchie prussienne sous Frédéric le Grand* (London: [n.pub.], 1788)
—— *Des lettres de cachet* (Hamburg: [n.pub.], 1782)
—— *Discours et réplique de comte de Mirabeau à l'Assemblée nationale dans les séances des 20 et 22 mai [...] avec une lettre d'envoie à messieurs les administrateurs des départemens* (Paris: Lejay fils, 1790)
—— *Discours sur l'éducation nationale* (Paris: Lejay, 1791)
—— 'Discours sur l'égalité des partages dans les successions en ligne directe', in *Réimpression de l'Ancien Moniteur*, ed. by Léonard Gallois, 32 vols (Paris: Bureau Central, 1840–45), VIII, 21
—— 'Eloge de Franklin', <http://www2.assemblee-nationale.fr/decouvrir-l-assemblee/histoire/grands-moments-d-eloquence/mirabeau-eloge-funebre-de-benjamin-franklin-11-juin-1790> [accessed 15 July 2016]
—— *Erotika Biblion* (Rome [Neuchatel?]: [n.pub.], 1783)
—— *Essai sur le despotisme* (London: [n.pub.], 1776)
—— *Lettre remise à Frédéric-Guillaume II, roi regnant de Prusse, le jour de son avènement au trône* (Berlin: [n.pub.], 1787)
—— *Lettres du Comte de Mirabeau à ses Commettans, pendant la tenue de la première Législature* (Paris: Lavillette, 1791)
—— *Lettres écrites du Donjon de Vincennes (1777–78)*, ed. by Beatrice Didier (Arles: Actes Sud, 1998)
—— *Mémoires biographiques, littéraires et politiques de Mirabeau*, 8 vols (Paris: Delaunay, 1835)
MONTAIGNE, MICHEL DE, *Les Essais*, ed. by Jean Balsamo, Michel Magnien and Catherine Magnien-Simonin (Paris: Gallimard, 2007)

MONTESQUIEU, CHARLES-LOUIS DE SECONDAT, BARON DE LA BRÈDE ET DE, *De l'esprit des lois* [1748], in *Œuvres complètes*, ed. by Roger Caillois, 2 vols, Bibliothèque de la Pléiade (Paris: Gallimard, 1949–51), II, 225–995

—— *Mes pensées*, in *Œuvres complètes*, ed. by Georges Vedel and Daniel Oster (Paris: Seuil, 1964)

PELETIER, JEAN-GABRIEL, *Paris pendant l'année 1797*, 24 vols (London: Bayliss, 1797)

PERRAULT, CHARLES, *Les Hommes illustres qui ont paru en France pendant le XVIIe siècle* [1696 and 1701], ed. by D. J. Culpin (Tübingen: Gunter Narr, 2003)

PIDANSAT DE MAIROBERT, MATHIEU FRANÇOIS, *L'Espion anglais, ou Correspondance secrète entre milord All'Eye et milord All'Ear*, 10 vols (London: Adamson, 1777–85)

PLUTARCH, *The Parallel Lives*, 11 vols, Loeb Classical Texts (London & Cambridge, MA: Heinemann & Harvard University Press, 1919)

—— *Les Vies des hommes illustres*, trans. by Jacques Amyot [1559] (Paris: Dupont, 1826)

QUATREMÈRE DE QUINCY, ANTOINE-CHRYSOSTOME, *Rapport fait au Directoire du Département de Paris, sur les travaux entrepris, continués ou achevés au Panthéon français depuis le dernier compte, rendu le 17 Novembre 1792* (Paris: Ballard, 1793)

RACINE, JEAN, *Bérénice*, in *Œuvres complètes*, ed. by Georges Forestier (Paris: Gallimard, 1999), pp. 447–556

ROGER, JEAN-PAUL, *Eloge de Mirabeau prononcé lors de l'inauguration du buste de ce grand homme* (Toulouse: Desclassan, 1791)

RONSARD, PIERRE DE, *Œuvres complètes*, ed. by Gustave Cohen, 2 vols (Paris: Gallimard, 1958)

ROUSSEAU, JEAN-JACQUES, *Confessions* [1782], ed. by Jacques Voisine (Paris: Classiques Garnier, 2011)

—— *Du contrat social*, in *Œuvres complètes de Jean-Jacques Rousseau*, ed. by Bernard Gagnebin and Marcel Raymond, Bibliothèque de la Pléiade, 5 vols (Paris: Gallimard, 1964), III, 279–470

—— *Discours sur l'origine et les fondements de l'inégalité parmi les hommes*, in *Œuvres complètes de Jean-Jacques Rousseau*, ed. by Bernard Gagnebin and Marcel Raymond, Bibliothèque de la Pléiade, 5 vols (Paris: Gallimard, 1964), III, 108–223

SAINT-PIERRE, ABBÉ DE, *Discours sur les différences du grand homme et de l'homme illustre*, in Abbé Seran de la Tour, *Histoire d'Epaminondas pour servir de suite aux Hommes illustres de Plutarque* (Paris: Didot, 1739)

SÉVIGNÉ, MARIE DE RABUTIN-CHANTAL, MARQUISE DE, *Recueil des lettres de Madame la marquise de Sévigné, a Madame la comtesse de Grignan, sa fille*, 8 vols (Paris: Dessaint et Saillant, 1754)

STAËL, GERMAINE DE, *Corinne ou l'Italie* (Paris: Gallimard, 1985)

—— *Œuvres complètes de Madame la Baronne De Staël-Holstein*, 2 vols (Paris: Didot Frères, 1838)

THOMAS, ANTOINE-LÉONARD, *Essai sur les éloges* (Toulouse: F. Vieusseux, 1819)

TRENCK, FRIEDRICH VON DER, *Le Destin extraordinaire du baron de Trenck*, ed. by Richard Bolster (Paris: Pygmalion, 1986)

VIRGIL, *Georgics* [29 BC], ed. by Peter Fallon, Oxford World Classics (Oxford: Oxford University Press, 2009)
VOLTAIRE, *Commentaire historique sur les œuvres de l'auteur de la Henriade*, in *Œuvres complètes de Voltaire*, ed. by Louis Moland, 50 vols (Paris: Garnier, 1877-85), I, 69-126
—— *Commentaire sur l'Esprit des lois de Montesquieu*, in *Œuvres complètes de Voltaire*, 200 vols (Oxford: Voltaire Foundation, 2009), 80B, 207-450
—— *Correspondence and Related Documents*, ed. Theodore Besterman, 51 vols (Oxford: Voltaire Foundation, 1968-77)
—— *Digital Correspondence of Voltaire*, ed. by Nicholas Cronk, <http://dx.doi.org/10.13051/ee:doc/voltfrVF1260332b1c> [accessed 15 July 2016]
—— 'Epitre CIV, à l'auteur du livre des trois imposteurs', in *Œuvres complètes de Voltaire*, ed. by Louis Moland, 50 vols (Paris: Garnier, 1877-85), X, 402-05
—— *Epitre à Horace*, in *Œuvres complètes de Voltaire*, 200 vols (Oxford: Voltaire Foundation, 2015), 74B, 249-90
—— *Questions sur l'Encyclopédie, par des amateurs (VII): Langues-Prières*, in *Œuvres complètes de Voltaire*, 200 vols (Oxford: Voltaire Foundation, 2007), 42B
—— *Le Siècle de Louis XIV, Chapitres 25-30*, ed. by Diego Venturino and others, in *Œuvres complètes de Voltaire*, 200 vols (Oxford: Voltaire Foundation, 2015), 13C
VOLZ, G. B., ed., *Politische Correspondenz. Ergänzungsband: Die politischen Testamente Friedrichs des Grossen* (Berlin: Reimar Hobbing, 1920)

Manuscript Sources

Archives nationales de France, Olympe de Gouges, 'La France sauvée', W/293, dossier 210
Bibliothèque nationale de France, Anon., 'Le Panthéon français, ou La Désertion des Champs-Elysées', ms. fr. 9263, vol. 22, 340r-349v
Bibliothèque nationale de France, [Charles Klairwal], 'Le Démosthène français, ou L'Arrivée de Mirabeau aux Champs-Elysées', ms. fr. 9267, vol. 26
Bibliothèque-Musée de la Comédie-Française, letter from Olympe de Gouges to the actors of the Comédie-Française, 5 February 1787, Fonds Gouges, #10
Bibliothèque-Musée de la Comédie-Française, letter from Olympe de Gouges to the actors of la Comédie-Française, 4 January 1790, Fonds Gouges
Bibliothèque-Musée de la Comédie-Française, letter from Olympe de Gouges to the actors of la Comédie-Française, 13 January 1790, Fonds Gouges
Bibliothèque-Musée de l'Opéra, TH/OC.74-76
Service Historique de la Défense, GR.14.YC.41-41bis
Service Historique de la Défense, GR.XB.172

Journals

Almanach des muses (Paris: Délalain, 1790)
Almanach des spectacles (Paris: Veuve Duchesne, 1792)
Annales dramatiques, 9 vols (Paris: Babault, Capelle & Renand, Treuttel & Wurtz, Le Normand: 1809)

Chronique de Paris, 5 vols (Paris: [n.pub.], 1790–93)
Esprit des journaux (Paris: Tutot, 1772–98)
FRÉRON, ELIE-CATHÉRINE, *L'Année littéraire, ou, suite des lettres sur quelques écrits de ce temps*, 202 vols (Paris: Lambert, 1754–90)
HÉBERT, JACQUES, *Le Père Duchesne* (Paris, 1790–94)
Journal de Normandie (Rouen: Le Boucher, 1785–91)
Journal de Paris (Paris: Quellau, 1777–92)
Journal général de France (Bureau du Journal général de France, ou Affiches, January–May 1791)
Journal patriotique et de commerce (Bordeaux: Lacour, 1790–92)
La Feuille villageoise: adressée, chaque semaine, à tous les villages de France, pour les instruire des loix, des évènemens, des découvertes qui intéressent tout citoyen, proposée par souscription aux propriétaires, fermiers, pasteurs, habitans et amis des campagnes. N.27–52 (mars–septembre 1791) (Paris: Desenne, 1791)
Le Patriote François (par une société de citoyens et dirigée par J. P. Brissot de Warville), facsimile (Frankfurt: Keip Verlag, 1989)
Leydse Courant,<http://leiden.courant.nu/issue/LYC/1791-07 20/edition/0/page/2?query=klairwal&sort=issuedate%20ascending> [accessed 15 July 2016]
Mercure de France (Paris: Chaubert, Jorry, Prault, Duchesne, Cailleau, Cellot, 1724–1811)
Mercure universel, 54 vols (Paris: Antoine Tournon, 1791–95)
Oprechte Haerlemsche courant, <http://www.delpher.nl/nl/kranten/view?query=klairwal&page=1&coll=ddd&identifier=ddd%3A010801195%3Ampeg21%3Aa0007&resultsidentifier=ddd%3A010801195%3Ampeg21%3Aa0007> [accessed 15 July 2016]
Spectateur national (Paris, 1789–92)

Images

'Mirabeau arrive aux Champs Elisées', 1792, engraved print by Louis Joseph Masquelier after Jean-Michel Moreau, in The Metropolitan Museum of Art, New York
'Mirabeau l'ainé, ou le Démosthène français' [estampe] ([Paris]: [n.pub.], [1791–99?]), <http://frda.stanford.edu/fr/catalog/dy314jv9568> [accessed 15 July 2016]
'Les Animaux rares: ou la translation de la ménagerie royale au Temple, le 20 aoust 1792, 4.me de la liberté et 1.er de l'égalité' [estampe] ([Paris]: [n.pub.], 1791), <http://gallica.bnf.fr/ark:/12148/btv1b69487671> [accessed 15 July 2016]
'Vétéran: Enfant soldat: Garde nationale' (Paris: [n.pub.], 1790–92), <http://catalogue.bnf.fr/ark:/12148/cb40258143b> [accessed 15 July 2016]
'Pompe funèbre du convoi de Mirabeau: aux grands hommes la nation reconnaissante: [estampe]' (Paris: Le Claire, 1791), <https://frda.stanford.edu/en/catalog/kj258tp7681> [accessed 1 March 2017]

SECONDARY SOURCES

'Deux femmes et deux hommes au Panthéon', *Le Monde*, 19 February 2014, <http://www.lemonde.fr/politique/article/2014/02/19/quatre-entrees-au-pantheon_4369654_823448.html> [accessed 15 July 2016]

'Les Gens de Dieppe et les comédiens sous Louis XV', *La Vigie de Dieppe* (May 1935), cited in *Bulletin de la société des historiens du théâtre*, 3, 5–6 (1935), 76

ADO, A., *Paysans en révolution: terre, pouvoir et jacquerie, 1789-94* (Paris: Bibliothèque d'histoire révolutionnaire, 1996)

ALTENA, PETER, *Gerrit Paape (1752-1803): Levens en werken* (Nijmegen: Vantilt, 2012)

ANDRIES, LISE, 'Querelles et dialogues des morts au XVIIIe siècle', *Littératures classiques*, 81 (2013), 131–46

ARGUELLES-LING, ALTHEA, 'Famille, Révolution, Patrie: National Imaginings in the Plays of Olympe de Gouges', *Australian Journal of French Studies*, 44, 3 (2007), 238–350

BAECQUE, ANTOINE DE, *La Caricature révolutionnaire* (Paris: CNRS, 1988)

—— *Glory and Terror: Seven Deaths Under the French Revolution* (London: Routledge, 2013)

BELL, DAVID, *The Cult of the Nation in France: Inventing Nationalism, 1680-1800* (Cambridge, MA: Harvard University Press, 2001)

BERNIER, MARC-ANDRÉ, 'Scepticisme et rhétorique du parallèle dans les *Nouveaux dialogues des morts* de Fontenelle', in *Parallèle des Anciens et des modernes. Histoire, rhétorique et esthétique au siècle des Lumières*, ed. by Marc-André Bernier (Laval: Presses de l'Université Laval, 2006), pp. 49–61

BIARD, MICHEL, *La Révolution hantée* (Paris: Vendémiaire, 2017)

BLACKBOURN, DAVID, '"Conquests from Barbarism": Taming Nature in Frederician Prussia', in *Nature in German History*, ed. by Christof Mauch (New York: Berghahn Books, 2004), pp. 10–30

BLANC, OLIVIER, 'Cercles politiques et "salons" du début de la Révolution (1789-93)', *Annales historiques de la Révolution française*, 34 (2006), 63–92

—— *Marie-Olympe de Gouges: une humaniste à la fin du XVIIIe siècle* (Paris: René Viénet, 2003)

BLANNING, TIM, *Frederick the Great: King of Prussia* (London: Allen Lane, 2015)

BLED, JEAN-PAUL, *Frédéric le Grand* (Paris: Fayard, 2004)

BONNEL, ROLAND, 'Olympe de Gouges et la carrière dramatique: "une passion qui porte jusqu'au délire"', in *Femmes et pouvoir: réflexions autour d'Olympe de Gouges*, ed. by Shannon Hartigan, Rea McKay and Marie-Thérèse Seguin (Moncton: Editions d'Acadie, 1995), pp. 65–95

BONNET, JEAN-CLAUDE, 'Le Culte des grands hommes en France au XVIIIe siècle ou la défaite de la monarchie', *Modern Language Notes*, 116, 4 (2001), 689–704

—— *Naissance du Panthéon: essai sur le culte des grands hommes* (Paris: Fayard, 1998)

BOTTINEAU-FUCHS, YVES, *Georges 1er d'Amboise, 1460-1510: un prélat normand de la Renaissance* (Rouen: PTC, 2005)

BOURDIN, PHILIPPE, 'Les Apothéoses théâtrales des héros de la Révolution (1791-94)', in *Héros et héroïnes de la Révolution française*, ed. by Serge Bianchi (Paris: CTHS-Société des études robespierristes, 2012), pp. 139–58

—— 'Les Factions sur les tréteaux patriotiques (1789-99): combats pour une représentation', in *Représentation et pouvoir: la politique symbolique en France (1789-1830)*, ed. by Natalie Scholz and Christina Schröer (Rennes: Presses Universitaires de Rennes, 2007), pp. 23–37

BROUWERS, DIEUDONNÉ, *Le Théâtre à Namur au XVIIIe siècle* (Namur: [n. pub], 1913)

BROWN, GREGORY S., 'The Self-Fashionings of Olympe de Gouges, 1784–89', *Eighteenth-Century Studies*, 34, 3 (2001), 383–401

—— *A Field of Honor: Writers, Court Culture and Public Theater in French Literary Life from Racine to the Revolution* (New York: Columbia University Press, 2002)

CAINI, AMBROGIO A., 'Louis XVI and Marie Antoinette', in *The Oxford Handbook of the French Revolution*, ed. by David Andress (Oxford: Oxford University Press, 2015), pp. 311–29

CARLYLE, THOMAS, *The French Revolution* [1837], 2 vols (Oxford: Oxford University Press, 1989)

CARPENTER, KIRSTY, 'Emigration in Politics and Imaginations', in *The Oxford Handbook of the French Revolution*, ed. by David Andress (Oxford: Oxford University Press, 2015), pp. 330–45

CASTAN, FÉLIX, ed., *L'Essentiel sur Olympe de Gouges* (Montauban: Cocagne, 2008)

CAZANAVE, CLAIRE, *Le Dialogue à l'âge Classique: étude de la littérature dialogique en France au XVIIe siècle* (Paris: Honoré Champion, 2007)

CHAPUIS, FERNAND, *L'Enigme de Mirabeau* (Paris: Editions du Scorpion, 1964)

CHAUDON, LOUIS, *Dictionnaire universel, historique, critique et bibliographique*, 8th edn, 20 vols (Paris: Mame Frères, 1810)

CHAUSSINAND-NOGARET, GUY, *Mirabeau* (Paris: Seuil, 1982)

CLARENDON, EDWARD HYDE, EARL OF, *History of the Rebellion and Civil Wars in England*, 8 vols (Oxford: Clarendon Press, 1826)

CLARKE, DAVID, 'Plutarch's Contribution to the Invention of Sabine in Corneille's "Horace"', *Modern Language Review*, 89, 1 (1994), 39–49

CONWAY, MEGAN, 'Olympe de Gouges: Eighteenth-Century Oprah or Madonna?', in *Celebrity: The Idiom of a Modern Era*, ed. by Bärbel Czennia (New York: AMS, 2013), pp. 131–49

—— 'Olympe de Gouges: Revolutionary in Search of an Audience', in *Orthodoxy and Heresy in Eighteenth-Century Society*, ed. by Regina Hewitt and Pat Rogers (Lewisburg, PA: Bucknell UP, 2002), pp. 247–66

COOK, MALCOLM, ed., *Dialogues révolutionnaires* (Exeter: University of Exeter Press, 1994)

COURTEAULT, PAUL, *La Révolution et les théâtres à Bordeaux, d'après des documents inédits* (Paris: Perrin, 1926)

DARLOW, MARK, *Staging the French Revolution: Cultural Politics and the Paris Opera, 1789–1794* (New York: Oxford University Press, 2012)

DÉSERT, GABRIEL, *La Révolution française en Normandie, 1789–1800* (Toulouse: Bibliothèque historique Privat, 1989)

DESPRAT, JEAN-PAUL, *Mirabeau: l'excès et le retrait* (Paris: Perrin, 2008)

DOUTHWAITE, JULIA, *The Frankenstein of 1790 and Other Lost Chapters from Revolutionary France* (Chicago: University of Chicago Press, 2012)

DUCHÊNE, ROGER, *Ninon de Lenclos: la courtisane du Grand Siècle* (Paris: Fayard, 1984)

DUMONT, ETIENNE, *Souvenirs sur Mirabeau et sur les deux premières assemblées législatives* (Brussels: Méline, 1832)

DUPRAT, ANNIE, *Les Rois de papier: la caricature de Henri III à Louis XVI* (Paris: Belin, 2002)

EGILSRUD, JOHAN, *Le 'Dialogue des morts' dans les littératures française, allemande et anglaise (1644–1789)* (Paris: Editions Véga, 1934)

FARGE, ARLETTE, *Dire et mal dire: l'opinion publique au XVIIIe siècle* (Paris: Seuil, 1992)

FEILLA, CECILIA, *The Sentimental Theater of the French Revolution* (Farnham: Ashgate, 2013)

FONTAINE, MARIE, 'Voltaire et Rousseau aux Champs Elysées, avant et après leur installation au Panthéon: étude de trois dialogues des morts', *Cahiers Voltaire*, 12 (2013), 93–110

FORESTIÉ, EM, *Récit des troubles de Montauban (10 mai 1790): bibliographie des écrits relatifs à cet événement* (Montauban: Forestié, 1883)

FRANTZ, PIERRE, 'Les Genres dramatiques pendant la Révolution', *Convegno di studi sul teatro e la Rivoluzione francese*, ed. by Mario Richter (Venice: Accademia Olimpica, 1991), pp. 49–63

FRAY, GEORGES, *Mirabeau: l'homme privé* (Paris: Monédières, 2009)

FRIEDLAND, PAUL, *Political Actors: Representative Bodies and Theatricality in the Age of the French Revolution* (Ithaca, NY: Cornell University Press, 2002)

GLOVER LINDSAY, SUZANNE, *Funerary Arts and Tomb Cult: Living with the Dead in France, 1750–1870* (Farnham: Ashgate, 2012)

GOODEN, ANGELICA, *Actio and Persuasio* (Oxford: Clarendon, 1986)

GOODMAN, DENA, ed., *Marie-Antoinette: Writings on the Body of a Queen* (London: Routledge, 2013)

GOODMAN, JESSICA, 'Between Celebrity and Glory? Textual After-image in Late Eighteenth-century France', *Celebrity Studies* (October 2016), <http://www.tandfonline.com/doi/abs/10.1080/19392397.2016.1233705> [accessed 15 July 2016]

—— '"Le Néant de ce qu'on appelle gloire": Post-Revolutionary Cultural Memory and the *Dialogue des Morts*, the Case of François Pagès', *Romance Studies*, 33, 3–4 (July–November 2015), 179–89

GOODMAN, JESSICA, and JOSEPH HARRIS, eds, *Anticipated Afterlives: Envisaging Posterity in Early Modern France*, special issue of *Early Modern French Studies* (2018, forthcoming)

GROULT, BENOÎTE, *Ainsi soit Olympe de Gouges* (Paris: Grasset, 2013)

GUILHAUME, PHILIPPE, *Mirabeau* (Paris: Encre, 1982)

HAMMOND, N. G. L., *Three Historians of Alexander the Great: The So-Called Vulgate Authors, Diodorus, Justin, and Curtius* (Cambridge: Cambridge University Press, 1983)

HARDEN, J. DAVID, 'Liberty Caps and Liberty Trees', *Past & Present*, 146 (1995), 66–102

HARROW, SUSAN, and ANDREW WATTS, eds, *Mapping Memory in Nineteenth-Century French Literature and Culture* (New York: Rodopi, 2012)

HELGERSON, RICHARD, *Forms of Nationhood: The Elizabethan Writing of England* (Chicago: University of Chicago Press, 1992)

HERPIN, E., 'André Désilles, le héros de Nancy', *Revue de Bretagne de Vendée & d'Anjou*, ed. by O. de Gourcuff, 41 (1809), 5–20

HIGGINS, D., 'Rousseau and the Pantheon: The Background and Implications of the Ceremony of 20 Vendémiaire Year III', *Modern Language Review*, 50, 3 (1955), 274–80

HOEFER, J. C. F., *Nouvelle biographie générale*, 48 vols (Paris: Firmin-Didot, 1852–66)

HOWARD, JEAN E., and PHYLLIS RACKIN, *Engendering a Nation: A Feminist Account of Shakespeare's English Histories* (London & New York: Routledge, 1997)

HUET, MARIE-HÉLÈNE, *Mourning Glory: The Will of the French Revolution* (Philadelphia: University of Pennsylvania Press, 1997)

—— *Rehearsing the Revolution: The Staging of Marat's Death, 1793–97* (Berkeley: University of California Press, 1982)

IRWIN, ELIZABETH, *Solon and Early Greek Poetry: The Politics of Exhortation* (Cambridge: Cambridge University Press, 2008)

IVERSON, JOHN R., 'The First French Literary Centenary: National Sentiment and the Molière Celebration of 1773', *Studies in Eighteenth-Century Culture*, 31 (2002), 145–68

JOHNSON, JAMES H., 'Revolutionary Audiences and the Impossible Imperatives of Fraternity', in *Recreating Authority in Revolutionary France*, ed. by Bryant T. Kagan Jr and Elizabeth H. Williams (New Brunswick: Rutgers University Press, 1992), pp. 57–68

KRAUSE-TASTET, PETER, 'L'Antiquité exemplaire: imitation et émulation dans les discours révolutionnaires', in *Une expérience rhétorique: l'éloquence de la Révolution*, ed. by Eric Négrel and Jean-Paul Sermain (Oxford: Voltaire Foundation, 2002), pp. 55–64

LAGUENIÈRE, PIERRE, 'Le Théâtre de la Révolution française a 200 ans', in *Actes du colloque théâtre et révolution*, ed. by Lucile Garbagnati and Marita Gilli (Paris: Les Belles Lettres, 1989), pp. 99–106

LAROUSSE, PIERRE, ed., *Grand dictionnaire universel du XIXe siècle*, 17 vols (Geneva: Slatkine, 1982)

LECOQ, GEORGES, *Histoire du théâtre de Saint-Quentin* (Paris: R. Simon, 1878)

LEFKOWITZ, MARY F., *The Lives of the Greek Poets* (Baltimore, MD: John Hopkins University Press, 2012)

LILTI, ANTOINE, *Figures publiques: l'invention de la célébrité, 1750–1850* (Paris: Fayard, 2014)

—— 'The Writing of Paranoia: Jean-Jacques Rousseau and the Paradoxes of Celebrity', *Representations*, 103 (2008), 53–83

LIVESEY, JAMES, *Making Democracy in the French Revolution* (Cambridge, MA: Harvard University Press, 2001)

LUTTRELL, BARBARA, *Mirabeau* (Hemel Hampstead: Harvester Wheatsheaf, 1990)

MALLINSON, G. JONATHAN 'What's in a Name? Reflections on Voltaire's *Paméla*', *Eighteenth-Century Fiction*, 18, 2 (2005–06), 157–68

MANGIN, MARIE-CLAIRE, 'La Peignée de la Saint-Gauzlin (Nancy, le mardi 31 août 1790)', *Mémoires de l'Académie de Stanislas, Nancy*, 15 (2000–01), 317–44

MARILLIER, MICHELLE, 'L'Audace d'Olympe de Gouges', in *Femmes et pouvoir: réflexions autour d'Olympe de Gouges*, ed. by Shannon Hartigan, Rea McKay and Marie-Thérèse Seguin (Moncton: Editions d'Acadie, 1995), pp. 37–44

MASLAN, SUSAN, *Revolutionary Acts: Theater, Democracy and the French Revolution* (Baltimore, MD: Johns Hopkins University Press, 2005)

MASON, LAURA, 'The "Bosom of Proof": Criminal Justice and the Renewal of Oral Culture during the French Revolution', *Journal of Modern History*, 76 (March 2004), 29–61

MASSON, FRÉDÉRIC, *Département des affaires étrangères sous la Révolution* (Paris: Plon, 1877)

MÉRILHOU, JOSEPH, 'Avant-propos', in Honoré Gabriel Riqueti, comte de Mirabeau, *Histoire secrète de la cour de Berlin* (Paris: Brissot-Thivars, 1825), pp. v–xxiv

MOUSSET, SOPHIE, *Olympe de Gouges et les droits de la femme* (Paris: Félin, 2003)

NEEFS, JACQUES, ed., *Le Culte des grands hommes*, special issue of *Modern Language Notes*, 116, 4 (2001)

NÉGREL, ERIC, 'Le Théâtre au service de la Révolution: une rhétorique de l'éloge', in *Une expérience rhétorique: l'éloquence de la Révolution*, ed. by Eric Négrel and Jean-Paul Sermain (Oxford: Voltaire Foundation, 2002), pp. 147–60

NICOLAS, JEAN, *La Rébellion française* (Paris: Folio Histoire Gallimard, 2008)

NIEUWEBOER, ADÈLE, 'Weyerman tussen macchiavellisme en vrijdenkerij?', *Mededelingen van de Stichting Jacob Campo Weyerman*, 20 (1997), 88–93

OZOUF, MONA, *Festivals and the French Revolution*, trans. by Alain Sheridan (Cambridge, MA: Harvard University Press, 1988)

—— 'Le Panthéon: l'école normale des morts', in *Les Lieux de mémoire*, ed. by Pierre Nora, 7 vols (Paris, 1984–92), I, 140–62

PEROVIC, SANJA, The French Republican Calendar: Time, History and the Revolutionary Event', *Journal for Eighteenth-Century Studies*, 35, 1 (2011), 1–16

—— 'Other People's Lives: Exemplary History and the French Revolution', *Literature & History*, 21, 2 (Autumn 2012), 16–31

PLACK, NOELLE, 'Challenges in the Countryside', in *The Oxford Handbook of the French Revolution*, ed. by David Andress (Oxford: Oxford University Press, 2015), pp. 346–61

POIRSON, MARTIAL, *Ombres de Molière: naissance d'un mythe littéraire à travers ses avatars du XVIIe siècle à nos jours* (Paris: Armand Colin, 2012)

PUJOL, STÉPHANE, *Le Dialogue d'idées au dix-huitième siècle* (Oxford: Voltaire Foundation, 2005)

RACKIN, PHYLLIS, *Stages of History: Shakespeare's English Chronicles* (Ithaca, NY: Cornell University Press, 1990)

ROBERT, YANN, 'Living Theater: Politics, Justice and the Stage in France (1750–1800)' (unpublished doctoral thesis, Princeton University, 2010)

ROBERTS, JAMES, *The Counter-Revolution in France 1787–1830* (London: Macmillan, 1990)

SCHRÖDER, VOLKER, 'Madame Deshoulières ou la satire au féminin', *Dix-septième siècle*, 25 (2013), 95–106

SCHUI, FLORIAN, *Rebellious Prussians: Urban Political Culture under Frederick the Great and his Successors* (Oxford: Oxford University Press, 2013)

SCOTT, JOAN, *Only Paradoxes to Offer: French Feminists and the Rights of Man* (Cambridge, MA: Harvard University Press, 2009)

SELLERS, M. N. S., 'Revolution, French', in *The Classical Tradition*, ed. by Anthony Grafton, Glenn W. Most and Salvatore Settis (London: Belknap Press, 2010), pp. 822–26

SHERMAN, CAROL, *Reading Olympe de Gouges* (New York: Palgrave Macmillan, 2013)

SHEU, LING-LING, *Voltaire et Rousseau dans le théâtre de la Révolution française (1789–99)*, Etudes sur le 18e siècle, hors série 11 (Brussels: Editions de l'Université de Bruxelles, 2005)

SHORTSLEFF, EMILY, 'Acting as an Epitaph: Performing Commemoration in the Shakespearean History Play', *Critical Survey*, 22, 2 (2010), 11–25

SHOWALTER, DENNIS E., *The Wars of Frederick the Great* (New York: Longman, 1996)

SOMMER, DORIS, *Foundational Fictions* (Berkeley: University of California Press, 1993)

STANFORD, PETER, *How to Read a Graveyard* (London: Bloomsbury, 2013)

SWIFT, HELEN J., *Representing the Dead: Epitaph Fictions in Late-Medieval France* (Woodbridge: Boydell and Brewer, 2016)

TERDIMAN, RICHARD, *Present Past: Modernity and the Memory Crisis* (Ithaca, NY: Cornell University Press, 1993)

THIERS, ADOLPHE, *Histoire de la révolution française*, 22nd edn, 10 vols (Wahlen: Brussels, 1844)

TIERSOT, JULIEN, *Les Fêtes et les chants de la Révolution française* (Paris: Hachette, 1908)

TISSIER, ANDRÉ, *Les Spectacles à Paris pendant la Révolution (1789–92)* (Paris: Droz, 1992)

TROWBRIDGE, W. R. H., *Mirabeau the Demi-God* (London: T. Fisher Unwin, 1907)

USANDIVARAS, MURIEL, 'Une lecture dramatique des discours de Mirabeau par Olympe de Gouges', *Revue d'Histoire du Théâtre*, 49 (1997), 137–50

VANPEE, JANIE, 'Performing Justice: The Trials of Olympe de Gouges', *Theatre Journal*, 51, 1 (1999), 47–65

VERDIER, GABRIELLE, 'From Reform to Revolution: The Social Theater of Olympe de Gouges', in *Literate Women and the French Revolution of 1789*, ed. by Catherine R. Montfort (Birmingham, AL: Summa Publications, 1994), pp. 189–215

VERGÉ-FRANCESCHI, MICHEL, *Ninon de Lenclos: libertine du Grand Siècle* (Paris: Payot, 2014)

VISELLI, SANTE A., 'Liberté, libertinage et despotisme chez Mirabeau', *L'Homme et la nature*, 8 (1989), 17–28

WALTON, CHARLES, *Policing Public Opinion in the French Revolution: The Culture of Calumny and the Problem of Free Speech* (Oxford: Oxford University Press, 2009)

WILLIAMS, BENJAMIN, 'Nineteenth-century nécrologies: Promising Poets and Past Conditional Mythmaking', paper given at *Society for French Studies* conference, Cardiff, 2015

www.ingramcontent.com/pod-product-compliance
Lightning Source LLC
Chambersburg PA
CBHW071442150426
43191CB00008B/1202

www.ingramcontent.com/pod-product-compliance
Lightning Source LLC
Chambersburg PA
CBHW071445150426
43191CB00008B/1241